Rüdiger Nehberg

Voll peinlich!

Inhalt

Vorwort   7

Das Bankgeheimnis   9
Der Ehrengast   22
Raab in Gefahr   32
Der Partygast   42
Piranhas   53
Sexy   61
Der Siedlerjunge   74
Der Untermieter   78
Der Killer   87
Das Maß aller Dinge   99
Der »Herr der Ringe«   112
Panik an Bord   122
Die Grüne Mamba   133
Unter Erfindern   139
Der Geheimnisträger   153
Der Wildhüter   160
Zurück zur Natur   163
Der Umweltschützer   167
Wildschweinfang   174
Die Aufnahmeprüfung   180
Anglerglück   187
Mein eineiiger Zwilling   194
Schwein gehabt!   197

Die Anakonda   206
Der Jaguar   211
Rekord!   217
Zickenalarm   221
Der Deutschlandmarsch   229

Mitmachen als TARGET-Förderer?   287

Vorwort

Der erste Band meiner echten und verrückten Geschichten hat bei vielen Lesern ein positives Echo ausgelöst. Es gelang ihm sogar der Sprung auf Nr. 43 der SPIEGEL-Bestsellerliste. Zwar nicht unter die Top Ten, okay. Aber wenn man bedenkt, dass alljährlich rund 70000 neue Bücher auf den Markt geschüttet werden, ist Platz 43 für einen Exbäcker schon recht ordentlich. Ich wäre sogar auf Platz 42 gekommen, wenn nicht dieser, dieser, dieser ... (pardon, neuerdings kann ich mir immer schlechter Namen merken) ... ja, dieser Dieter Bohlen sich vorgedrängelt hätte mit seinem Erinnerungsschinken »Nichts als die Wahrheit«. Aber immerhin hat mich dieses Vordrängeln zu einem neuen Lebensmotto inspiriert. Es lautet: *Bohlen überholen!*

Und dieser zweite Band echt verrückter Geschichten ist mein Versuch in jene Richtung. Auch dies sind Geschichten, die man möglichst häppchenweise konsumieren sollte. Jeden Abend eine. Am besten mit einem lieben Menschen zu zweit, zum gegenseitigen Vorlesen, gemeinsamen Ablachen, Abgruseln und Erfreuen.

Statt, wie beim ersten Band, *renommierte* Rezensenten zu zitieren, lasse ich hier Leserstimmen von www.amazon.de, www.buch24.de und aus Briefen zu Wort kommen. Das Buch erhielt jeweils fünf von fünf möglichen Sternen.

»Geschichten zum Kopfschütteln und Loslachen«
»... einfach nur toll ...«

»... humorvoll, selbstironisch und schonungslos ehrlich ...«

»Freunde skurriler Lagerfeuergeschichten sollten sich dieses Buch nicht entgehen lassen.«

»... genau das Richtige bei trüber Stimmung oder schlechtem Wetter.«

»... eine Prise Freiheit und Abenteuer mit viel Humor.«

»... jeden Abend eine Geschichte ... und man freut sich auf den nächsten Abend.«

»... ein wirklich gelungener Zusammenschnitt von Erlebnissen ...«

»Ich habe mich selten so gut mit einem Buch amüsiert. Wer müde im Bett liegt und eine Lektüre zum Eindösen sucht, ist falsch beraten. Man lacht sich nur noch wach ...«

»... zeigen einen menschlichen Rüdiger, der über sich selbst lachen kann.«

»... unnachahmlich, unvorstellbar, unkaputtbar ...«

»... mit dem Kauf des Buches unterstützt man indirekt auch sein vermutlich letztes großes Ziel, die weibliche Genitalverstümmelung zu verhindern.«

»... atemberaubend ...«

»... hat keine Scheu, Fehler zuzugeben ...«

»... vor Lachen kaum Luftholen ...«

»... jeden Abend lese ich im Altenheim eine Geschichte vor. Darauf freuen sich die Senioren den ganzen Tag. Mehr als aufs Essen. Sie müssen unbedingt einen zweiten Band schreiben ...«

Danke und viel Vergnügen beim Lesen der verrückten Geschichten sagt

Rüdiger Nehberg,
im Herbst 2008

Das Bankgeheimnis

Meine gesamten Familienangehörigen waren Banker. Das geht angeblich zurück bis Adam und Eva. Mein Vater hat sogar Bankfachbücher geschrieben. Er war eine Bankkoryphäe. Wenn er von Zeit zu Zeit befördert wurde, trommelte Mutter uns zusammen. Bei Kaffee und Kuchen mussten wir dann seinen neuen Titel auswendig lernen. »Nur falls euch mal jemand fragt«, lautete ihre Begründung. Zuletzt war er »Stellvertretender Oberverbandsreferent des Westfälisch- und Lippischen Giro- und Sparkassen-Verbandes«.

Das hörte sich so toll an, dass es uns wunderte, wenn er ein Jahr später eine noch höhere Stufe erklomm. Dachten wir doch, das sei schön die höchste gewesen. Aber er kletterte und kletterte. Bis zu seiner Pensionierung. Für uns Kinder galt er da längst als Erfinder des Geldes und der Zinsen und war Chef der Bundeszentralbank. Aber den genauen Endtitel habe ich vergessen.

Klar also, dass auch ich diesem krisenfesten Gewer-be einverleibt werden sollte. Vaters Ansehen ermöglichte mir eine vierzehntägige Probezeit in der Kreissparkasse Münster. Allmorgendlich und allnachmittäglich radelte ich in Münster in die Königstraße zu jenem kalten Sandsteinbau mit dem blitzblank polierten Messingschild »Kreissparkasse«. Ich fühlte mich nicht wohl. Ich tat's meinem Dad zuliebe. Gott sei Dank war ich mit meinem Kummer nicht allein. Ich wurde treu begleitet von ständigen Bauchschmerzen. Sie trösteten mich. Sie sprachen mit mir. Sie wurden zu meinen besten Freunden, die mir ganz klar rieten: »Rüdiger, das Bankerleben ist nichts für dich!«

So sprengte ich das Berufsethos unserer familiären Ahnenkette und geriet ins Backgewerbe. Banker oder Bäcker – rein akustisch fast dasselbe. Ehrbar sind beide Berufe. Bis auf Ausnahmen. Wie überall. Und von einer solchen sei hier die Rede. Um welchen der vielen Banker in unserer Familie es sich handelt, tut nichts zur Sache. Nennen wir ihn Torben.

Er war schon lange im Geldgewerbe aktiv und lebte ein sorgenfreies Leben. Alljährlich erklomm er eine weitere Stufe in der Beamtenpyramide der Finanzverdreher und Zinsjongleure. Alljährlich gab es neue Titel, neue Visitenkarten und ein etwas größeres Büro. Genau wie bei meinem älteren Herrn. Alle Jubeljahre lag das Büro dann sogar eine Etage höher.

Manche Beförderungen waren mehr Schein als Sein, andere führten spürbar an die Spitze. Das Problem: Die wirkliche Spitze duldete nur eine einzige Persönlichkeit. Sie musste nicht nur exzellent über Finanzmärkte Bescheid wissen, das war eher Nebensache, sondern mehr noch über die Kunst der Intrigen, des Mobbings, der Parteizugehörigkeit, der Krawatten und Automarken. Und automatisch wuchs in den nicht beförderten Kreisen der Hierarchie die Unzufriedenheit.

So auch bei Torben. Er will aussteigen. Er will sein Wissen irgendwo in der freien Wirtschaft nutzen. Hauptsache, weit weg vom Sparkassenalltag. Anlageberater in einer Privatfirma zum Beispiel, Grundstücksverwalter. Irgendetwas in dieser Richtung.

Diskret und nur unter Freunden verbreitet er diesen seinen Wunsch akustisch, stellt seine Ohren auf Empfang, hofft auf die große Wende. Um sie beschleunigt herbeizuführen, hilft er optisch nach. Er inseriert in der FRANKFURTER ALLGEMEINEN ZEITUNG:

Diplom-Bankkaufmann
25 Jahre in leitender Position,
sucht Entfaltung in freier Wirtschaft:
Finanzberatung, Grundstücksverwaltung … Chiffre …

Die Worte sind gut gewählt. Die Anzeige ist optimal platziert. Auf einer der rechten Seiten. Wenn man die Zeitung umblättert, fällt der Blick sofort auf Torbens Stellengesuch. Ganz Deutschland, da ist er sicher, nimmt es zur Kenntnis. Denn es ist Samstag. Auch morgen, am Sonntag, wird man es noch lesen können, bevor Montag neue Anzeigen die seine in den Hintergrund drängen werden. Hätte Torben mit Namen und Anschrift inseriert, würde nun die ganze Republik von *ihm*, von Torben, reden. Aber das tut sie nicht. Denn er muss inkognito bleiben. Sonst würde er seine Position gefährden. Die Kollegen sollen nichts ahnen. Sonst könnte irgendein Schleimer es seinem Vorgesetzten stecken.

Gemessen an der hohen Auflage der FAZ ist das Ergebnis eher bescheiden. Um nicht zu sagen: katastrophal. Das wird Torben jeden Tag deutlicher. Keine einzige noch so lausige Zuschrift verirrt sich in seinen Briefkasten! Hat er doch die falschen Worte gewählt? Oder ein zu kleines, zu unrepräsentatives Format?

Erst am Freitag der folgenden Woche flattert ein Brief in seinen Briefkasten, ein Brief, der sich schon beim ersten Anblick von den üblichen deutlich unterscheidet. Es ist ein längliches Kuvert in chamoisfarbenem, gehämmertem Bütten. Auf der Vorder- und Rückseite prangt ein Wappen im Halbrelief mit goldenen Initialen. Es zeigt eine Wasserburg mit Zugbrücke und vielen Schnörkeln und darunter, sehr klein, betont bescheiden, der Name des Absenders: Ferdinand Graf von und zu Oppelhülsen (Name geändert). Mehr braucht der Schreiber nicht anzugeben. Jedem im weiten Münsterland ist der Graf ein Begriff. Er zählt zum wohlhabenden, zum »gesunden« Adel. Torben kennt dessen Grundbesitz, hat vom vielfältig angelegten Vermögen derer von und zu Oppelhülsen gehört. Ihr Ruf ist vorzüglich.

Klar – das ist eine Zuschrift auf die Anzeige! Kaum wagt Torben, das Siegel zu erbrechen. Er ruft Ariane, seine Frau.

»Ich kann es fast nicht glauben. Da liest man die FAZ im ganzen deutschsprachigen Raum, und die bisher einzige Zuschrift kommt ausgerechnet aus nächster Nähe! Wenn das keine Fügung ist!«

Bei duftendem Espresso versuchen sie den Inhalt zu erraten. Sie wiegen die Note in der Hand, betrachten sie genauer, schnuppern daran. Nichts Besonderes, bis eben auf das beeindruckende Relief und das Siegel.

Der Espresso ist getrunken, und noch bevor das Koffein die Neugier steigern kann, öffnen sie das Kuvert.

Der erste Anblick ist eher enttäuschend. Es sind nur wenige Zeilen. Und die beginnen mit einer persönlichen Anrede. Demnach also doch keine Zuschrift auf die Anzeige, sondern eine infolge der Mundpropaganda. Was beweist, dass die immer noch die wirksamste Werbung darstellt.

Sehr geehrter Herr Torben Neumann,

Sie würden mir eine Ehre und Freude erweisen,
wenn ich Sie hiermit für kommenden
Samstag, den 22. Juni, um 15.00 Uhr,
zu einem persönlichen Gespräch auf mein
Anwesen einladen dürfte.

Wenn Ihnen dieser Tag nicht zusagt,
bitte ich Sie um die Vereinbarung eines
Ausweichtermins.

Mit vorzüglicher Hochachtung

Ferdinand Graf von und zu Oppelhülsen

Schwungvoll und mit Tinte unterschrieben. Spontan und aus dem Stand heraus vollführt Torben einen bankerunüblichen Freudensprung. Ariane tut es ihm gleich. Auch sie leidet unter Torbens Unwohlgefühl in der Bank.

In einer guten Woche also. Zeit genug, alles reiflich zu durchdenken. Sie schmieden Pläne.

»Auf jeden Fall legt der Graf Wert auf Repräsentation. Da kannst du nicht im einfachen Anzug hingehen. Du solltest dir etwas Besonderes gönnen. Dezent, aber mit Klasse.«

Noch am selben Tag wird der Beschluss in die Tat umgesetzt. Beim Herrenausstatter Hettlage in der Ludgeristraße erstehen sie einen eleganten anthrazitfarbenen Zweireiher mit Weste. Dazu eine dunkelblaue Krawatte mit feinen Goldfäden und ein chamoisfarbenes Oberhemd aus Baumwolle. »Passt zum Briefumschlag!«, scherzt Ariane.

»Dann sollten wir auch gleich nach neuen Schuhen Ausschau halten.«

Kein Problem. Schuhläden liegen gleich dutzendweise am Prinzipalmarkt und in der Salzgasse. Man entscheidet sich für ein Paar Lloyd, anthrazit, matt.

»Lass uns mal bei Coppenrath reinschauen. Vielleicht hat er Büchlein mit Benimmregeln. Du solltest nichts dem Zufall überlassen. Wenn du da irgendwie ins Fettnäpfchen trittst, nutzen alle guten Referenzen nichts mehr.«

Ariane denkt an alles. Sie ist aufgeregt, als wäre es nicht ihr Mann, sondern sie selbst, die sich da vorzustellen hat. Plötzlich erinnert sie sich der vielen guten Ratschläge in den Gesellschaftsspalten der BUNTE und weiß, dass man in diesen Kreisen auf alles zu achten hat. Bis hin zu den geraden Absätzen, der korrekten Frisur, den Fingernägeln.

»Am besten, ich spendiere dir eine Generalüberholung bei einer Kosmetikerin!«

Ariane beweist sich als geniale Managerin. Der geplante Auftritt kostet die beiden ein Vermögen. »Aber für eine

Wende in deinem Leben ist keine Investition zu schade«, erklärt die Managerin ihrem Mann.

Endlich Samstag, 22. Juni. Der Mercedes ist auf Hochglanz getrimmt. Alle Vorbereitungen sind abgeschlossen. Die Referenzen eines mittleren Lebens befinden sich wohlgeordnet in einer schweinsledernen Mappe. Die Stunden schleichen dahin. Da schneie ich in die Wohnung.

»Mein Gott, dich haben wir ja ganz vergessen!« Peinliche Betroffenheit. Wir waren seit Langem verabredet. Ich bin aus Hamburg angereist. Doch als sie beide wie in Stereo auf mich einreden und ich von dem Ereignis erfahre, ist mir klar, dass ich zurückzustehen habe. Immerhin darf ich mit. »Es ist sogar gut, dass du dabei bist. Dann braucht Ariane nicht allein im Gasthof Zum Münsterländer zu warten.«

Mir fällt auf, wie schick sich auch Ariane gemacht hat. Neue Frisur, perfektes Styling, betörender Duft, Hochstimmung. Verständlich. Nach allem, was sie mir da ununterbrochen einhämmern, könnte es die Wende ihres Lebens werden. »Könnte ja sein, dass er fragt, ob die ›Frau Gemahlin‹ denn nicht mitgekommen ist. Dann kann er mich im Gasthaus abholen.« Ariane glüht. Promigeil oder karriereversessen? Oder will sie selbst mal in den Klatschspalten brillieren? Ich weiß es nicht. Auf jeden Fall komplett durchgedreht.

Unauffällig sind sie den gräflichen Besitz vor drei Tagen abgefahren und haben staunend zur Kenntnis genommen, dass alles *noch* viel gepflegter ist, als sie es in Erinnerung hatten. »Absolut hochadelmäßig«, ist Torbens Urteil.

Die langsame Fahrt über den Schattenteppich der Lindenallee, parallel zum Schloss, bot Gelegenheit für einen Blick über das nahe Umfeld. Parkanlagen wie im Bilderbuch, zwei Wildkaninchen, ein Reh, zwei Fasane auf kurzgeschorenem Parkrasen. Und mitten darauf, auf sanftem Hügel unter zwei uralten Eichen, ein wunderschönes reetgedecktes Fachwerkhaus.

Wir fahren rechtzeitig los. »Nicht auszudenken, wenn wir in einen Stau geraten oder eine Panne haben.« An solchen Tagen denkt man an alles, an das man bei anderer Gelegenheit keinen Gedanken verschwendet. Sogar die Murphy'schen Gesetze werden in die Planung einbezogen. Sicher ist sicher.

Ariane und ich sitzen im »Münsterländer« und bestellen einen Cappuccino. »Bloß keinen Alkohol! Falls ich tatsächlich nachkommen muss.« Klar, das wäre nicht nur peinlich. Das wäre tödlich. Sie kichert. Sie kommt mir vor wie Sisi, die gleich dem Kaiser vorgestellt werden soll.

Torbens wachspolierter Mercedes nähert sich der Zugbrücke, die über den Wassergraben hinweg zum Schloss führt. Schwäne schwimmen wie Wattetupfen auf dem Gewässer. Er verlangsamt die Fahrt. Wahrscheinlich überlegt er, wo man sich anmelden muss. Da senkt sich die Zugbrücke. Er wird erwartet. Langsam rollt sein Wagen über die schweren Eichenplanken. Als er das Tor durchfahren hat, hebt sich die Brücke wieder. Irre. Wie vor hundert Jahren, denke ich.

Neugierig sitzen wir bei unserem Cappuccino. Auf einmal fühle ich mich angesteckt. Ich hätte doch auch als Torbens Chauffeur mitfahren können. Dann wäre ich dem Ereignis viel näher.

»Das wäre viel zu protzig und eher kontraproduktiv«, meint Ariane. Also warten wir geduldig, malen uns aus, wie es Torben geht.

Nur ganze vierzig Minuten müssen wir warten, dann senkt sich die Brücke erneut. Torben kommt zurück. Er parkt vorm Gasthof und strahlt übers ganze Gesicht. Er reckt uns den Daumen entgegen. Positiv! Wir machen einen Luftsprung, eilen ihm entgegen. Wir bestürmen ihn mit Fragen. »Erzähl! Wie war's?«

Er lächelt nur, bestellt sich ein Mineralwasser, lässt uns zappeln. Sauhund. »Alles der Reihe nach.«

Ariane juckt der Hals vor Neugier. Ständig kratzt sie sich. Endlich beginnt er.

»Unvergesslich! Unglaublich!« Und ganz langsam, Wort für Wort, bequemt er sich, den Rest zu berichten.

»Ich kam durchs Schlosstor. Da stand schon ein livrierter Diener, riss mir den Schlag auf, begrüßte mich mit ›Willkommen, Herr Neumann! Der Graf erwartet Sie in der Bibliothek!‹«

Ein zweiter Diener übernahm Torben am Hausportal und leitete ihn zu besagtem Raum, geräuschlos über dämpfende Teppiche, durch altes Gemäuer mit hohen, schlanken Bleifenstern. Lautlos öffnete er einen der schweren Flügel der Doppeltür. Ihm bot sich ein imposanter Anblick. Eine Bibliothek wie aus historischen Filmen. Ein Kunstwerk aus altem Holz, Leder, Teppichen, Ornamenten, Kronleuchtern und Wänden voller Bücher. Vom Teppich bis zur Stuckdecke. In einer Ecke ein schwerer Schreibtisch, mächtige Sessel, ein üppiger Strauß Rosen. Drehbuchreif.

Der Diener hatte sich soeben entfernt, da öffnete sich schon die schwere Eichentür zum Arbeitsraum nebenan. Der Chef persönlich. Überraschend jung, dynamisch, lässig gekleidet, unkompliziert. Überhaupt nichts verstaubt Adeliges an ihm. Die gelungene Harmonie aus Tradition und Fortschritt wirkte wohltuend.

»Ich spürte gleich, wenn das hier klappt – etwas Besseres würde ich kaum finden können.« Der äußere Rahmen, das Flair, sagt Torben uneingeschränkt zu. Hier ließe sich leben und arbeiten. Echter Wahnsinn! Wenn die Arbeitsbedingungen so aussehen wie das gesamte Anwesen, hätte er seinen Traumjob gefunden. Ob im Fachwerkhaus auf den ausgedehnten Auen außerhalb der Burgmauern oder woanders. Kam Zeit, kam Rat. Das alles erklärt Torben des Langen und des Breiten. Er spannt uns auf die Folter. Aber das positive Resultat, das er sichtbar zu verkünden hat, rechtfertigt die Weitschweifigkeit seiner Erzählung. Wir üben uns in Geduld.

»Er begrüßte mich mit kräftigem Händedruck und bat mich, Platz zu nehmen. Er bedankte sich, dass ich den Termin möglich machen konnte, und bot mir eine Zigarette an. Da er selbst offenbar nicht rauchte, lehnte ich ab. Ich war aufgeregt und entschied mich für einen Kaffee.«

Der Graf signalisierte diesen Wunsch über einen Schalterknopf unter der Tischplatte und widmete die erste Minute dem Small Talk. »Hatten Sie eine gute Fahrt? Haben Sie den Weg problemlos gefunden?« Torben bejahte. »Na ja, Sie kennen sich hier in der Gegend ja sehr gut aus. So weit ist Münster ja nicht entfernt.« Genau. Da hatte er recht. Viele Wochenenden verbrachten Torben und seine Frau im Umland. Sie kannten alle Wasserburgen und alle guten Gasthäuser. Auch im »Münsterländer« waren sie nicht zum ersten Mal.

»Ein älterer Diener servierte den Kaffee in feinen Porzellantassen auf silbernem Tablett. Dazu flüssige Sahne, einen Silberlöffel zum Umrühren. Er stellte alles auf einem kleinen Beistelltischchen neben dem Sessel ab.«

Torben griff den letzten Satz des Grafen auf. »Wer kennt Ihr Anwesen nicht? Es hat einen tadellosen Ruf. Nicht nur bei der Bevölkerung. Auch im Bankgewerbe.«

Er wollte noch mehr hinterherschieben. Etwas wie: »Eigentlich sollte es zum Weltkulturerbe erklärt werden!« Aber er verkniff es sich, weil es nach Anschleimen aussehen könnte. Obwohl das Anwesen dieser Auszeichnung bestimmt würdig wäre. Vielleicht sollte man das später, wenn er den Job dann hätte, einmal der UNESCO vorschlagen. Das wäre ein gigantischer Triumph.

»Stichwort ›Bankgewerbe‹. Damit hatte ich unaufdringlich, weder zu schnell, aber auch nicht unnötig abschweifend, unser gemeinsames Anliegen ins Gespräch gebracht, die zu vergebende neue Position. Jetzt war es am Grafen, zur Sache zu kommen.«

Der Diener goss unaufdringlich Kaffee nach, rückte hier oder dort etwas zurecht, war irgendwie im Hintergrund beschäftigt. Offensichtlich hielt er sich für weitere Anweisungen bereit.

»Herr Neumann, Sie wissen, weshalb ich Sie um dieses Gespräch gebeten habe?« Halb war der Satz als Frage, halb als Feststellung formuliert. Torben war irritiert. Er überspielte die Unsicherheit.

»Ja, ich denke, dass Sie erfahren haben, dass ich mich nach einer neuen Position als Grundstücksverwalter und Anlageberater umschaue. Ich hatte das in Freundeskreisen verlauten lassen und auch in der FAZ inseriert. Im Moment bin ich dabei, die Angebote zu sondieren.« Fast wurde er rot bei dem Gedanken, dass des Grafen Angebot das einzige war und die FAZ gar nichts an Erfolgen gebracht hatte.

Der Adelsmann blickte erstaunt, dachte kurz nach.

»Oh. Ich glaube, wir reden von zwei völlig verschiedenen Dingen, Herr Neumann. Ich habe keine derartige Position zu vergeben. Ich hatte Sie aus einem ganz anderen Grund um dieses Gespräch gebeten. Ich wollte Sie einfach mal persönlich kennenlernen.«

Er nippte undurstig an seiner Kaffeetasse. Offenbar wollte er seine wenigen Worte nachwirken lassen. Der Mann führte etwas im Schilde. Wenn es dann doch nicht um das ehrenvolle Amt des Grundstücksverwalters ging, um was ging es dann hier? Immerhin opferte der Mann eine Stunde seiner Zeit, und das an einem Samstag.

»Ich wollte einfach gern einmal einer Person wie Ihnen gegenüberstehen, Ihnen die Hand drücken. Sie sind für mich eine ganz besondere Persönlichkeit.«

Torben verschlug es die Sprache. Er rang um eine passende Entgegnung. Sein Hirn blockierte. Wurde er hier auf den Arm genommen? War das die »Versteckte Kamera«? Also bloß gut benehmen, nicht die Ruhe verlieren. Komme, was wolle. Eben noch enttäuscht, weil es doch nicht um das erhoffte Stellenangebot ging, schöpfte er schon wieder Hoffnung. Er war jetzt überzeugt, dass es hier um weit Höheres ging, wenn der Graf von »ganz besonderer Persönlichkeit« redete. Aber was, um Himmels willen, konnte es sein, das dem Grafen einen Samstagnachmittagstermin wert war? Torbens Gehirn schlug Purzelbäume. Es wollte ihm nicht der blasseste Schimmer einer Ahnung kommen. So beließ er es bei einem »fühle mich sehr geehrt« und »danke schön« und markierte den Bescheidenen.

Der Graf fuhr fort. »Hin und wieder spüre ich das dringende Verlangen, mich Menschen in meinem näheren und weiten Umfeld in besonderer Weise erkenntlich zu zeigen. Meist kenne ich sie gar nicht, aber sie sind mir eben irgendwie besonders aufgefallen. In diesem Jahr zähle ich Sie zu diesen besonderen Persönlichkeiten. Sie würden mir eine große Freude bereiten, wenn Sie dieses Präsent entgegennähmen.«

Damit deutete er auf ein hübsch verpacktes Paket neben Torbens Sessel. Der Butler hatte es eben unbemerkt dort abgestellt. Das Präsent hatte die Größe einer alten Schreibmaschine. Auf bordeauxrotem Papier prangte eine große goldene Samtschleife. Torben nahm es in die Hand, wog es unauffällig, setzte es auf dem Schoß ab. Wein war auf keinen Fall darin. Dafür war es zu leicht. Allenfalls wären es zwei Flaschen und dann sicherlich dunkelroter Bordeaux, passend zum Dekor, aber die würde der Graf nicht so überdimensional verpacken. Torben war aufgeregt wie ein Kind bei der Weihnachtsbescherung. Ihm war klar, dass hier mehr ablief als nur die Möglichkeit, einen neuen Job zu finden. Hier bahnte sich Großes an.

»Sie können es gern schon jetzt sofort öffnen. Es interessiert mich, ob es Ihnen gefällt.« Graf Ferdinand von

und zu Oppelhülsens Mund umspielte ein feines Lächeln. Bescheiden kaschierte er seine Vorfreude. Man spürte, dass er sich sicher war, genau das Richtige getroffen zu haben.

Torben öffnete die Samtschleife und faltete sie ordentlich zusammen. Das würde Eindruck machen, Sparsamkeit beweisen. Dieselbe Prozedur musste das gediegene Geschenkpapier über sich ergehen lassen. Torben öffnete den Karton.

Und plötzlich saß er wie gelähmt. Keines einzigen Wortes fähig. Der Paketinhalt sprach Bände. In seinen kühnsten Phantasien hätte er alles erwartet. Nur dies nicht.

»Es ist nur ein Teil dessen, Herr Neumann, das Sie samt Ihrer Mülltüte kürzlich auf meinen Acker geworfen haben. Und ich wollte Sie hiermit sehr höflich bitten, auch den Rest wieder einzusammeln.«

Der Ehrengast

Addis Abeba, Hilton Hotel, 1984.

Nach anstrengendem Stadtbummel lasse ich mich erschöpft in einen der weichen Sessel fallen, die im Foyer des Hotels extra für Typen wie mich aufgestellt worden sind. Bevor ich gleich aufs Zimmer gehe, brauche ich einen frisch gepressten Orangensaft. Während ich darauf warte, will ich einen Blick in die Tageszeitung werfen. Doch dazu komme ich nicht.

Ein Dutzend Polizisten stürmt an mir vorbei. Ein aufgeregter Geschäftsführer hat sie sehnsüchtig erwartet und ihrem Führer zugerufen: »Hier lang. In der vierten Etage!«

Er eilt ihnen voraus zum Fahrstuhl. Die hoteleigenen livrierten Aufseher, die dort postiert waren, springen gehorsamst beiseite und knicken ihren Oberkörper untertänigst in einem Winkel von 90 Grad vor dem Polizeichef ein. Der eine verliert dabei seine Mütze. Wahrscheinlich hat er seine Verbeugung zu ruckartig vollzogen. In der Aufregung fällt das aber niemandem auf. Nicht mal dem Eigentümer selbst. Nur mir als Beobachter.

Fast gleichzeitig öffnen sich die beiden Fahrstuhltüren. Die aussteigenden Gäste haben keine Chance, den Lift zu verlassen. Sie werden von der drängenden Polizeitruppe gegen die Rückwand gepresst. Erst als klar wird, dass dann niemals alle Mann Platz finden, gelingt es dem Commander, vier seiner Leute das Baucheinziehen zu befehlen, und die Hotelgäste können durch den schmalen Leiber-Canyon entkommen.

Fassungslos stehen sie in der Lobby. »Was hatte denn das zu bedeuten?«

Der Einzige, der sich wieder gefangen hat, ist der Liftmann. Er hebt soeben unmittelbar neben mir seine Mütze auf. »Da oben läuft eine riesige Giftschlange frei herum. Um Haaresbreite wäre die Servicekraft von ihr gebissen worden.«

Das hat er kaum ausgesprochen, als ein Team von Rettungssanitätern hereingestürmt kommt.

»Hierher!«, ruft der Lifter ihnen entgegen. Diesmal knickt er nicht so gehorsam ein. Vielmehr verharrt er ungehorsam in der Vertikalen. Er weist ihnen lediglich die Fahrstuhltür zu und sagt »Vierte Etage«.

Weg sind sie.

Ich bin plötzlich hellwach. »Eine Schlange?«, frage ich noch mal nach.

»Ja, eine Giftschlange in einem der Zimmer in der Vierten.«

»Und ist etwas passiert? Ist die Zimmerfrau gebissen worden?«

»Weiß ich nicht genau. Kann sein. Jedenfalls hat man den Krankenwagen geholt.«

Ich warte auf den nächsten Lift und sause hinterher. Wer mich kennt, weiß, dass Schlangen seit Kindesbeinen mein Hobby sind. Ich bin mit ihnen vertraut wie andere mit ihrer Katze. Vielleicht gelingt es mir, sie einzufangen, bevor etwas passiert oder die Männer das Tier in ihrer Angst totschlagen. Während der Fahrt überlege ich bereits, wo ich das gefangene Tier unterbringen könnte. Ich werde einen Kopfkissenbezug nehmen.

Ruckartig hält der Lift. Ich steige aus. Es ist die vierte Etage. Lautes Stimmengewirr weist mir den Weg. Es kommt vom rechten Flurende. Was ich da sehe, wirkt auf mich wie ein heilloses Durcheinander. Nicht nur die Polizisten, die Sanitäter und der Geschäftsführer versperren den Flur, sondern auch die Zimmermädchen, diverse Kellner und neugierige Hotelgäste.

Aber sie stehen offenbar nicht unmittelbar vor dem betreffenden Zimmer, sondern weit davor. Das haben der Commander und die Angst inzwischen geregelt.

»Bitte, treten Sie zurück, und behindern Sie die Aktion nicht!«, mahnt der Geschäftsführer noch einmal und unüberhörbar. Der Mann hat Lautsprecherqualitäten. Nach einem Machtwort des Polizeiführers werden alle ans andere Ende des Flurs abgedrängt. Ich nutze den Moment und wende mich an den Geschäftsführer.

»Darf ich Ihnen meine Hilfe anbieten? Ich bin Zoologe und auf Schlangen spezialisiert. Ich bin sicher, dass ich das Tier problemlos einfangen kann. Selbstverständlich voll auf meine eigene Verantwortung«, schiebe ich noch schnell hinterher.

Das scheint zu wirken. Der Mann greift meinen Arm wie einen Rettungsanker. »Sie schickt uns Gott!«, stöhnt er beglückt.

Dass ich von selbst gekommen bin und mich *niemand* geschickt hat, verkneife ich mir. Hastig schiebt er mich dem Polizeichef entgegen.

»Ich habe hier einen Herrn, der Schlangenspezialist ist. Er hat sich erboten, das Tier zu fangen.«

Der Uniformierte schaut mich einschätzend von oben bis unten an. »Sie kennen sich wirklich aus mit Schlangen?«

»Ich leite in Hamburg einen Zoo. Wir haben die größte Schlangenpräsentation Deutschlands. Haben Sie einen Stock?« Ich lüge so gekonnt, dass dem Polizisten nicht der geringste Zweifel kommt.

»Geben Sie dem Mann Ihren Stock!«, befiehlt er dem Untergebenen, der am nächsten steht. Der reicht mir seinen Schlagstock und tritt, da nun unbewaffnet, sofort zurück ins letzte Glied.

Erst jetzt sehe ich, dass je vier Mann rechts und links von der Tür postiert sind. Allerdings in respektvollem Abstand. Der Einsatz scheint für sie ein Novum. Sie sind aufgeregt, sie haben Angst, stehen sich gegenseitig im Wege und klammern sich schicksalsergeben an ihre Knüppel.

»Wer hat das Tier gesehen?«, will ich wissen.

»Das Zimmermädchen, Serkalem!« Laut ruft er ihren Namen zum anderen Ende des Flurs. Eine junge Frau wird nach vorn geschoben und kommt völlig verängstigt näher. Fünf Meter vor dem Zimmer bleibt sie stehen. Sie schlottert vor Angst und presst sich ein Papiertaschentuch vors Gesicht. Ich kann nicht erkennen, ob sie damit ihren Tränenfluss dämmen will oder hineinbeißt, um das Zähneklappern zu dämpfen. Ich gehe ihr entgegen.

»Sagen Sie mir nur, wie das Tier aussah und wo in dem Zimmer Sie es gesehen haben.«

Da ich zwischen ihr und dem Zimmer stehe und hinter mir noch vier Polizisten mit ihren Knüppeln, beruhigt sie sich.

»Mein Gott«, höre ich den Manager stammeln. »Wenn da etwas passiert, sind wir ruiniert. Wenn wir das Tier nicht erwischen, wird hier die Hölle los sein. Wir müssen sämtliche Gäste evakuieren und so lange suchen, bis die Schlange gefunden ist. Nicht auszudenken.«

Serkalem unterbricht den Manager. »Sir, sie lag unter der Bettdecke. Als ich das Bett machen wollte, sauste sie in den offenen Kleiderschrank. Sie hat laut gezischt. Ich bin rausgelaufen und habe um Hilfe gerufen. Mein Kollege von der Hotelwäscherei war zufällig im Nebenzimmer. Er kam sofort herbei und hat die ganze Zeit hier aufgepasst. Sie muss noch im Zimmer sein.«

»Ja, das stimmt«, meldet sich jemand vom anderen Flurende. »Sie hat den Raum nicht verlassen.« Es ist der Wäschemann.

Puffotter. Sie war zum Glück in einem anderen Beutel.

»Das haben Sie vorbildlich gemacht«, lobt ihn der Manager laut, »einfach großartig. Dann dürfen wir doch wenigstens hoffen, dass uns die Suche im übrigen Hotel erspart bleiben wird. Hoffentlich jedenfalls. Wie heißen Sie doch gleich?«

»Mein Name ist Tsehaye, Sir!«

»Danke, Tsehaye. Melden Sie sich bitte bei mir im Büro, sobald alles vorbei ist.« Und leise, vor sich hin gebrummelt »Vorbildlich reagiert, dieser Mann«.

Dass der Wäscheboy hier aufgepasst hat, ist wirklich Gold wert. Sonst könnte das Tier längst überall sein. Denn unter allen Türen sind zwei Zentimeter breite Spalten. Bequem kann man dort eine Zeitung hindurchschieben. Und noch bequemer kann eine Schlange durch den Spalt das Zimmer verlassen und in ein anderes entkommen.

»Wie groß war sie? Welche Farbe hatte sie?«

»Sie war ganz grün. Wie Gras. Und soo lang!« Serkalem breitet ihre Arme aus. Sie erinnert an Angler, die die Länge ihres Fisches zeigen wollen und dabei feststellen, dass sie viel zu kurze Arme haben. Sie stößt mit den Fingern an die Wände des Flurs. Die Schlange war entschieden länger. Für Serkalem kein Problem. Kurz entschlossen dreht sie sich in Längsrichtung zum Flur. Jetzt kann sie die Arme voll entfalten. Aber auch das entspricht offenbar noch nicht der wahren Länge des Reptils. Vielsagend nickt sie über ihre Finger hinweg. Mal links, mal rechts. Weit darüber hinaus. Diesen Angaben zufolge haust da ein wahres Monster in Zimmer 462. Der Manager erfasst es als Erster. »Um Himmels willen! Dann kann es ja eine Mamba sein!«

Ein Liftboy kommt angerast. »Sir«, keucht er, »die Feuerwehr ist eingetroffen. Wo soll die Leiter ausgefahren werden?«

Der Manager ist überfordert. »Feuerwehr? Leiter? Wer hat die denn gerufen? Ich werde noch wahnsinnig. Bloß keinen voreiligen Wirbel! Dann bekommt das ja jeder Hotelgast mit. Das ist eine Katastrophe. Sagen Sie den Leuten, sie sollen unbedingt noch warten, sie sollen zurückfahren an die Straße und dort auf weitere Instruktionen warten.«

Der Hotelboy saust davon. Der Manager wischt sich den Schweiß von der Stirn. Das dauert, denn Stirn hat er reichlich. Um nicht zu sagen, er hat eigentlich *nur* Stirn und gar keine Haare. Wie ich.

»Das mit der Feuerwehr ist aber gar nicht so schlecht«, bemerkt der Polizeichef. »Die könnten die Scheibe ein-

27

schlagen und dem Tier eine Chance bieten, zu entkommen. Wahrscheinlich ist sie ja auch von draußen eingedrungen. Die Bäume sind hoch, die Wand ist voll Efeu …«

Der Manager schaut sprachlos. »Entkommen? Dann bleibt sie ja hier auf dem Gelände. Und wer weiß, wann sie sich bequemt, das Terrain zu verlassen. Darauf können wir unter keinen Umständen warten. Die muss eliminiert werden. Und zwar sofort! Und die Bäume lasse ich gleich heute stutzen und den Efeu abreißen.«

Beschwörend flüstert er dem Polizeioberen etwas ins Ohr. Der lächelt zum ersten Mal und klopft ihm wohlwollend und beruhigend auf die Schulter. Wahrscheinlich hat der Manager ihm soeben eine Fangprämie ausgesetzt, um seinen Jagdtrieb anzuspornen.

»Ich würde dann gern hineingehen«, melde ich mich wieder zu Wort.

»Ja, etwa allein? Brauchen Sie Unterstützung?«

»Nein«, beruhige ich sie. »Allein. Sonst sind wir uns gegenseitig im Weg.«

»Und wirklich auf eigene Verantwortung?«

Serkalem reicht ihre Tür-Chipkarte rüber. Ich schiebe sie in den Schlitz des Schlosses. Ein grüner Punkt leuchtet auf. Die Tür öffnet sich. Ich trete ein, lasse sie weit geöffnet. Neugierige Köpfe recken sich hinter mir her. Die Neugier ist größer als die Angst. Der Commander entsichert seine Pistole.

Ich schaue mich um. Alles ist ruhig. Es ist nichts zu sehen. Die Schranktür steht einen Spalt weit geöffnet. Mit dem Stock öffne ich sie ganz. Nichts zu sehen.

Wahrscheinlich hat sie sich unter den schmutzigen Hemden versteckt, die lose auf dem Boden liegen, denke ich. Ich ziehe den Kopfkissenbezug ab und lege ihn mir bereit, um das Tier zu verstauen. Dann hebe ich mit dem Stock die Hemden hoch.

Und da liegt sie!

Grün, dünn, lang und aufgerollt. Serkalem hat kaum übertrieben. Das Tier mag anderthalb Meter lang sein. Aufgeregt zischt sie. Sie züngelt. Der oberste Ring des langen Leibes hebt sich vor Erregung, zuckt vor, schnellt zurück, fühlt sich bedroht, will sich verteidigen.

»Ich sehe sie!«, rufe ich den anderen zu.

»Gott sei Dank!«, höre ich den Manager. Er ist überglücklich. »Das grenzt an ein Wunder.«

Ich kann den Stein hören, der ihm vom Herzen fällt.

In die Schlange kommt Leben. Sie hat Angst, fühlt sich ausgeliefert, will sich wieder in den Hemden verkriechen. Da kann ich sie mit dem Stock niederdrücken. Sie verharrt, kommt nicht vor und nicht zurück.

Als sie wieder einmal versucht, sich rückwärts unter dem Stock hervorzuwinden, gebe ich nach. Bis sie nur noch den Kopf hervorziehen muss. Dann drücke ich zu. Sie kann nicht mehr vor und nicht mehr zurück. Das Einzige, das ihr noch bleibt, ist, mit dem freien Körperteil hin- und herzupeitschen. Das tut sie reichlich.

Ich wechsle den Stock in die linke Hand, ohne den Druck zu verringern, und greife sie im selben Moment mit Daumen und Zeigefinger der rechten Hand unmittelbar hinterm Kopf. Der frei zappelnde Leib schlingt sich um meinen Arm. Aber sie hat keine Chance. Ich lasse sie in den Kopfkissenbezug plumpsen, drücke ihn mit der Hand zu und verschließe ihn mit dem Schnürsenkel meines Turnschuhs.

Der Manager klatscht vor Freude und Erleichterung. Der Polizeichef ruft »Bravo!« und gibt damit das Zeichen zum allgemeinen Aufbruch.

»Ist sie giftig?«

Das habe ich in der Hektik ganz vergessen. Ich öffne den Sack erneut, wiederhole die Fangprozedur noch einmal. Als ich sie sicher hinter ihrem Kopf habe und das Ende des Schlangenleibes mit den übrigen Fingern fest im Griff liegt, hole ich mit der linken mein Taschenmesser aus der Tasche.

Die Klinge schnappt auf. Vorsichtig halte ich dem Tier den Messerrücken zwischen die Lippen. Da schnappt es zu und hält die Klinge fest. Ihr Oberkiefer oben, der Unterkiefer unten. Jetzt ist es ein Leichtes, ihr den Mund zu öffnen. Ich muss nur ein wenig nach oben drücken. Dabei offenbart sie ihr Gebiss. Sind es oben zwei Zähne, dann sind es die Giftzähne. Aber hier sind es keine zwei, sondern viele und kleine. Also ist sie harmlos. Ich gebe Entwarnung.

»Ja, wollen Sie sie nicht töten?«

Der Manager ist fassungslos. Ich beruhige ihn. »Keine Sorge. Sie sieht zwar aus wie eine Mamba, aber sie ist wirklich völlig harmlos. Eine grüne Wassernatter, die von Fischen lebt. Ich würde sie gern mitnehmen für meinen Zoo.«

Am liebsten würde ich mich demonstrativ von ihr beißen lassen. Aber auch die harmlosen Zähne könnten mir schaden. Sie wirken wie schmutzige Injektionsnadeln. Entzündungen wären die Folge, im Ernstfall sogar eine Blutvergiftung.

Die Polizei, die Sanitäter, das Personal und die neugierigen Hotelgäste ziehen ab. Aufzug um Aufzug.

»Darf ich Sie noch in mein Büro bitten?«

Der Manager will mir sicher einen ausgeben. Warum nicht. Er kann ja den frisch gepressten Orangesaft übernehmen, der von vorhin in der Lobby auf mich wartet. Aber ich täusche mich.

»Sie haben unserem Haus einen unbezahlbaren Dienst erwiesen«, beginnt er feierlich. »Sind Sie zufällig Hotelgast bei uns?«

»Nein«, stottere ich ein wenig überrascht. »Ich war hier zum, äh, Nachmittagskaffee. Ich bin im Hotel d'Afrique untergebracht.«

»Dann möchte ich Ihnen ein Angebot machen, und es wäre uns Freude und Ehre zugleich, wenn Sie das Angebot annähmen. Ich möchte Sie bitten, zwei Wochen lang kostenlos hier zu übernachten. Inklusive Vollpension. Gern auch länger.

Für zwei Personen, selbstverständlich!«, schiebt er noch nach.

Ich muss nicht lange überlegen. Gern sage ich zu, drücke ihm herzlich die Hand. Ich erhalte eine Luxussuite.

Da sitze ich nun im feudalen Appartement, mit herrlichem Blick auf den Hilton-Park, und genieße das Glück, genau im richtigen Moment am genau richtigen Ort gewesen zu sein. Vierzehn Tage Luxus pur.

Ich stelle mir vor, wie es gewesen wäre, wenn der gesamte Hotelflügel evakuiert worden wäre und man tagelang nach dem Tier hätte suchen müssen. Wirklich ein unvorstellbarer Verlust für das Unternehmen.

Und dann überlege ich, wie ich unbemerkt mein Gepäck hierher bekomme. Es steht in Raum 462. Die Schlange war meine. Sie war durch ein Loch aus ihrem Beutel entwichen.

Raab in Gefahr

Viele kennen Stefan Raab. Wer ihn nicht kennt, ist ein Ignorant oder schlichtweg ungebildet. Und wer ihn kennt, kennt dann auch seine Beiträge »Raab in Gefahr«. Zu denen, die ihn in Gefahr bringen sollten, gehöre ich.

»Haben Sie nicht irgendetwas, womit sie ihn richtig fertigmachen können?«, will seine Produktionsfirma wissen. Ich höre das unterdrückte Lachen deutlich durchs Telefon hindurch. *Die wollen ihr Goldenes Kalb opfern. Sadistenbrut,* denke ich. *Ob der arme Stefan das wohl weiß?*

Aber ich sage: »Nichts leichter als das. Es kommt darauf an, was Sie ihm zumuten möchten. Ich kann Ihnen alle Schwierigkeitsgrade anbieten. Vom Schmusetod im Schoß einer Nymphomanin bis hin zum eiskalten Selbstmord im nächtlich-winterlichen Eisloch.«

Na ja, soo schlimm soll es denn doch nicht sein. Man braucht ihn noch. Also doch kein Opfertod. »Er darf ja ruhig sterben, haha, aber die Sendung darf es nicht. Sie verstehen? Haben Sie Kompromisse?«

Klar. Auch davon habe ich genug. Wir einigen uns auf zwei Nummern. »Wildschweinfang mit der Hand« und »500 Meter Flucht durch den Sumpf des Grauens«. Die Aktion »Vogelspinne im Mund Zuflucht suchen lassen«, muss ich streichen. »Das macht er nie und nimmer.«

Bleiben die Schweine und der Sumpf. Verrückt das eine, eklig das andere. »Das ist genau das Richtige«, entscheidet der Caster-Sadist, und irgendwann rückt Stefan Raab an. Er absolviert die erste Nummer mit Bravour.

Gemeinsam fangen wir ein Wildschwein, vertreiben die aggressive Bache.

Dann geht's in meinen Spezialsumpf. Er stinkt wie eine Mischung aus Männerklo und Kuhstallgülle. Eine Horrorstrecke. Aber für alle, die den Parcours je absolviert haben, ist das im Nachhinein »das Sahnegeilste«.

Da sind die flachen Stellen, die den Sumpf harmlos wirken lassen sollen. Dennoch ist es schwer, voranzukommen. Aber jeder denkt: »Ist das alles?«

Dann folgen abrupt die tiefen Stellen, in denen man verschwinden könnte, wären da nicht immer in Reichweite hilfreiche Hände, hingeworfene Seile und modernde Bäume, an denen man sich rausziehen kann.

Wird das Ganze außerdem als »Flucht auf Leben und Tod« durchgezogen, so der Titel der Übung, dann kommt Panik auf, und man gerät sogar bei null Grad ins Schwitzen. Und wer sich die Schuhe nicht ordentlich zugebunden hat, dem zieht's sie aus. Der Sog ist erschreckend. Der reinste Zwangs-Strip. Es gibt wohl kaum einen Sumpf, in dem schon so viele Schuhe verloren gingen.

Ich baue Stefan zwei Schwierigkeitsgrade ein. »Da liegt eine Erle quer im Weg. Unter ihr müssen wir durchtauchen.«

»Wieso denn das? Da kann man doch drübersteigen.« Er weiß alles besser.

Drohend hebt mein Freund Roman seine Pumpgun und zischt ihm eine Salve Farbkugeln über den Kopf. Das gehört zur »Flucht auf Leben und Tod«.

»Dann weiche ich nach links aus.«

»Bist du wahnsinnig? Da liegen die Krokodile.«

Er glaubt es nicht. Roman beweist es ihm. Er hantiert mit einem langen Stock, berührt ein aufgespanntes Tellereisen. Mit lautem Knall schnappt es zu. Es ist eigentlich viel beeindruckender als ein Krokodil, denn es kennt kein Pardon. Ein Krokodil würde vielleicht noch wegtauchen.

Das Tellereisen nicht. Die halbmondförmigen Bügel grinsen sogar. Stefan gibt nach.

Also weiter auf der vorgegebenen Route. Ich mache es ihm vor, tauche weg, wühle mich voran, tauche wieder auf und bin nicht mehr wiederzuerkennen. Es ist eine absolut eklige Nummer. Durch ein Plumpsklo zu tauchen, wäre im Vergleich dazu ein Familienausflug. Alles ist voll mit schwarzem Schlamm. Auch die Ohren. Stefan kann man nur noch an seiner großen Klappe erkennen. »Das stinkt wie Scheiße!«, stellt er lautstark fest. Endlich hat er mal recht. Ich treibe ihn weiter.

»Achtung, jetzt kommt ›Raab in Gefahr!‹. Jetzt musst du unter dieser Brücke hindurchkraulen.«

Um es dramatischer zu machen, habe ich neben der Brücke ein Grabkreuz aufgestellt. Es ist aus Birke improvisiert, und mitten darauf hockt ein schnuckeliger Kunststoffrabe. Inschrift: »Stefan Raab. Gestorben am 13. März 2003.«

»Wenn du es nicht schaffst, lasse ich dich im Sumpf liegen, und eines Tages findet man hier deine Moorleiche.« Er will lachen, aber der Schlamm erstickt den kläglichen Versuch.

Die Brücke besteht aus alten Bahnschwellen, ist sehr schwer und zwei Meter lang. Der Stinkeschlamm reicht genau bis unter das Holz. Keine Luft zum Atmen. Wer sich auf dem Bauch unter der Brücke hindurchzwängen will, wie er eben unter der Erle hindurchgetaucht ist, der wird stecken bleiben. Es ist wie im Albtraum. Man will hindurch, aber der Schlamm zieht einen zurück wie Sirup. Man gerät in Panik, und ruck, zuck ist die Atemluft verbraucht. Nur ein Einziger hat es bisher bäuchlings geschafft. Das ist mein alter Kampfschwimmerausbilder Willi Probst, Kampfschwimmer 401.

Man hat als Nichtkampfschwimmer nur dann eine Chance, wenn Helfer von hinten kräftig nachschieben und andere von vorne ebenso kräftig rausziehen.

Eine Möglichkeit gibt es jedoch, es auch allein zu schaffen. Dazu muss man sich auf den Rücken legen. Zwischen den Bahnschwellen sind fünf Zentimeter breite Luftritzen. Sie bieten den Fingern Angriffsflächen, sich zügig hindurchzuziehen. Und sie bieten die Möglichkeit, Luft zu holen. Man muss sich also nicht einmal beeilen. Etwas für Masochisten wie mich. Auf jeden Fall ist die Nummer auch fotogen.

Endlich legt Stefan Raab sich auf den Rücken, atmet tief ein und – krallt sich hindurch. Überraschend schnell und absolut super.

Unter meinem Wasserfall nehmen wir eine Dusche. Ich wärme ihn mit Feuerspucken. Die Show ist beendet. Das Kreuz mit dem Raben bleibt stehen und fault diskret vor sich hin. Bis es mir noch einmal von großem Nutzen werden soll.

Heike Sowieso, Lehrerin an einer niedersächsischen Hauptschule, möchte mit zwanzig zehnjährigen Schülern ein Survivaltraining bei mir buchen. Mädchen und Jungen.

»Die Kinder haben Ihre Magazinbeiträge ›Abenteuer vor der Haustür‹ im ZDF gesehen und reden seitdem von nichts anderem mehr.«

Alle haben den Brief unterschrieben und noch witzige Bildchen gezeichnet. Ich werde schwach und sage zu. Sie sollen aber alleine herumtoben. Ich will ihnen lediglich alles einmal vormachen und des Abends Abenteuergeschichten am Lagerfeuer erzählen.

»Ich brauche von Ihnen eine schriftliche Erklärung, dass Sie das Camp auf eigene Verantwortung nutzen. Wissen Sie, mich versichert nämlich keiner mehr«, dramatisiere ich mein Training am Telefon.

»O Gott! Warum denn das? Ist das so gefährlich? Dürfen wir uns das Gelände vorher mal anschauen?« Na klar. Sie dürfen.

»Ich bin die Heike, die Ihnen geschrieben hat, und das da ist meine Kollegin Jennifer. Sie und mehrere Eltern werden uns assistieren.«

Ich zeige den beiden Frauen meinen »Parcours des Schreckens«. Still studieren sie die Schilder. »Nur auf eigene Gefahr!«, »Lerne leiden, ohne zu klagen!«, »Torten-Rudis Torture Training Trail«, »Lebensgefahr für Tollkühne«. Ich finde die Sprüche witzig. Sie sollen bei meinen Teilnehmern ein nervöses Vorfreude-Kribbeln auslösen, die Adrenalindrüsen aus dem Schlummerschlaf wecken. Bei Heike ist das der Fall. Sie hüpft mir begeistert voran und bestaunt das Spinnennetz von Seilen über dem Fluss hoch in den Bäumen. Auch Jennifer scheint das zu gefallen.

»Darf ich das fotografieren?« Na klar, warum nicht. Ihre Kids werden umso gieriger auf das Wochenende werden.

Ich erkläre die einzelnen Übungen, mache einige vor. Heike macht gleich alles nach. Sie ist Sportlehrerin und topfit. Ein Schatz von Lehrerin. Mit ihr würde ich am liebsten alleine surviveln. Ohne Jennifer.

Weil Heike so völlig aufblüht und Frage auf Frage abschießt, fällt uns Jennifers Sprachlosigkeit zunächst nicht auf. Sie ist voll und ganz mit Fotografieren beschäftigt. Inzwischen knallt sie den vierten Film in die Kamera.

»Ich habe das Gefühl, du willst alles fotografieren, um für eure Schule einen ebensolchen Abenteuerspielplatz in Auftrag zu geben«, frotzle ich. »Oder willst du den Kiddys einen Diavortrag halten, um sie noch mehr auf den Geschmack zu bringen?«

Jennifer beantwortet die Frage nicht, stellt eine Gegenfrage. »Ist das nicht alles sehr gefährlich? Ich habe die ganze Zeit schon eine Gänsehaut.« Sie zeigt hierhin und dorthin. Alles scheint zu hoch, zu wackelig, zu schmutzig.

»Wenn man es erklärt bekommt und die Sicherheitsregeln beachtet, ist es nicht gefährlicher, als eine Straße zu überqueren. Das ist ja der Sinn des Trainings. Die Kinder können lernen, scheinbar Unmögliches locker zu bewältigen. Ihr Selbstvertrauen wird ins Unermessliche steigen. Die werden noch als Großeltern an dieses Wochenende denken.«

Heike mischt sich ein. »Wenn man ängstlich ist, dürfte man ja nicht einmal Sportunterricht erteilen.« Sie lacht. Denn wenn das so wäre, wäre sie ihren Job los.

Jennifer sieht das anders. »Die werden nur deshalb noch an das Wochenende denken, weil irgendetwas Schlimmes passiert.«

»Aber Jennifer!« Das war Heike. Sie blinzelt mir vertraulich zu.

»Haben Sie denn in Ihrem Haus überhaupt für 20 Kinder Platz zum Schlafen, zum Kochen? Haben Sie ausreichend viele Toiletten?«

Nun bin ich es, der sprachlos ist. Will die mich verarschen?

»Das Haus existiert für euch gar nicht. Gekocht wird hier am Lagerfeuer, geschlafen auf der Erde oder in Hängematten. Und die Toilette ist dort im Wald. Da habe ich ein Plumpsklo improvisiert. Schön versteckt hinter Büschen.«

»Ein was?« Jennifer ist Deutschlehrerin. Aber diese Vokabel ist ihr neu.

»Ein Plumpsklo. Das ist eine Grube, über die man sich hockt und seine Notdurft verrichtet.«

»Das ist doch nicht Ihr Ernst? Sie wollen den Kindern zumuten, dass sie hier im Wald auf so eine Toilette gehen?«

Heike mischt sich ein. »Jennifer, was ist denn mit dir los? Was hast du denn erwartet? Das ist doch ganz natürlich. Abgesehen davon können wir doch nicht das Haus der Nehbergs zur öffentlichen Toilette umfunktionieren.«

»Ich denke an die Eltern. Wir werden bösen Ärger mit ihnen bekommen, wenn die hören, dass ihre Kinder hier im Wald in eine Grube …«

»Aber Jennifer! Was soll denn das? Hast du noch nie in deinem Leben hinter einen Busch gepinkelt?« Heike wird langsam ungeduldig. Ich begnüge mich mit stillem Staunen. Mir tun die Kinder leid, die von so einer Person lebenstüchtig gemacht werden sollen.

»Da kannst du jetzt von mir denken, was du willst, Heike! Ich sage es sogar mit Stolz! Noch nie in meinem ganzen Leben habe ich irgendwo hinter einem Busch meine Notdurft verrichtet. Ich würde dann vor mir selbst jede Achtung verlieren.«

»O Gott!«, entfährt es Heike. »Da ist dir aber viel entgangen.«

»Du brauchst gar nicht so höhnisch zu werden. Ich finde das Ganze absolut unzumutbar für unsere Kinder. Nur gut, dass wir es uns angeschaut haben. Ich bin entsetzt. Ich werde die Bilder den Eltern auf dem nächsten Elternabend zeigen, und ich weiß jetzt schon, dass dann niemand seine Kinder hierher lassen wird.«

»Du liebe Güte! Die armen Kinder!«, entfährt es mir. Heike tut mir leid. Sie hat sich so darauf gefreut. Und ich mich auf Heike. Nun scheint alles zusammenzubrechen.

»Ich möchte Ihnen jetzt eine Frage stellen und hoffe auf eine ehrliche Antwort«, fängt Jennifer noch einmal an.

Nur Heike zuliebe höre ich noch hin. Wäre Jennifer alleine erschienen, hätte ich sie längst wortlos stehen gelassen. Reine Zeitvergeudung.

»Ist es hier noch nie zu einem Unfall gekommen?«

Ich zwinkere Heike unbemerkt zu. Dann blicke ich scheinbar betreten zu Boden und zögere mit der Antwort. Jetzt will ich Jennifer schocken. Sie ist eine Beleidigung für mein Grundstück. Sie soll abziehen und sich nie wieder hier blicken lassen. Soll sie gerne weiter in die Toiletten pinkeln statt ins Gras.

»Darüber mag ich nicht reden. Entschuldigung.«

Da kommt Leben in Jennifer. »Aha. Also doch! Sonst könnte er es ja sagen.« Beifall heischend blickt sie zu Heike. »Hab ich's mir doch gedacht. Das kann ja auch gar nicht anders sein.« Sie hofft auf kollegiale Solidarität.

Heike schweigt. Ich gebe mich zerknirscht, lasse mir jedes Wort einzeln aus der Nase ziehen. »Ja. Es hat schon mal einen Unfall gegeben. Genauer gesagt: zwei.«

Das lasse ich einen Moment wirken. Es ist still geworden in meinem Wald. Selbst die Vögel scheinen verstummt zu sein.

»Aha!« höre ich nur. Es kommt von Jennifer. Von wem auch sonst.

»Bevor ich weitererzähle, finde ich die Erklärung wichtig, dass ich bereits seit 25 Jahren diese Trainings veranstalte und viele Hundert Menschen hier im Camp gehabt habe. Und gemessen an dieser Zeitspanne und Anzahl sind die Unfälle gar nicht der Rede wert.«

»Gar nicht der Rede wert? Wenn Sie ein winziges Gefühl von Verantwortung hätten, dann wäre sogar jeder einzelne Unfall einer zu viel. Und was war das, wenn man fragen darf?«

»Natürlich dürfen Sie fragen. Sie würden es ja doch herausfinden. Schließlich hat es in allen Zeitungen gestanden.«

Ich lasse sie noch einen Moment lang ihr Oberwasser genießen. Dann rücke ich damit heraus.

»Es hat zwei Tote gegeben.« Ich verstumme ganz »kleinlaut«. Dann rechtfertige ich mich.

»Aber die waren selbst schuld. Sie haben die Sicherheitsregeln missachtet. Und da ist es dann passiert.«

»Das kann doch nicht wahr sein! Sie sind ja regelrecht skrupellos.«

»Ich kann nicht mehr tun, als immer wieder allen Teilnehmern erklären, was gefährlich und was sicher ist. Wenn ich Ihnen, Jennifer, sage, dass man bei Rot nicht über die Straße geht, und Sie es dennoch tun, dann sind Sie selbst schuld und nicht ich. So meine ich das.«

»Komm, Heike, mir reicht's. Lass uns gehen. Dieser Nachmittag war der wertvollste in meinem Leben. Damit haben wir Böses von unseren Schülern ferngehalten. Die Eltern werden mir, pardon, uns dankbar sein.« Hastig verstaut sie die Kamera, wendet sich ab.

Heike ist starr vor Schrecken. Nicht wegen meiner Lügengeschichte. Sondern wegen ihrer Kollegin. Ich schiebe noch schnell einen nach, bevor die »Lebensretterin« außer Hörweite ist.

»Sehen Sie da vorne das Kreuz?«, sage ich mehr zu Heike und zeige auf das Kreuz von Stefan Raab. »Da liegt der eine. Er hieß Stefan. Ich glaube, man kann es sogar noch lesen. Die Eltern wollten damals unbedingt, dass ihr Junge hier beerdigt wird, weil er so glücklich gewesen ist. Jeden Abend hat er voller Begeisterung zu Hause angerufen. ›Das ist das Tollste, was ich je in meinem Leben erlebt habe‹, soll er gesagt haben. Es hat leider viel behördlichen Streit darum gegeben, ihn hier zu beerdigen. Denn eigentlich ist das ja auf Privatgrundstücken nicht erlaubt. Aber schließlich haben die Eltern an unsere Ministerpräsidentin appelliert. Und die hat eine Ausnahme durchgesetzt. Ich darf heute mit einigem Stolz sagen, dass ich die einzige Survivalschule mit eigenem Friedhof bin.«

Blitzschnell zerrt Jennifer ihre Kamera aus der Tasche, reißt sie ein letztes Mal hoch, fotografiert Stefan Raabs Grab von Weitem und entflieht. »Der ist ja völlig verrückt«, höre ich noch.

Endlich hat sie mal recht.

Der Partygast

»Was wünschst du dir eigentlich zum Geburtstag?«

Joachim Jessen, mein Freund und damaliger Verleger, wird 40. Das sind vier runde Jahrzehnte und will gefeiert werden. Für Karin, seine Angetraute, ohnehin ein unumgänglicher Anlass, eine Feier auszurichten. Sie ist für ihre gute Küche und große Gastfreundschaft bekannt. Auch wenn sein Geburtstag nicht so »rund« wäre – sagen wir 41 –, würde sie eine Party geben.

Ich weiß nicht, was ich ihm schenken soll. Als Autor verschenke ich normalerweise gern meine eigenen Bücher. Signiert natürlich, manchmal auch noch mit ein paar persönlichen Fotos, um sie von anderen Exemplaren derselben Auflage abzuheben. Aber bei meinem eigenen Verleger wird das nicht ankommen. Schließlich ist er quasi mein Lieferant. Als Verleger hat er davon mehr als ich. Nämlich tausenderweise. Da hilft es auch nichts, wenn ich sie ihm *doppelt* signiere. Was also tun?

Unter Freunden muss es erlaubt sein zu fragen. Vielleicht hat er einen ungeahnten und erfüllbaren kleinen Herzenswunsch. Großes schenken wir einander sowieso nicht. Was wir uns wünschen, kaufen wir uns sicherheitshalber selbst. Dann liegt man nie daneben, hat es sofort und muss nicht das riskante und kostspielige Geburtstags- oder Weihnachtsroulette abwarten mit Flops in allen Variationen. Auf jeden Fall ist es besser zu fragen, als irgendeinen Tinnef zu schenken, der letzten Endes auf dem Flohmarkt landet. Oder – noch schlimmer – auf dem Sperrmüll.

»Ach, weißt du, eigentlich habe ich doch alles«, ist seine prompte Antwort. Und ihm nun eigens ein Buch auf den Leib zu schreiben, ist mir, ehrlich gesagt, zu aufwendig. Das pflege ich immer nur zum jeweils Hundertsten zu tun.

»Warte mal, da hätte ich *doch* eine Idee!«

»Lass sie mich wissen. Sie ist bereits erfüllt.« Ich atme auf. Egal, was kommt – sie wird realisierbar sein.

»Du hast doch diese abgehackten Finger in Alkohol aus Eritrea …« Er hält inne, um noch einmal für sich selbst kurz die Folgen seiner spontanen Idee abzuwägen. Dann strahlen seine Augen entschlossen. »Die kannst du mir für den Abend leihen. Mehr will ich nicht.«

»Das heißt, ich kriege sie wieder? Du willst sie nur ausleihen?«

Ich frage vorsichtshalber nach, denn an den Fingern hänge ich, wie sie einst an einem Krieger der *Eritrean Liberation Front* gehangen haben. Bis er sie bei einem Schwertduell verlor. An einigen hängen noch die Sehnen. Und allen ist der schwarze Schmutzmond unter den Fingernägeln gemein. Aber der ist nun, im Alkohol, auch steril.

Die Finger sind alle verschieden lang beziehungsweise kurz. Zwei beschränken sich nur auf das vorderste Fingerglied. Nach jenem Streit während der Durchquerung der Danakilwüste (1977) lagen sie verloren im Sand und schrumpelten vor sich hin.

Niemand schien Interesse daran zu haben. Nicht einmal der Eigentümer. Der war froh, dass er seine Blutung stoppen konnte und mit dem Leben davongekommen war. Und bevor die Hyänen sie sich nahmen, gehörten sie mir. Das Gesetz des Schnelleren. Sie wurden ein Teil meines persönlichen »Museums« in Rausdorf und – besonders unter jugendlichen Besuchern – ein Hingucker der besonderen Art. Unvergessen die junge Celine aus Trittau, die immer wieder neue Freundinnen ranschleppte. »Können wir mal die eingemachten Finger sehen?«

»Was hast du denn damit vor?«, frage ich Joachim.
»Nicht, dass sie mir beschädigt werden!«

Er umgeht die Antwort mit einer neuen Idee. »Wenn du mir eine *richtige* Freude bereiten möchtest, dann sag deine Teilnahme an der Feier ›mit Bedauern‹ ab und komm nachts um 22 Uhr an unsere Verandatür. Ich lasse sie ein bisschen offen, und du inszenierst einen Überfall. Und zwar verkleidet, damit dich niemand außer mir erkennt. Wie neulich bei deiner Lesung im Thalia-Buchhaus. Das wäre ein Geburtstagsgeschenk nach meinem Geschmack.«

Auch nach meinem! Ich muss gar nicht erst lange überlegen und sage zu. »Punkt zehn also!«

Ja – das im Thalia-Buchhaus, das hatte Joachim gefallen. Ich sollte um 16 Uhr eine Stunde lang aus meinem neuen Buch »Im Tretboot über den Atlantik« lesen und Zuhörerfragen beantworten.

»Ich finde normale Lesungen so austauschbar. Können wir die Lesestunde nicht ein bisschen aufmischen?«, hatte ich Joachim damals gefragt. Er war sofort einverstanden, und ein Plan war auch schnell geboren.

Die Lesung sollte beginnen. Das Publikum wartete. Wer nicht kam, war Rüdiger. Der Buchhändler war eingeweiht. Scheinbar nervös blickte er auf seine Uhr. Eine attraktive Mitarbeiterin hastete herbei, flüsterte ihm etwas zu.

»Ich höre gerade, Herr Nehberg steckt im Stau. Er wird frühestens um 16 Uhr 15 hier sein.«

»Ha!«, höhnte da jemand. »Das haben wir gern. Dicke Bücher schreiben über Survival und nicht mal pünktlich sein können. Ha.«

Alle blickten zum Sprecher, Typ Weltverbesserer. Langes schwarzes, ungepflegtes Haar, dicke kanadische Holzfällerjacke, blaues Auge und einen schmierigen Verband um seine linke Hand. Niemand mochte Körperkontakt zu ihm haben. Er stützte sich auf einen Gitarrenkasten.

Rüdiger Nehberg, verkleidet als »Zuschauer« bei einer Lesung aus seinem Buch (Thalia-Buchhandlung, Hamburg).

Wahrscheinlich hatte er eben noch in Hamburgs Straßen für Geld gespielt. Entweder wollte er sich von dem Ersparten nun mein Buch kaufen oder die Gelegenheit nutzen, sich aufzuwärmen und einen Kaffee zu trinken. Denn den gab es gratis.

Der Buchhändler reagierte geistesgegenwärtig. »Das kann ja mal passieren. Aber ich sehe, Sie haben eine Gitarre dabei. Vielleicht mögen Sie uns aus der Patsche helfen und ein paar Ihrer Songs zum Besten geben. Herr Nehberg wird Ihnen dafür sicher eines seiner Bücher schenken und signieren.«

»Immer der Mike«, grunzte der Gammler. »Immer wenn die Herren Großverdiener nicht pünktlich sein können, dann soll der Mike einspringen. Aber meinetwegen.«

Gnädig schob er sich auf die kleine Bühne. Wegen der defekten Hand hatte er sichtbar Schwierigkeiten, den Gitarrenkasten zu öffnen. Die attraktive Mitarbeiterin wollte dem jungen Mann behilflich sein und öffnete den Schnappverschluss. Der Deckel klappte auf und – im selben Moment ertönte ein mehrkehliger Schreckensschrei. Die Gäste in der ersten Reihe stieben entsetzt zurück. Die Verkäuferin erstarrte zur Bildsäule.

Was da so überraschend zum Vorschein kam, war kein Musikinstrument, sondern ein drei Meter langer Python! Langsam wand er sich auf den Signiertisch, züngelte neugierig, zischte. Mike sprach beruhigend auf das Tier ein. Er nahm es behutsam vom Tisch, hob es in die Höhe, schaute sich um. So, als suche er eine Ablage für sein Tier. Dann hatte er sie gefunden. Ohne Vorankündigung hängte er das Reptil der Verkäuferin um den Hals. Die Frau blieb starr und stumm, hielt die Augen geschlossen, ließ es mit sich geschehen.

Nun, mit freien Händen, zog »Mike« sich die Jacke aus, riss sich blitzschnell den klebrigen Verband von der Hand und die Perücke vom Kopf.

»Willkommen zu meiner Signierstunde!«, rief ich.

Diese kleine Episode spukt Joachim jetzt durch den Kopf und inspiriert ihn offenbar zu seinem zweiten Geburtstagswunsch. In dieser Verkleidung soll ich also seine Feier stören.

»Das mache ich gern. Zumal es äußerst preiswert ist. Dann, wie gesagt, bis Samstag um zehn.«

Ich vergesse ganz zu fragen, was er denn nun mit den Fingern vorhat.

Pünktlich stehe ich im dunklen Garten seiner Villa in Hamburg Alsterdorf und warte auf meinen Einsatz. Drinnen an länglicher Tafel etwa zwanzig Gäste. Vorn an der Stirnseite sitzt Karin, seine Frau. Das ist ihr Stammplatz.

Von hier kann sie immer schnell aufspringen und etwas nachreichen.

Das Essen scheint so ziemlich gelaufen. Nur noch zwei Frauen stehen am reichhaltigen kalten Büfett und können sich nicht entscheiden. Am Tisch ist eine lebhafte Unterhaltung in Gang.

Joachim blickt verstohlen auf die Uhr. Es ist eine Minute vor zehn. Er nimmt seinen leeren Teller, geht gelangweilt zum Büfett. Im Vorbeigehen öffnet er den Riegel der Verandaschiebetür. Keiner nimmt das zur Kenntnis. Er hat mich gesehen, blinzelt mir zu.

Jetzt stehe ich unmittelbar vor der Scheibe, schaue staunend und hungrig zur Tafel. Zaghaft klopfe ich an die Scheibe. Alle Köpfe drehen sich zu mir. Sie können mich deutlich sehen, weil ich mein blau geschminktes Gesicht nun direkt auf die Scheibe presse. Karin ist erschrocken, ihr Schrecken überträgt sich sichtbar auf die Gäste. Sie sagt etwas zu Joachim.

Der stellt seinen Teller ab, kommt an die Tür. Er öffnet sie einen Spalt. Noch bevor er etwas sagen kann, höre ich eine energische Stimme. »Lass die Tür zu. Der hat was vor. Was will der um diese Zeit dahinten im dunklen Garten? Warum klingelt er nicht?«

Die Stimme kenne ich. Sie gehört Joachims Bruder. Misstrauen ist sein Beruf. Er ist Rechtsanwalt. Er steht sogar auf, um ihm den Rücken zu stärken, falls das nötig werden sollte.

Ich gebe mich demütig, ängstlich, fast unterwürfig.

»Guten Abend! Entschuldigen Sie die Störung. Ich sah hier noch Licht. Kann ich ein Glas Wasser haben? Es geht mir nicht gut.«

»Er hat hier noch Licht gesehen. Es geht ihm nicht gut. Er will nur ein Glas Wasser«, ruft Joachim seinen Gästen zu. Die schauen gebannt, sind unschlüssig, sitzen wir festgeleimt auf ihren Stühlen.

»Mach die Tür zu, und bleib da stehen. Ich hole das Wasser.« Der Rechtsanwalt verschwindet. Karin springt auf, ruft ihm hinterher: »Bleib du hier. *Ich* hole es.«

Währenddessen raunt das Geburtstagskind mir leise zu: »Los, stoß mich beiseite, und stürz in den Raum!«

Aber ich habe andere Pläne, bleibe ruhig. Ich fingere ein schmieriges Stück Papier aus der Tasche, wickle zwei Tabletten aus. »Ich muss dringend meine Medizin nehmen.«

»Sollen wir Ihnen einen Krankenwagen holen?« Der Jurist will mich loswerden.

»Nein, bloß nicht! Ich will einen Freund aufsuchen. Aber der wohnt noch weit entfernt. In Wandsbek. Darf ich ihn mal anrufen? Ich habe aber kein Geld.« Ich schlucke die Tabletten und schaue sehnsüchtig zum Büfett.

Achim schiebt die Tür auf. »Los! Schubs mich beiseite!«, flüstert er wieder. Er kann es kaum abwarten, dass ich Randale mache.

Ich ignoriere ihn. Ich möchte das Kabinettstückchen genießen.

»Dann geben Sie uns die Telefonnummer Ihres Freundes, und warten Sie da draußen.«

Wieder dieser Bruder! Aber ich bin längst drin, zumal der Gastgeber mir höflich Platz gemacht hat.

»Oh, haben Sie leckere Sachen auf dem Büfett. Darf ich Sie um ein Stück Brot bitten? Ich habe seit drei Tagen nichts gegessen.« Langsam gehe ich auf den Tisch zu.

»Joachim, schmeiß ihn raus. Mit dem Typen stimmt was nicht.«

Der Rechtsanwalt und seine schlechten Erfahrungen.

»Lass nur, wir sind doch in der Überzahl. Man sieht doch, dass es ihm nicht gut geht.« Mein Lieblingsverleger will mich als Autor nicht verlieren, zankt sich fast mit seinem Bruder.

Karin rafft ein paar Stücke trockenes Baguette zusammen, wickelt sie in eine Serviette, will sie mir reichen.

»Nur trockenes Brot? Sie haben da noch so leckere Sachen. Bestimmt werfen Sie das anschließend weg.«

»Jetzt werden Sie nicht unverschämt! Erst wollen Sie nur ein Glas Wasser, dann ein Telefonat, dann Brot und jetzt wollen Sie auch noch das Büfett leer räumen! Ich werde jetzt die Polizei rufen.«

Der Rechtsanwalt geht zum Ende des Büfetts, will das Telefon nehmen. Mit einem Sprung komme ich ihm zuvor, schnappe den Hörer, wähle die Nummer meiner Frau, die mich so schön kriminell hergerichtet hat.

»Joachim, ich verstehe dich nicht. Warum lässt du das zu?«

Wutentbrannt verlässt der Anwalt das Zimmer. Fehlt nur, dass er eine Waffe holt. Inzwischen sind alle Gäste aufgestanden und umstehen mich in großem Kreis. Die Frauen klammern sich jeweils an ihre Männer. Nur Karin läuft allein herum. Sie kann ihre Rolle als Gastgeberin nicht verleugnen. Sie rafft weitere Brote zusammen, will mich loswerden.

Mein Telefonanschluss daheim ist besetzt. *Verdammt, denke ich. Wieso muss Maggy gerade jetzt mit jemandem quatschen? Sie weiß doch, dass ich jeden Moment anrufen werde.*

»Ist besetzt«, informiere ich die anderen.

»Das ist ein Trick. Der will Zeit schinden«, vermutet jemand.

Ich nehme mir ein Kaviarbrot und lasse es mir schmecken. Rundherum Rat- und Sprachlosigkeit. Achim beschwichtigt sie mit einer Geste. Alles im Griff, soll sie bedeuten. Mit seiner großen Statur schützt er die Gäste vor mir und mich vor den Gästen.

Dann wähle ich meine eigene Nummer zum zweiten Mal, und wieder ist sie besetzt. Mist.

Ganz langsam greife ich in meine Brusttasche und hole einen Dolch hervor. Das Entsetzen wird schlagartig laut.

Wie auf Kommando springen alle zurück, so weit es der Raum erlaubt. Ich beachte das gar nicht und säubere mir die Fingernägel. Über Karins Büfett. Der Rechtsanwalt ist zurückgekehrt, stellt sich neben seinen Bruder.

»Sie verlassen sofort den Raum!« Er schnauft vernehmlich. »Was hatten Sie überhaupt hinten im Garten verloren? Warum haben Sie nicht an der Haustür geklingelt, als Sie hier Licht sahen?«

Gott sei Dank hat er keine Waffe. Er hätte sie bestimmt benutzt.

»Oh, das ist wirklich lecker!«, lobe ich Karins Küche, lasse es mir schmecken und ignoriere seine Frage.

Schließlich, beim dritten Läuten, nimmt Maggy ab. »Hallo!«, rufe ich laut und erleichtert in den Hörer. »Endlich erreiche ich dich!«

Ich schweige einen Moment, tue so, als wäre Maggy nun am Sprechen. Währenddessen ziehe ich mir langsam die Jacke aus, lasse sie auf den Boden gleiten.

»Du, ich bin auf Joachims Geburtstagsfeier. Hier ist Rüdiger!«

Im selben Moment trenne ich mich auch von Perücke und Verband, drücke Achim überschwänglich die Hand. Verschwörer unter sich. »Herzlichen Glückwunsch, Joachim!«

Im ersten Augenblick lähmende Stille. Dann Erleichterung. Lachen und Beifall, aber schließlich auch harsche Kritik. Sie wirbeln durcheinander.

»Ich finde, das war eine Nummer zu hart«, meint der Bruder.

»Wie konntest du mir das antun?«, will Karin wissen. Sie weiß nicht einmal, ob sie mich überhaupt begrüßen soll, als ich ihr die Pranke hinhalte. Die Entscheidung wird ihr abgenommen. Denn in genau diesem Moment stürzen zwei Polizisten durch die Terrassentür herein. Mit gezogenen Waffen.

Schlagartig sind wir alle still. Auch ich. Auch Joachim. Jeder denkt: Ist das auch noch ein Teil der Komödie, oder ist das Ernst? Vorsichtshalber verhält sich jeder ruhig.

»Entschuldigen Sie!«, unterbricht der Rechtsanwalt die Stille. »Ich hatte Sie eben über unseren Zweitanschluss angerufen. Aber gerade vor einer Minute hat sich der Vorfall als Geburtstagsscherz entpuppt. Ich bitte Sie um Entschuldigung.« Es ist ihm peinlich.

Joachim ist es noch unangenehmer. Mir natürlich auch, wenngleich nicht allzu doll. Wer hätte denn auch damit gerechnet? Zweitanschluss, Notruf …

Aber die Beamten sind einsichtig. Sie verbuchen es als Fehlalarm. »Ach so, der verrückte Nehberg«, höre ich. Manchmal ist verrückt eben doch hilfreich. Zwei signierte Bücher »Mit dem Tretboot über den Atlantik« besiegeln die gute Zusammenarbeit zwischen Bürgern und Polizei. Die Männer rücken ab. Es kehrt Ruhe ein. Karin weiß noch immer nicht, was sie mit mir anfangen soll. Bis Joachim sich erklärt.

»Entschuldigt, das war meine Idee. Ich hatte mir das zum Geburtstag gewünscht.«

Der Abend scheint harmonisch auszuklingen. Dann ein Riesenschrei! Diesmal kommt er vom Büfett, begleitet von umgestürztem Porzellan. Ein weiblicher Gast hatte noch nach etwas Naschbarem gesucht. Ein schmaler weißer Porzellankelch hatte ihre Aufmerksamkeit erregt.

Na, was hat Karin sich denn da wieder ausgedacht?, mag sie sich gefragt haben. Ein langstieliger Silberlöffel erbot sich, das Geheimnis zu lüften. Und was er da zutage förderte, war in dem schummrigen Licht nicht gleich erkennbar. Erst neben der Kerze wurde der Fund deutlich.

»Ein Finger!!!«, kreischt es durch den Raum.

Ein Witz!, denkt jeder. *Christine wird sich geirrt haben. Vielleicht ist sie beschwipst, vielleicht verwechselt sie Krabben mit Fingern.* Karin ist mit einem Satz neben ihrer Freun-

din. Was sich ihr darbietet, übersteigt auch ihr Fassungsvermögen.

Dennoch schaut sie reflexartig und entsetzt auf ihre Hände, so, als traute sie ihren eigenen Impulsen nicht mehr. Aber ihre Hände sind komplett, die Finger vollzählig. Dann entdeckt sie die anderen Finger, die sich aus dem Kelch auf das Büfett ergossen haben.

»Jooaaachiim!«, gellt es durch den Raum. »Wie kannst du mir das antun?«

Dass niemand anderer als Schuldiger infrage kommt, steht für Karin außer Zweifel.

Nicht einmal ich komme in Betracht.

Piranhas

Brasilien. Tiefster Regenwald. Hauptregenzeit. Ich bin auf dem Rückweg. 300 Kilometer bis zum ersten Siedler. Auf keinen Fall will ich diese Strecke noch einmal zurück*marschieren*. Drei Wochen durch morastigen Urwald, immer im Wasser. Drei Wochen Schritt für Schritt in diesem grünen Halbdunkel. Die Wunden an den Füßen vom Hinweg schmerzen noch immer. Die Infektionen an den Beinen eitern, jucken und schwellen an. Beine wie Elephantiasis, wie gerade Pfähle, ohne Gelenk. Ich kratze sie. Sie rächen sich und entzünden sich noch mehr.

Die ständige Suche nach dem Verlauf des für Ungeübte unsichtbaren gewundenen Pfades lässt die Augen ermüden. Verzichte ich auf den Pfad und hacke ich mich geradeaus durch weglosen Wald, ermüden die Handgelenke. Wegsuche oder Hacken – beides erzwingt Pausen. Gehupft wie gesprungen. Ich will weder hüpfen noch springen. Ich werde schwimmen! Genau das werde ich tun. Die absolute Alternative! Im Grunde mit Nichtstun vorankommen. Die geniale Idee beflügelt die Schritte. Dachte ich eben noch, ich sei müde, fühle ich mich plötzlich völlig frisch.

Auf dem Hinweg war es stets sanft bergauf gegangen. Aber jetzt, Richtung Rio Negro, geht es bergab. Endlich stehe ich vor einem Fluss. Ich weiß nicht, wie er heißt. Aber ich weiß, dass er in den Rio Negro mündet. Alle Flüsse dieser Region enden im Rio Negro.

Klar, ein Boot wäre besser als das nackte Schwimmen. Aber das habe ich natürlich nicht. Vielleicht treffe ich bald auf einen Siedler, den vorgeschobensten »Zivilisationsposten«. Dem werde ich sein Kanu abkaufen. Koste es, was es wolle. Doch jetzt und hier habe ich nur meinen Rucksack als Schraubkanister. Er schwimmt super, aber für ein richtiges Boot ist er viel zu klein. Zumindest ist er eine ideale Schwimmhilfe. Kaum zerstörbar und unsinkbar. Zwar werde ich immer nass sein, aber es geht voran mit der Strömung. Ich werde mühelos dahintreiben, vielleicht sogar zwischendurch schlafen, den Herrgott einen guten Mann sein lassen und Pläne schmieden. Wann hat man je wieder so viel Zeit! Vielleicht erlebe ich sogar, als Gratis-Zugabe, unerwartet interessante Dinge mit Tieren. Tiere, die zum Trinken am Ufer stehen oder die den Fluss durchschwimmen. Tapire zum Beispiel. Oder Pekaris. Oder eine Anakonda. Sie wäre die Krönung. Ich liebe Schlangen.

Schnell sind zwei lange, starke Äste gefunden und seitlich am Kanister montiert. Seil gibt es massenhaft im Wald. Lianen in allen Stärken. Vom »Zwirnsfaden« bis zur »Hochseeschiff-Ankertrosse«. Mein Boot ähnelt nun einer Schubkarre mit besonders langen Holmen. Ich stabilisiere sie mit ein paar Quersprossen. Wie eine Leiter. Ich umfasse den Kanister und lege ab. Die Strömung ergreift mich und treibt mich dem Ziel entgegen.

Phantastisch, sage ich mir. Gut, dass mir diese Idee gleich kam und nicht erst am Ziel. Das wird die verrückteste Reise. Heimkehr auf dem kleinsten Schiff der Welt! Nur die Reise in einem Plastikmüllsack, am Hals zugebunden, mit nur einem Liter Luft, wäre ein noch kleineres Schiff. Das kleinste für Menschen überhaupt. Verglichen damit ist mein aktuelles Gefährt schon wahrer Luxus.

Am vorbeiziehenden Ufer schätze ich das Tempo, die zurückgelegte Entfernung. Das sind mindestens sieben Kilometer pro Stunde. Die 300 Kilometer mache ich demzufolge in rund 40 Stunden. Na, sagen wir 50 Stunden. Der mäandernde Fluss ist länger als die Quer-Wald-zu-Fuß-

Strecke. Es ist zwölf Stunden hell. Gönne ich mir eine Stunde Mittagsrast, mal üppig gerechnet, dann bin ich schwimmend in dreieinhalb Tagen am Ziel, dem Rio Negro. Wahnsinn, denke ich. Der Marsch würde drei Wochen dauern.

Eine Milchmädchenrechnung, wie sich schnell herausstellt. Ich habe sie ohne die Kälte gemacht. Hier oben im Quellgebiet hat der Fluss allenfalls 18 Grad. Der Rio Negro hat 28 Grad. Zehn Grad, die den Unterschied machen. Kann man am Rio Negro einen halben Tag voller Wonne wie in lauwarmem Tee schwimmen, so ist mir hier oben bereits nach einer halben Stunde kalt. Sehr kalt. Bestimmt habe ich ein blau gezittertes Gesicht. Sehen kann ich es nicht. Den Luxus eines Spiegels besitze ich nicht. Und der Wasserspiegel vermittelt nur Schwarz-Weiß-Fotos, nicht Farbe.

Viel eher als erwartet muss ich eine Rast einlegen. Feuer und Sonnenschein wärmen mich. Dann geht es weiter. Die Fahrstrecken werden kürzer, die Pausen länger. Ich werde nicht mehr richtig warm. Es fehlt an Nahrung, um den Wärmeverlust wieder auszugleichen. Ich ziehe mir zwei T-Shirts an und setze einen Strumpf als Mütze auf. 70 % der Körperwärme verliert ein Glatzkopf über den Kopf. 120 % gehen mir jetzt auch am übrigen Körper stiften. Das macht einen Gesamtverlust von 190 % (in Mathe hatte ich übrigens eine Vier). Jedenfalls fühle ich mich wie Butter im Kühlschrank. Hart und steif.

Aber ich sehe viele Tiere. Wenigstens da habe ich mich nicht verkalkuliert. Sie schauen zu mir her, aber sie fliehen nicht. Ich verhalte mich still. Mein Gesicht ist mit einem Zweig getarnt. Ich spiele Treibgut. Das kennen sie. Treibgut schwimmt hier ständig vorbei. Das macht sie nicht misstrauisch.

Kommt man hingegen mit einem Motorboot daher, sieht man kein einziges Tier. Man denkt, der Wald sei leer gewildert. Mit dem Kanu nimmt man zumindest hin und wieder etwas wahr. Aber jetzt, das ist wie Kino. Da ist die Rotte Pekaris, die in langer Reihe den Fluss überquert. Eins hinter dem anderen.

Eine Tapirmutter mit Baby lehrt ihr Kleines zu tauchen. Sie fühlen sich völlig unbeobachtet.

In den Bäumen Affen. An den Ufern Reiher. Hin und wieder auch Papageien. Kreischend wie immer. Und stets zu zweit.

Fünf Tage unterwegs. Das Wasser scheint wärmer geworden zu sein. Und langsamer. Ich halte es länger aus. Die Pausen sind seltener geworden.

Delfine begleiten mich, sobald der Fluss zum See wird. Neugierig springen sie vor mir herum. Wenn die Seen sich wieder auf Flussbreite verengen, verabschieden sie sich. Jetzt müsste man sich ablichten können. Zusammen mit den Delfinen. Aber es ist das alte Lied. Allein kriegt man die besten Situationen nicht aufs Foto.

Mitunter schlafe ich während des Treibens und vertraue mich voll und ganz dem Fluss an. Verirren kann ich mich nicht. Alle Flüsse enden im Rio Negro. Fragt sich nur, wann.

Dann der Riesenschreck! Urplötzlich und mitten in mein Nickerchen hinein tauchen sechs Köpfe vor mir auf. Wie auf Kommando. Keine drei Meter entfernt. In einer Linie, wie Soldaten, quer zur Fahrtrichtung. Als wollten sie mir den Weg versperren. Ihre glatten Köpfe wie mein sechsfaches Spiegelbild. Seehunde hier in Amazonien? Nein, riesige Fischotter.

»Ho, Ho, ho, ho, ho …«, deute ich ihre Laute. »Bis hierher und nicht weiter!«

Selten habe ich mich mehr erschrocken. Es ist vor allem das völlig Überraschende dieses Auftauchens. Ich werte es als versuchten Angriff, als letzte Warnung. Bestimmt haben sie mich schon lange ungesehen unter Wasser umkreist. Dann haben sie beschlossen, mich zu überraschen.

Riesenkerle. Sie stehen senkrecht im Wasser. Nur Kopf und Hals schauen heraus. »Verschwinde, das ist unser Revier«, hohoen sie.

Das hat man davon, wenn man selbst behaart ist und fast eine Glatze hat. Sehe ich ihnen so ähnlich? Den Irrtum muss ich schnell ausräumen. Ich kenne mich überhaupt nicht aus mit Fischottern. Sind sie bissig? Greifen sie an, wenn sie in der Gruppe sind? Auf jeden Fall sind sie mutig. Das beweist ihre Nähe zu mir. Notfalls würden sie sich zu wehren wissen. Was mir den Schrecken einjagt, ist das Plötzliche und das Schimpfen. Vielleicht halten sie mich für einen Zuwanderer, der ihnen das Territorium streitig machen will. Der Verdacht liegt nahe. Schließlich hat mein Kopf Ähnlichkeit mit den ihren, wie wir da so aus dem Wasser schauen. Zuwanderer, der Unruhe ins System bringen könnte.

Instinktiv mache ich, was ich schon oft in vergleichbaren Situationen getan habe. Ich rede drauflos. »Hallo, wo kommt ihr denn her? Ist das euer Revier? Ich bin nur auf der Durchreise. Eigentlich wohne ich in Hamburg …« Ich quatsche drauflos. Ich mache mir Mut. Denn fliehen kann ich nicht. Bergan habe ich mit meinem »Boot« keine Chance. Und flussab sind sie. So und so sind sie um ein Vielfaches schneller. Flucht würde sie auf jeden Fall zum Angriff ermutigen. Wir treiben genau synchron. Im Tempo der Strömung. Sie würde es nur einen Schwanzschlag kosten, um zu mir aufzuholen. Aber das tun sie nicht. Der Abstand bleibt gleich.

Noch nie ist mir das passiert, und ich weiß nicht zu sagen, ob sechs Otter den Mut haben, mich – wie auch immer – zu attackieren. Im ersten Moment scheint es mir so. Aber schon bald kann ich mich beruhigen. Der Abstand bleibt unverändert. Ihre soldatische Linie treibt vor mir her, als gehörten sie zu mir. Wie mein Bug. Ich rede weiter. Besser, als sich in die Hosen zu machen.

Sie antworteten »ho, ho, ho, ho«. Offenbar können sie nur diesen einen Satz. Oder ich höre die Feinheiten nicht heraus. Scheißschwerhörigkeit.

»Platsch!«

Genauso plötzlich, wie sie erschienen waren, tauchen sie wieder unter. Wie auf Kommando. Der Fluss verengt sich hier. Ich habe die Grenze ihres Territoriums überquert.

Puuh, denke ich und sinne genauer nach über das, was sich *unter* mir im Wasser tut.

Wen wundert's: Als Erstes fallen mir die Piranhas ein. Ich weiß, dass sie gesunden Lebewesen nichts tun. Sie sind für Verletztes und Krankes zuständig. Sollte ich mich irgendwo verwunden und bluten, dann wäre das etwas anderes, dann müsste ich schleunigst sehen, dass ich ans Ufer käme. Das war nie weit entfernt, denn als mehr Land- denn Wasserratte schwimme ich immer in Ufernähe und nie in der Strommitte. Es sei denn, die Strömung zieht mich in den Kurven hinüber zum anderen Ufer. Dagegen anzuschwimmen überfordert meine Kräfte.

Doch dann fällt mir auch ein, dass die Piranhas auf Rot reagieren. Ich erinnere mich, wie ich einmal vom Boot aus meine rote Zahnbürste ausgespült hatte, und – schnapp – war die Hälfte weggebissen. Diesmal habe ich zwar keine Zahnbürste dabei. Aber – und viel schlimmer – ich habe eine rote Badehose an. Das habe ich in voller Absicht getan. Sie soll auf den immergrünen Waldfotos ein Farbfleck sein. Aber das war für die Wanderungen gedacht. Nicht für den Fluss, die Domäne der Piranhas.

Ich stelle mir vor, dass ungebildete Piranhas das nicht wissen können. Für sie ist Rot Rot. Und das könnte Blut verheißen und an ihre Zuständigkeit appellieren. Sofort strebe ich dem Ufer zu. Irgendwie schnell und doch nicht hastig.

Ich packe die provozierende Hose in den Kanister und setze die Reise fort. Unbekleidet. Wie gut, dass mir das noch eingefallen ist, lobe ich mich!

So schwimme ich weiter. Mehrere Tage. Die Piranhas sind vergessen. Das Unbekleidete ist Gewohnheit geworden. Aber irgendwann, als ich abends eins der schnellen und scharfzahnigen Tiere an der Angel habe, erinnere ich mich ihrer. Sie sind also da. Auch wenn ich sie nie sehe. Ich bin in ihrem Revier.

Ich schwimme weiter. Als das Wasser besonders ruhig und klar ist, schaue ich an mir hinunter. Aus Langeweile. Zufall. Ich sehe das, was Männer, als Unterschied zu Frauen, zwischen den Beinen haben, so herausfordernd mund- und bissgerecht hinab ins Wasser hängen, dass mich ein erneuter Schreck durchfährt. Wie kürzlich beim Auftauchen der Otter. Nein, heftiger. Hier geht es um alles oder nichts. Man hängt schließlich ebenso fest an diesen Gebilden, wie sie ihrerseits am Eigentümer hängen.

Raus aus dem Wasser, rauf aufs Ufer – das ist eine blitzschnelle Handlung. Ich nehme ein großes grünes Blatt und lege es mir zwischen die Beine. Eine Bindfaden-Liane sichert das Ganze gegen Verlust. Das Problem ist gelöst. Auf Grün stehen Piranhas nicht. Ich fühle mich sicher. Jedoch nicht lange. Das Blatt wirkt zu sperrig. Es verrutscht und gibt das, was ich zu verhüllen bestrebt bin, sehr bald wieder frei. Raus aus dem Wasser, rauf aufs Ufer. Andere Textilien als die verdammte rote Hose besitze ich nicht. Mein T-Shirt hatte ich bei den Indios gelassen.

Not bringt das Gehirn auf Vordermann. Ich erinnere mich der Indianer, die steife Blätter in den Flammen ihrer Feuer elastisch gemacht haben wie einen feuchten Lappen. Im Handumdrehen werden sie elastisch und zart wie ein Kuscheltuch. Leicht lassen sie sich nun in alle Richtungen biegen Ich klemme sie hinter die Gummibänder der Hose. Diesmal leisten sie keinen Widerstand.

Nach 13 Tagen erreiche ich lebend und unversehrt mein Ziel, den Rio Negro.

Seitdem zählt auf allen meinen Urwaldreisen auch eine unauffällige Zweithose zur Standardausrüstung. Meine private Lebensversicherung.

Sexy

»Waaahnsinn!«, hauchte Bea, »die Unterhose steht dir
wirklich toll!« Sie war ganz außer sich. Ihr Göttergatte
Mario hatte sie mit einem wirklich formschönen Stück
überrascht. Ein schnittiges rabenschwarzes Dreieck, das
nur gerade so viel verbarg wie nötig und alles Übrige frei
ließ. Damit könnte er jederzeit überall auftreten. Er würde
Preise bei jedem Wettbewerb dieser Welt absahnen. Dieser
dreieckige Hauch aus Seide ließ den Astralkörper in seiner
ganzen Formvollendung perfekt zur Geltung kommen
und verdeckte lediglich das, was Bea ganz allein gehörte
und niemanden sonst etwas anging. Und das, was er preis-
gab, das *sollte* sogar jeder sehen. Denn alle jene, denen der
Anblick vergönnt war, sollten Bea beneiden. Es erfüllte sie
mit Stolz, wenn die Freundinnen, vor allem die neidischen, ihren Mario mit Blicken verzehrten und die Ehrlichen unter ihnen den Mut aufbrachten, Bea Komplimente zuzuraunen und ihr zu ihrem unübertrefflichen
Geschmack und Liebesglück zu gratulieren. Um dem Kreis
der Bewunderer stetig neuen Zustrom zu garantieren, prä-
sentierte sie ihren Göttergatten bei jeder sich bietenden
Gelegenheit. Sei es im Schwimmbad, am Strand, in der
Sauna, im Garten, beim Tanzen.

Damit die flüchtigen Begegnungen und Komplimente
zu Dauerlob gedeihen konnten, wurden sie sorgsam
gepflegt. Das geschah in Form stilvoller Partys daheim in
den eigenen vier Wänden. Immer wieder überraschte es
uns Gäste, mit wie viel Umsicht, kultiviertem Geschmack,

Liebe und Gastfreundschaft Bea diese Feste gestaltete. Vom Schmuck an der Etagentür über die Blumengebinde, die Kerzen, die Servietten und die Tischtücher war alles aufeinander abgestimmt. Alles in Blau, das nächste Mal in Pink. Nie wiederholte sich etwas. Sogar das Essen war auf die Farbe des Tages abgestimmt. Bei Blau gab es garantiert Forelle Blau, Rotkohlsalat, Blaubeeren mit Eis, mit einem Schuss Curaçao Bleu.

Der einzige Stilbruch, wenn man als Neidhammel unbedingt einen suchte, war allenfalls die Tatsache, dass sich die beiden nicht die Haare blau gefärbt hatten. Da hörte auch für sie der Spaß auf. Doch spätestens beim Toilettenpapier wurden die Neider voll entschädigt. Es war himmelblau und bedruckt mit Kornblumenmustern. So prachtvoll mitunter, dass man es gar nicht zu verwenden und damit zwangsläufig zu zerstören wagte. Kunstkenner behalfen sich mit Servietten ohne Aufdruck. Sagte man jedenfalls. Ich selbst fiel eher in die Kategorie Kunstbanause. Wenn ich in aller Ruhe die Schönheit des Papiers begutachtete und allenfalls ein Stück mitnahm, um es einzurahmen, dann stand bombenfest, dass ich die beiden niemals einladen würde. Das konnte nur mit einer Blamage enden. Die Vorbereitungen mussten Tage in Anspruch nehmen, und so viel Zeit hatte ich nicht. Abgesehen davon bin ich überhaupt kein Gesellschaftstyp.

Kurzum – die beiden führten ein Eigenleben der besonderen Art. Glaubte man ihrem Geturtel, waren sie die verliebtesten Menschen, die man sich vorstellen konnte. Ihre Partys waren choreografisch bis ins Detail inszenierte Festivals.

Da ich nicht zu jenen Gästen zählte, die Mario im Schwimmbad oder am Sylter Strand begegnen durften, erfuhr ich von der ominösen Unterhose per Geflüster und Gekicher. Sowohl offen als hinter vorgehaltener Hand. Zu gern hätte ich das edle Teil selbst in Augenschein genommen. Vielleicht hätte ich dann eins erworben und erreicht, auch dem eigenen Liebesleben neue Dimensionen und die Brillanz der Bea-Mario-Ehe zu verleihen.

Alle beneideten die beiden, bis zu dem Augenblick, wo Bea sich verplapperte. Wieder einmal hatte sie den schwarzen, erotischen Eyecatcher mit verhangenem Blick in kleinstem Kreise gelobt, als sie einen kleinen Nebensatz dem Lob hinzufügte. Und der lautete: »Es ist das erste Mal, dass er von selbst so was gekauft hat.« Sonst, so erfuhr man bei spontaner Nachfrage, hätte er jahraus, jahrein immer nur die weißen schlabberigen Baumwollhosen bevorzugt. So lange sie ihn kenne. Mario lachte verlegen. Geistesgegenwärtig fing er die Situation auf. Er stehe eben auf Schneeweiß und Wäscheleinenfrische. Aber jeder spürte deutlich, dass es ihm peinlich war. Der unbedachte Satz hatte kundgetan, dass Marios Phantasiereichtum am Bauchnabel endete. Von *oben* gesehen, versteht sich. Dass er da eher stockkonservativ war. Dass die beiden den anderen offenbar etwas vorgaukelten, wenn sie ihre Beziehung so rühmten.

Beas Lobpreisung des Intimtextils hielt an. Es war und blieb das heitere Gesprächsthema im Freundeskreis. Zu lange hatte Bea auf diese Abwechslung gewartet. Darum konnte sie es ihrem guten Mario gar nicht oft genug sagen. Sicher sollte es ihn zu weiteren wagemutigen Neuerungen motivieren. Mario spürte, wie sehr der Fetzen Stoff das Bettleben bereichert hatte. Und er wusste auch, dass er sich anstrengen musste, um Beas Ansprüchen gerecht zu bleiben. Ganz offensichtlich für uns – sie war in der intimen Gefühlswelt ihrer Ehe der führende Part und für jedermann durchaus begehrenswert.

Kurz entschlossen eilte Mario in jene Boutique, wo er das gute Stück vor Wochen erstanden hatte.

»Das war ein Sonderposten«, klärte ihn der Verkäufer auf, »die führen wir nicht mehr.«

Umsichtigerweise hatte Mario eine seiner alten, ausgeleierten, traditionellen weißen Unterhosen angezogen und das einzige neue und schwarze Corpus Delicti frisch gewaschen mitgebracht. Zum Vorzeigen. Damit es keine Verwechslung gäbe.

»Sehr schade«, sagte Bea, als er ihr die Hiobsbotschaft überbrachte. »Wirklich schade«, betonte sie überflüssigerweise sogar noch einmal, »aber danke, dass du es versucht hast.«

Dieser letzte Satz machte Mario klipp und klar, welche Bedeutung Bea seinem Intim-Outfit beimaß. Es wäre doch gelacht, wenn er nicht genau die gleiche Hose noch einmal fände!

Sein Ehrgeiz war geweckt. Die Strategie stand fest.

Ein Blumenstrauß, eine Packung feinster Lindt-Pralinen und sein gewinnendstes Lächeln bringen die Ladeninhaberin dazu, ihrem Wareneingangsbuch die entscheidenden Daten zu entlocken.

»Das war tatsächlich ein einmaliger Posten. Ein Direkt-Import aus Melfield in Schottland. Hier haben Sie die Anschrift. Vielleicht gelingt es Ihnen, sich ein paar Hosen schicken zu lassen.«

Nicht nur dieser erste Erfolg berauschte Mario. Nein, noch etwas: Der Hersteller war Schotte! So ein Zufall. Ein echter Schotte aus Schottland. Beas und sein Reiseland Nummer eins. Wenn das keine Fügung war! Damit nicht genug: Auch in diesem Jahr hatten sie wieder Schottland gebucht! Wie immer mit ihren Hightechrädern, den 21 Gängen und dem Profi-Outfit, das jedem noch so Blinden unmissverständlich höchste Sportlichkeit und Jugend dokumentierte. Nicht Kilometer fressend, sondern die Landschaft genießend, in 40-Kilometer-Etappen, so wollten sie die Reise durchführen. Das Gepäck wurde wie immer – bis auf die Flasche mit den Elektrolyten – per Kurier vorausgeschickt.

Zwar lagen Route und Hotels fest, aber auf jeden Fall würde sich ein Abstecher nach Melfield einrichten lassen. Der Besuch beim Hersteller und der Erwerb eines halben Dutzends der ersehnten Unterhosen, Seide, mattschwarz, würde der Höhepunkt der Reise werden. Und es würde die Knüllergeschichte schlechthin bei den nächsten Partys. Mario lachte sich ins Fäustchen. Bea würde Augen machen! Kaum konnte er seine Pläne für sich behalten. Klar aber, dass er ihr kein Sterbenswörtchen verriet. Es sollte der Überraschungscoup der Reise werden. Mensch, konnte das Leben schön sein!

Endlich war es so weit.

»Was willst du denn hier?«, staunte Bea, als ihr Mann zu der nüchternen Backsteinfabrik im Industriegebiet hinter Melfield abbog.

»Lass dich überraschen!« Er geizte, ganz nach Schottenart, mit Worten. Sein Lächeln verriet ihr, dass er etwas im Schilde führte. Sie war aufgeregt. Dieser Mario!

»Mein Name ist Mario B.«, stellte er sich dem Pförtner vor. »Ich bin angemeldet.«

Bea verschlug's die Sprache. Ihr Mario hatte doch nicht etwa die Absicht, hier zu arbeiten? Wollte er sich womöglich in ihrem Traumland beruflich niederlassen? Zuzutrauen war ihm alles. Um was es sich bei der Fabrik handelte, war schwer auszumachen. Das Riesenschild verriet nichts weiter als »McLean Inc«.

»Direktor McLean erwartet Sie bereits und lässt bitten!«, zirzte eine Schöne im dunkelblauen Superminirock und ging lächelnd voran.

»Ist die nun sexy oder nur zu geizig, sich mehr Stoff zu gönnen?«, flüsterte Bea Mario zu. In Schottland weiß man das nie. Zur Antwort reichte die Zeit nicht. Sie standen vor dem wuchtigen Schreibtisch eines ebenso wuchtigen Fabrikanten. Seine Korpulenz verriet immensen Wohlstand.

»Ich hatte Ihnen geschrieben. Ich komme extra aus Germany«, eröffnete Mario das Gespräch. »Vor längerer Zeit habe ich dort diese Unterhose erstanden. Sie gefällt meiner Frau derart gut, dass ich davon gern ein halbes Dutzend kaufen möchte. In Deutschland waren sie nicht mehr aufzutreiben.« Stolz und siegessicher legte er sein Prachtstück auf den polierten Tisch. Den Menschen wollte er sehen, der nun nicht alle Hebel in Bewegung setzen würde, wenn jemand wegen seines Produkts einen derartigen Weg auf sich genommen hatte!

Bea war völlig überrumpelt. Siedend heiß spürte sie die Röte in ihr Gesicht schnellen. Was sollte der Dicke nun von ihr denken? Am liebsten wäre sie im See von Loch Ness untergetaucht. In diesem Ausnahmefall wäre sie sogar vom Zehnmeterbrett gesprungen.

»Wenn ich Sie recht verstanden habe, sind Sie eigens aus Deutschland angereist, mit dem Fahrrad, um sechs Stück solcher Unterhosen zu erwerben?«

»Ja.« Mario war stolz. Das würde an den schottischen Sportsgeist appellieren.

»Führen Sie eine Ladenkette in Deutschland? Oder sind Sie Großeinkäufer?«

»Nein, nein. Ich bin Privatmann und – genau wie meine Frau hier neben mir – absoluter Fan Schottlands und eben dieser Kreation Ihres Hauses.« Mario schleimte ein wenig; möglicherweise bekam er die Hosen dann gratis. Der Minirock-Sekretärin fiel der Kuli aus der Hand. Vielleicht nackter Zufall? Nackt wie ihre Beine. Atemlose Stille. Der Direktor vermutete einen Scherz. Hilfe suchend blickte er gen Miss Minirock. Was er dort fand, war die gleiche Hilflosigkeit. Deren Mund stand offen. Sperrangelweit. Die Finger drehten den Kugelschreiber hin und her. Aber auch der wusste keinen Rat. Stattdessen versuchte sie verlegen das Vergebliche, nämlich mit geschicktem Griff ihren Mini in einen Maxi zu verwandeln.

Ein solches Anliegen, eine solche Motivation hatten beide noch nie erlebt. Ebenso fremd war ihnen offenbar eigene Flexibilität. Sie war ganz sicher nicht ihre Stärke. Weder die der Frau noch die des Chefs. Und Humor schon gar nicht. Jeder andere hätte sich gebogen vor Freude, die Hosen mit Kusshand verschenkt, sie als Werbung verbucht. Hier nichts von alledem.

»Tut mir leid«, räusperte der Dicke sich endlich. »Wir sind kein Einzelhandel. Wir haben sehr klare Verträge mit unseren Handelspartnern auf dem Kontinent, die uns jeglichen Einzelhandel untersagen. Ich betone: *jeglichen!* Wenn wir dagegen verstoßen und das publik wird, kann uns das hohe Konventionalstrafen bescheren.«

Ton und Mimik verrieten Endgültigkeit. Der Mann brachte den wippenden Sessel zum Stillstand, ließ sich seine Entscheidung von der Sekretärin mit leichtem Nicken absegnen und drehte verlegen den repräsentativen Goldfüller durch seine Würstchenfinger.

»Ganz abgesehen davon würden wir, wenn das bekannt würde, den deutschen Importeur als Kunden verlieren. Darin sind die Leute sehr empfindlich. Das hätte zur Folge, dass ich die Arbeitsplätze meiner 300 Mitarbeiter gefährden würde. Für sechs Unterhosen.«

Er verzog den Mund zu einer Mischung aus Lachen und Verächtlichkeit. Sein Blick verlangte das auch von der Sekretärin. Quasi als Echo, als Bestätigung der Richtigkeit seiner Worte.

Immerhin bot er den beiden Deutschen eine Tasse Tee an. Diesen Anflug von Menschlichkeit nutzte Mario für einen weiteren Versuch. »Kann man da wirklich gar nichts machen? Haben Sie nicht Muster mit Fehlern?«

Was machte es einer Fabrik schon aus, mal eben sechs Hosen vom Band zu nehmen? Gar nichts. Aber, ganz klar, der Dicke war nicht nur Direktor, sondern auch Prinzipienreiter. Oder Deutschenhasser. Oder er war in Wirklichkeit gar kein Direktor, sondern ein kleiner, mickriger Befehlsempfänger, eine Marionette, die um Himmels willen keinen Fehler begehen und schon gar keine Entscheidung fällen wollte. Wer weiß, morgen würde der Bürokraft womöglich gekündigt, und dann hätte sie eine Waffe gegen ihn in der Hand. Warum sich also solch unnötigem Risiko aussetzen? Vielleicht war er sogar der Erfinder des schottischen Geizes. Genau das war er!

Fast kam Marios und Beas Bild von Schottland ins Wanken. Dennoch wagte er einen neuen Versuch. Mut der Verzweiflung.

»Mal angenommen, ich trüge mich mit dem Gedanken, doch einen Laden in Hamburg zu eröffnen – dürfte ich Sie dann für diesen Anlass um ein paar Probeexemplare ebendieser Hose oder um eine Musterkollektion bitten?«

Mario war mächtig stolz auf seinen genialen Einfall in letzter Sekunde. Bea gab ihm geistesgegenwärtig Rückendeckung.

»Ich selbst betreibe ein Fingernagelstudio mit fünf Mitarbeiterinnen in sehr guter City-Lage. Ich habe ohnehin vor, auch Dessous ins Programm aufzunehmen.«

Dem Dicken waren diese Argumente nicht mal eine Sekunde des Nachdenkens wert. »Für Deutschland habe ich einen exklusiven Vertrag mit der Firma M & H. Tut mir leid.«

Er gab dem gequälten Goldfüller eine Verschnaufpause und legte ihn auf den mit geometrischer Akkuratesse geordneten Schreibtisch. Bea war sich sicher, dass das Schreibgerät nun nach Schweiß riechen musste. Die Ästhetin in ihr hat einen sechsten Sinn für selbst schwächste Duftnuancen. Der Füller bestätigte ihren Verdacht. Er hinterließ auf dem polierten Mahagoni eine feine Feuchtigkeitsspur. Wie die Unterhose wohl am Leib des Direktors aussähe, ging es ihr durch den Kopf. Bestimmt nur ekelhaft. Das schwarze Kleinod auf einem haarlosen, fetten und schneeweißen Körper! Brrh. Sie musste sich schütteln. Er war ein unflexibler, unkooperativer Widerling. Grauenhaft, hier arbeiten zu müssen. Verhältnisse wie vor hundert Jahren …

Erbsenzähler! Nullenkacker!, fluchte auch Mario unhörbar in sich hinein. Nur gut, dass sie ohnehin nach Schottland wollten und nicht einzig der Hosen wegen hergekommen waren. Das wäre dann der Flop des Lebens geworden. Deshalb nix wie weg von hier! Sollte der Dicke sich seine dämlichen Hosen doch zehnfach um seinen Fettwanst binden.

»Ich lasse dir einfach welche nähen, Schatz!«, säuselte Bea ihrem verzweifelten Mann zu. Hastig schlürften sie den Tee hinunter. Sie wollten sich verabschieden und die kompromittierende Situation hinter sich bringen. Da meldete sich der Chef überraschend noch einmal zu Wort. Sein kugeliges Gesicht wurde von einem breiten Grinsen in ein gewaltiges, quer liegendes Straußen-Ei verwandelt.

»Das Einzige, das ich für Sie tun kann – aber das ist wirklich das Allereinzige –, Sie müssen die Mindestmenge abnehmen und mir unterschreiben, dass Sie sich in Dänemark selbstständig machen. Dort habe ich noch keine Kunden.«

»Und wie viele Hosen sind die Mindestmenge?«

»Nicht allzu viele. 500 Stück. Bedenken Sie dabei, dass Sie sie zum günstigen Einkaufspreis bekommen, und Sie, gnädige Frau, können sie in Ihrem Studio weiterverkaufen. Ohne unser Label. Dann haben Sie die Hosen quasi gratis.«

Die Augen verrieten seine Schadenfreude. Er wusste genau, dass der Kunde so viele Hosen niemals nehmen würde, und er wusste auch, dass Bea keinen Laden betrieb.

Bea fiel das Gesicht in den Schoß. Mühsam zerrte sie es wieder hoch und setzte es zurück auf den Hals. Der Typ hatte doch glatt einen Sprung in der Schüssel oder ein Leck

69

in seinem Fettwanst. Man müsste ihm mit dem Füller ein Loch hineinpieken. Garantiert würde flüssiges gelbes Fett heraustropfen. Wie Öl oder ranziger Lebertran.

Die Sekretärin schwankte zwischen süffisantem Lächeln, Entsetzen und Überraschung. Ihr Mund stand offen, als wäre ihre Nase verstopft. Wahrscheinlich malte sie sich gerade aus, ihren eigenen Lover lebenslang in denselben Unterhosen ertragen zu müssen.

»Komm, lass uns gehen, Mario! Darauf würde ich ihm gar nicht antworten.« Schnurzegal, ob der Typ womöglich Deutsch sprach und sie verstand.

Mario war genauso betroffen. Sollte das ein Witz sein, oder besaß der Kerl tatsächlich null Menschlichkeit? Statt sechs lächerlicher Unterhosen sollte er nun 500 nehmen? Das groteske Angebot verschlug ihm die Sprache. Aber nur einen Moment lang. Er konnte letzten Endes nun also tatsächlich an die ersehnten Hosen herankommen? Vielleicht würde ja der Händler in Hamburg, bei dem er das erste Stück erworben hatte, ihm einen Teil der Textilien abnehmen?! Auf einmal war er wie besessen. Zu lange hatte er sich in die Idee verstiegen, genau diese Hosen zu beschaffen, Bea zu überraschen. Nun hatte er seine einzige Chance. Er wollte sie nicht verspielen. *Koste es, was es wolle*, hatte er im Scherz zu sich oft gesagt, nicht ahnend, was er da mit dem Schicksal vereinbart hatte.

Aber jetzt oder nie! Zumal der Großhandelspreis den Schock ein wenig lindern würde. Die Gewissheit, das Wäschestück, das seine körperlichen Reize in Beas Augen in nie erlebter Weise erhöht hatte, doch noch erwerben zu können, bewirkte ihr Übriges. Die Sammlerleidenschaft dominierte.

»In Ordnung. Ich nehme den Posten.«

Jetzt war es an Direktor McLean, überrascht zu sein. Und an der Sekretärin. Vielleicht hatte er es gar nicht ernst gemeint und einen Witz versucht. Er lächelte plötzlich ein so gütiges Lächeln, als hätte er das Geschäft seines Lebens abgeschlossen. Vielleicht stellte er sich gerade vor, wie in Zukunft ganze Busladungen neugieriger Touristen sein Werk ansteuerten, um eine Besichtigung zu erleben. Er stellte eine Hochrechnung an, welchen Umsatz sein Werk tätigen konnte, wenn alle Menschen Marios Geschmack und Besessenheit teilten und er Eintritt nehmen könnte für Betriebsbesichtigungen.

»Hätten Sie Lust, sich meine Fabrik einmal anzuschauen? In der Zwischenzeit lasse ich die Hosen einpacken.«

»Gern, wenn es Ihre Zeit erlaubt.«

Auf einmal verwandelte sich der dicke Fettkoloss in einen liebenswerten Kartoffelkloß. Mit der Sekretärin im Schlepptau begann eine ausführliche Werksbegehung. Der Dicke erklärte die Abläufe in seiner Fabrik.

Die Aufgabe der Sekretärin war es, den vielen neugierigen Mitarbeiterinnen an den Maschinen den Grund der Störung zu erklären. Um nichts anderes konnte es sich handeln. Das bezeugte das spontane Auflachen aller Informierten. Wie ein Werksfeuer bei Sturm jagte die Neuigkeit von Maschine zu Maschine. Die glühenden Nadeln erhielten eine wohlverdiente kurze Ruhepause. Denn das hatte es hier noch nie gegeben. Ein Verrückter aus Germany, zumal einziger Mann unter 300 Frauen, ein Germane also, der sich mit 500! gleichen Hosen durch sein und seiner Frau Leben quälen wollte.

Bea wurde gemustert. Mit Wohlwollen, mit Neid, mit Mitleid.

Mario wurde mit den Augen abgetastet, ausgezogen. Da unten also trug der das verrückte kleine Höschen? Na bitte. Jedem das Seine.

Bea fühlte sich nicht schlecht. Sie war unerwartet Mittelpunkt. Sie wurde beneidet um Mario, denn wer sonst würde so eine Reise unternehmen, um seine Frau restlos zufriedenzustellen? Niemand. Fast wie im Märchen. Gut, dass sie nicht tatsächlich vorhin in den See von Loch Ness gesprungen war! Ihr Mario war aber auch wirklich ein verrückter Kerl. Wie berauschte Wilde würden sie sich heute Abend in den Berg von Hosen hineinkuscheln. Unhörbar versprach sie es ihm.

Die Hosen waren in vier Kartons auf den Gepäckträgern festgezurrt. Hoch beladen, aber glücklich verließen sie das Fabrikgelände.

In diesem Moment ertönte ein gewaltiger Lärm. Im ersten Moment hörte es sich so an, als wären alle Werksmaschinen im Begriff, quietschend auf Full Speed zu kommen. Oder als käme ein voll beladener LKW mit qualmenden Bremsen auf sie zugerutscht. Erschrocken drehten sie sich um. Im selben Moment hatten sie die Ursache ausgemacht. Sie war unübersehbar. Es waren weder die Maschinen noch war es ein LKW. Der Lärm kam von den Fabrikfenstern. Sie waren alle sperrangelweit geöffnet und gefüllt mit 300 lachenden, winkenden, johlenden, pfeifenden Arbeiterinnen. Einige machen anzügliche Gesten.

Ich erfuhr die Geschichte, als Mario mich beschwatzte, ihm einige der Stoffteile abzunehmen. Ich tat ihm den Gefallen. Es war nur ein Dutzend. Die Qualität war bestechend. Sie wollten und wollten nicht verschleißen.

Nachtrag: Trotz dieser guten Absichten und der hohen Geldinvestition hielt Beas und Marios Ehe nicht besser als viele andere. Immer die gleichen Hosen. Sie ging in die Brüche. Nur die Hosen existieren noch. Auch meine.

Der Siedlerjunge

Unterwegs auf einsamen Flüssen im Rio-Negro-Gebiet. Ich war zum ersten Mal in Brasilien und froh, einen deutschsprachigen Fremdenführer gefunden zu haben. Er hieß Kurt Glück, wohnte seit langem in Manaus, und er war ein Reinfall. Hätte ich das Sprichwort gekannt »Beschütze mich, o Herr, vor Sturm und Wind und vor Deutschen, die im Ausland sind«, hätte ich ihn gemieden.

Zwar hatte er nach eigenen Angaben schon seit dreißig Jahren Fremde aller Nationalitäten über die Flüsse geschippert, aber davon merkten meine Freunde Wolfgang, Andreas und ich nichts. Kurt Glück war ein Dilettant. Er konnte zwar das Boot führen, aber wenn man nachhaltigere Informationen über Fluss, Land und Leute haben wollte, dann musste er passen.

Das lief dann so ab: »Oh, welch ein toller Schmetterling da drüben! Wie heißt der?«

»Wo?«, fragte Kurt, obwohl der Flattermann unübersehbar groß und blau daherflog. Er brauchte die Gegenfrage, um fünf Sekunden für eine Lüge herauszuschinden.

»Ach, der! Der ist ziemlich selten in diesem Gebiet. In Manaus gibt es ihn überhaupt nicht. Ich kenne ihn aber von den *Sowieso*-Indianern in Peru. Deshalb auch leider nur in deren Sprache. Sie nennen ihn ›Brxlmnapty‹.« Der Name war eine glatte Erfindung, um sein Unwissen zu kaschieren. Anfangs haben wir ihm die Sprüche noch geglaubt. Bis er uns eines Tages von einer Amerikanerin erzählte.

»Die war schrecklich. Ständig fragte sie mich, wie heißt dies, und wie heißt das? Wenn ich dann sagte, dass ich das nicht wisse, fauchte sie mich an. ›Wofür bezahle ich Sie denn? Ich denke, Sie sind ein Fremdenführer? Sie verlangen 60 Dollar pro Tag, da erwarte ich Auskünfte.‹«

Kurt musste lachen, als er uns diese Anekdote erzählte. Er hatte vergessen, dass wir ihn auch bereits einiges gefragt hatten.

»Von dann ab habe ich ihr immer gesagt ›Ich weiß den Namen auf Englisch nicht. Auf Portugiesisch heißt er borboleta, was ganz einfach Schmetterling heißt.‹ Oder ich sagte, ›Die Indianer nennen ihn ‚Quitschiquatschi‘‹. Dann war sie zufrieden. Die Leute müssen nur immer eine Antwort bekommen.«

Mit diesem Repertoire witziger Geschichten, und davon kannte er viele, glich er seine Inkompetenz ein wenig aus.

»Einmal fuhr ich mit einem Priester auf dem Rio Cueiras. Er wollte sich einfach mal ein Flusserlebnis bescheren, einen Tag durch den Regenwald kutschiert werden. Der Tag war brüllend heiß. Auch der Fahrtwind brachte nur dann Kühlung, wenn man sich ständig nass machte.«

»Kurt, lass uns Rast machen«, bat der Priester schließlich. »Irgendwo im Schatten auf einer Sandbank.«

Kurt wusste, dass es ein paar Flusskurven weiter einen Siedler gab, den er schon manches Mal angesteuert hatte. Die Frau des Siedlers war bekannt für ihren guten Kaffee. Auch ein Stück selbstgebackenen Kuchens hatte sie stets im Hause. Dafür gab man ihr ein Trinkgeld.

Schon von Weitem sah Kurt, dass die Familie nicht daheim war. Das Boot lag nicht am Steg, sicheres Indiz für die Abwesenheit. Wie bei uns die leere Garage.

Dennoch fuhren sie näher. Es gab ein schattiges Dach, unter dem man die Hängematten spannen konnte.

»Boa tarde!«, grüßte sie da jemand ganz unerwartet. Es war Pedro, der achtjährige Sohn. Er war allein zu Haus geblieben. Die Eltern und Geschwister waren Paranüsse sammeln.

Der Priester kannte den Jungen. »Bist du nicht der kleine Pedro da Silva, dem ich vor zwei Jahren die heilige Kommunion erteilt habe?«

»Sim, Senhor Padre, der bin ich!«

Sofort fühlte sich der Padre geborgen. Die Eltern würden nichts dagegen haben, wenn man sich's hier bequem machte.

»Hast du nicht einen Becher kühles Wasser für mich? Es ist ja fürchterlich heiß heute. Ich habe schon aufgeplatzte Lippen.«

Oft verwahren die Siedler ihren Wasservorrat in durchlässigen Tonkrügen. Durch die Verdunstung bleibt das Wasser angenehm kalt.

»Wir haben sogar kalten Assai-Wein, Senhor Padre.« Das angebotene Getränk wird aus einer schmackhaften Palmfrucht hergestellt. Es erinnert an Blaubeersaft und ist der reinste Lebensspender.

»Da sage ich nicht nein«, erwiderte der Geistliche hocherfreut. Genau so was hatte er sich im Stillen erhofft. Denn Wasser gab es auch in den Flüssen. Da musste man nicht bei einem Siedler rasten.

Gierig schüttete er sich das Getränk in den Kopf, hinab die Kehle, hinein in den Magen. Er wischte sich den Schweiß von der Stirn. Das hatte lecker geschmeckt.

»Noch ein Glas, Senhor Padre?«

Der Mann überlegte nicht lange. »Ja, eins nehme ich gern noch. Auf einem Bein steht man schlecht. Haha.«

Kurt teilte die Meinung. Beide ließen sich nachschenken. Der Wein war ausgezeichnet. Fruchtig und kühl. Er wurde in einem der besagten großen Tonkrüge aufbewahrt und war im Haus in die Erde eingegraben. Mit einer Schüssel, ebenfalls aus Ton, schöpfte ihn der Junge aus dem Krug und füllte ihn in die Becher.

»Noch einen, einen dritten?«

Die Männer lachten. Der erste Durst war gestillt. Schelmisch drohte der Padre dem Jungen mit dem Finger. »Du kannst doch nicht den ganzen Wein verschenken! Nachher schimpfen deine Eltern mit dir!« Liebevoll streichelte er dem Jungen über den Kopf.

Der hatte keine Bedenken. »Meine Eltern trinken von dem Wein nicht mehr. Da sind letzte Woche zwei Ratten drin ertrunken.«

Die Männer standen starr vor Entsetzen. Aber nur Sekunden. Der Geistliche hatte sich wieder gefangen und gab dem Jungen eine schallende Ohrfeige. Vor Schreck ließ der die Tonschale fallen. Sie zerbrach. Der Junge heulte los wie am Spieß.

Dem Padre tat seine spontane Reaktion sofort leid. Wieder streichelte er den Kopf des Jungen und entschuldigte sich. »Tut mir leid, Pedro. Aber das musst du verstehen. Wie kannst du Gästen den Wein anbieten, den deine Eltern verschmähen, weil darin zwei Ratten ertrunken sind?«

Den Kleinen beeindruckten die Worte nicht. Er heulte weiter. Aus Leibeskräften. Allmählich nervte das die Männer. Wenn jetzt die Eltern heimkämen, müssten die denken, man habe ihren Sohn aufs Schwerste misshandelt. Dabei hatte man ihm doch nur eine Ohrfeige gegeben! Und eigentlich zu Recht.

»Nun hör endlich auf, so zu schreien!«, erzürnte sich der Glaubensmann bereits wieder. »Oder sag mir, warum du heulst. So doll habe ich dich doch gar nicht geschlagen. Sag mir nicht, dass es wehgetan hat!«

Endlich vermochte der Kleine sein Wehgeschrei zu dämpfen. Er versuchte, seinen Schmerz in Worte zu fassen.

»Das ist es auch nicht, Senhor Padre. Deshalb weine ich ja gar nicht. Es ist wegen der kaputten Schale. Da wird meine Mutter mir ganz böse sein. Denn das war ihre Schale, in die sie nachts immer Pipi macht.«

Der Untermieter

»Ja«, schrieb Paul L'Arronge, »gern können Sie Ihre Tätigkeit als Confiseur bei mir antreten. Am liebsten sofort. Eine Unterkunft können wir Ihnen aber leider nicht bieten. Gern sind wir jedoch bei der Suche behilflich.«

Wie der Name schon verrät, Paul L'Arronge war französischen Ursprungs. Hugenotte. Deshalb hatte er nicht schlichtweg einen *Pralinenmacher* gesucht, sondern einen *Confiseur*. Und der war ich. Ich konnte Pralinen herstellen, und ich wollte nach Hamburg.

Das Café L'Arronge galt als *die* Hamburger Konditorei schlechthin. Ihr guter Ruf war weit über die deutschsprachigen Grenzen hinausgedrungen. Sogar bis hin zu mir, der ich damals in Gelsenkirchen-Buer arbeitete. Keine Weltausstellung des Konditorengewerbes, wo Monsieur L'Arronge nicht mitwirkte und Goldmedaillen einheimste. L'Arronge war eine Fünfsternekonditorei in der Dammtorstraße Nummer 13 im Zentrum Hamburgs.

Das Wertvollste an dem Stellenangebot war, dass ich im Sommer alljährlich vier Monate unbezahlten Urlaub haben konnte. Den brauchte ich für meine Fahrradtouren. Sie waren mir wichtiger als jedes Gehalt.

Also wollte ich nach Hamburg. Ich wollte den Job. Ich brauchte ein Zimmer. Sofort.

»Zimmer zu vermieten. Nur 20 DM Courtage. Nachweis so lange, bis Sie Erfolg haben. Makler Birner, Spitalerstraße.« So las ich die Offerte im HAMBURGER ABENDBLATT und eilte vom Hauptbahnhof gleich zu ihm hin.

Ich entrichtete meinen Obolus und erhielt einen Vordruck: *Bernd Brinkmann, Neustädter Straße 4, möbliertes Zimmer, 35 qm, Miete 70 DM monatlich, incl. Nebenkosten.*

»Das liegt nur fünf Minuten vom Café L'Arronge entfernt«, hatte mir die nette Bürokraft versichert.

Ich hatte mir vorgenommen, das erstbeste Zimmer zu nehmen. Egal, um was es sich handelte. Ich war jung, belastbar und leidensfähig. Hauptsache, ich war in Hamburg. Morgen begann mein Dienst. Falls mir die Bleibe nicht gefiele, würde ich ihn Ruhe ein anderes Zimmer suchen. Wenn es mir *überhaupt* nicht zusagte, wollte ich mit meinem Karton voll Hab und Gut sofort in die Jugendherberge umziehen.

Das Haus Neustädter Straße 4 war ein Altbau, vom Kriege verschont, aber nicht vom Zahn der Zeit und dem Zahn der Wanderratte. Sie alle hatten munter an dem Gebäude herumgenagt.

Die Haustür knarrte. Rechts an der Wand hingen mehr oder weniger verbeulte Briefkästen, mehr oder weniger mit bunten Namen beschriftet und mehr oder weniger gefüllt. Aus zweien ragte das HAMBURGER ABENDBLATT. Es war Nachmittag, da hatten die Spätheimkehrer noch nicht geleert.

Bohnerwachsduft schlug mir entgegen. Die knarrenden Holzstufen glänzten, als hätte man extra meinetwegen alles auf Hochglanz poliert. Es glänzte so stark, dass ich die Schuhabdrücke zweier Vorgänger erkennen konnte. Unwillkürlich trat ich in deren Fährten. Hier herrschte Ordnung. Das war mir gleich klar. Für Menschen mit Geruchsstörungen, deren Nase sie nicht vorwarnte, verwies ein Schild auf die Lebensgefahr, die von polierten Böden ausgehen kann: »Vorsicht! Frisch gebohnert!«

Die Dielen knarrten, sodass die Leute eigentlich gar keine Klingel benötigt hätten. Sie hatten sie dennoch, weil es acht Mietparteien auf vier Etagen gab und nicht jeder, der das Haus betrat, zur selben Familie wollte. Klar. Auch andere Mieter untervermieteten. Das belegten die Namen auf den Briefkästen.

Seitlich der Treppe zum ersten Stock standen vier verzinkte Mülleimer. Zwei Deckel standen halb offen. Der Müllgeruch störte nicht. Er wurde vom Bohnerwachs erfolgreich überdeckt wie Achselhöhlengeruch vom Deostift.

Familie Brinkmann wohnte im ersten Stock links. Nicht zu übersehen. Das Messing-Namensschild war hochglanzpoliert. Für den Namenszug hatte man die Schrifttype Fraktur gewählt. Die dicke Sisal-Fußmatte begrüßte mich mit *Herzlich willkommen*. Auch in Fraktur.

Ich hatte den Finger noch nicht ganz auf die Klingel gelegt, als von innen ein lautes Kläffen zu hören war. Ich trat respektvoll einen Schritt zurück

Schlürfenden Schritten folgte die Öffnung der Tür. Im allerselben Moment war das Treppenhaus erfüllt vom ohrenbetäubenden Kläfferbellen und nasenbeleidigendem Kohlgeruch. Wahrscheinlich war Frau Brinkmann Vegetarierin. Gegen ihren Kohl hatte das Bohnerwachs keine Chance mehr.

»Oh, Sie sind gewiss der neue Mieter, der Konditor, gell? Kommen Sie doch bitte rein.« Eine nette Person. Ein weniger netter Hund. Er verstärkte seine Antipathie-Demonstration gegen mich nochmals um etwa 30 Phon, sobald ich gewagt hatte, seine Wohnung zu betreten. Obwohl er nur eine ungefährliche, korpulente Pinschermischung war mit kupiertem Schwanz, hielt ich meinen Karton schützend vor mich.

»Das ist nicht böse gemeint von meinem Flocki. Er ist es gewöhnt, dass unsere Mieter ihm immer ein Stück Würfelzucker mitbringen.« Sie drohte ihm mit dem Finger. »Aus jetzt, du Böser!« Aber Flocki bellte weiter. Lockerflocker. Er war also wirklich ein Böser.

Sie beugte sich an mein Ohr, damit ich sie trotz des Gekläffes verstünde. »Da Sie ja Konditor sind, brauche ich mir um den Würfelzucker wohl keine Sorgen zu machen.« Haha.

Wir lachten beide, als besiegelten wir einen mündlichen Vertrag.

»Das ist Ihr Zimmer. Es ist 35 Quadratmeter groß. Genauer gesagt: 34 $^1/_2$.«

Diese aufgerundeten 35 Quadratmeter wären in der Tat sehr groß gewesen. Aber sie wurden durch Unmengen von Möbeln auf ein Minimum reduziert. Ein großes Wandschrank für das Geschirr, ein hoher dreiteiliger Spiegel, eine Marmorkommode mit Waschschüssel und Kanne aus Porzellan, ein langer Ausziehtisch, sechs Stühle, eine Glasvitrine mit Sammeltassen, ein schmales Sofa, zwei Schatzkisten, zwei blätterarme Gummibäume, Stapel von vergilbten Zeitschriften. Der Orientteppich war so abgetreten, als hätte er den Weg aus dem Fernen Osten zu Fuß gemacht.

Bis auf den Teppich war alles schwarz lackiert und mit Kohl- und Hundegeruch geschwängert.

Das Schwarze und der Kohl verliehen dem Zimmer eine sehr persönliche Note. Sie wurde aber noch erheblich übertroffen durch jede Menge Statuen, Bilder, Trophäen, Medaillen und Pokale.

»Ist Ihr Mann Sportler, vielleicht Sportschütze?«

»Nein. Mein seliger Bernd war hochdekorierter Soldat. Er war Scharfschütze. Das sind seine Auszeichnungen aus dem letzten Weltkrieg. Zuletzt hatte er ein Ritterkreuz.«

Nun sah ich es auch. Die beiden lebensgroßen Bronzefiguren trugen einen Stahlhelm. Und auch auf den Fotos sah man nur Soldaten. Bernd mit Kameraden. Kameraden mit Bernd. Bernd allein – wahrscheinlich auf Kameraden wartend.

Birte Brinkmann schenkte mir eine Tasse erstaunlich guten Kaffees ein. »Nehmen Sie Zucker?« Ängstlich hielt sie den Deckel auf dem Zuckertopf fest. »Wenn nicht, stelle ich ihn gleich wieder in den Schrank. Sonst geht Flocki dran. Er weiß genau, wo ich meinen Zucker aufhebe.«

Ich genoss den Kaffee. Dass ich hier nicht lange bleiben würde, stand sofort fest. Trotz des guten Kaffees. Aber erst einmal hatte ich ein Dach überm Kopf, und das war billiger als ein Hotel und besser als die Jugendherberge. Dort hätte ich mir den Raum mit mehreren Bewohnern teilen müssen. Zimmer waren damals knapp. Ich zahlte meine 70 Mark.

»Bei dieser Gelegenheit möchte ich Ihnen ein paar Bitten vortragen.«

Ich nickte. Sie steckte das Geld weg.

»Wenn Sie tagsüber nicht im Hause sind, wohne ich auch in diesem Zimmer. Aber keine Sorge. Wenn Sie vom Dienst kommen, ziehe ich mich sofort in das andere Zimmer zurück, das zum Hof liegt. Aber mit diesem Zimmer verbinden mich so viele Erinnerungen. Deshalb nehme ich auch nur berufstätige Mieter, die tagsüber weg sind.«

Mein, das heißt *unser* Zimmer, lag also zur Straße. Das hatte ich noch gar nicht gecheckt bei all den »Sehenswürdigkeiten«. Darüber dachte ich nach, als ich weitere Konditionen erfuhr.

»Bevor Sie morgens gehen, nehmen Sie doch bitte meinen Müll mit runter.« Klar.

»Und wenn Sie wiederkommen, bringen Sie mir bitte Holz und Briketts aus dem Keller mit. Hier ist der Schlüssel. Sie müssen nur immer darauf achten, dass Sie das älteste Holz nehmen. Das ist aber nicht schwierig, weil es gebündelt und mit Datum versehen ist. Also immer das älteste Datum nehmen.«

So ging es weiter. Ich hatte feste Toilettenzeiten und noch festere Badezeiten. Ich besaß eine eigene Rolle Toilettenpapier. Denn »als alleinstehende Frau ist man da ein bisschen eigen«.

Ich sollte hauseigene Puschen anziehen, wenn ich die Wohnung beträte. Ich sollte Licht sparen. Dabei war das gar nicht möglich, weil sie überall nur 15-Watt-schwache Birnen eingeschraubt hatte. Je dunkler es draußen wurde, desto nervöser machte mich das Glimmerlicht. Zeitunglesen war, bis auf die Überschriften, gar nicht möglich. Hatte ich noch auf die strahlende Erleuchtung durch den Zwölf-Lampen-Kristallleuchter an der Decke gehofft, wurde ich auch von dem enttäuscht. Er hielt loyal zu Birte Brinkmann und erstrahlte in nur einer einzigen Glühbirne. 15 Watt, versteht sich.

»Und natürlich ab 22 Uhr bitte keinen Damenbesuch. Da ich allein lebe, wäre mir sogar lieber, wenn Sie *gar* keinen Besuch bekämen. Der letzte Mieter hat darauf gar keine Rücksicht genommen. Bei meinen Möbeln bekommt man natürlich alles mit, weil sie knarren.« Ich erfuhr, dass die Freundin meines Vormieters das Knarren mit eigenen Lustgeräuschen bei Weitem übertroffen hätte. Da habe sie dem Mann gekündigt.

Irgendwann wollte ich schlafen. »Wo ist, bitte schön, mein Bett?«

»Ach so. Das hatte ich vergessen zu sagen. Sie schlafen auf diesem Sofa.«

Ich sah mit einem Blick, dass es nicht nur zu schmal war. Es war auch zu kurz. Und es war an den Enden gnadenlos mit zwei senkrechten Begrenzungen so eingeengt, dass man nicht einmal die Füße darauf ablegen konnte.

Birte Brinkmann hatte meinen abschätzenden Blick gesehen. »Die Endstützen kann man wegnehmen.« Und schwupp, hatte sie beide abmontiert und neben die Liege gestellt. Genauso flink hatte sie von hinter dem Sofa zwei Apfelsinenkisten hervorgezaubert. Sie bildeten mein Kopf- und Fußende. Die Länge stimmte nun. Nachdem sie alles mit einer hauseigenen Decke überspannt hatte, sah man den Kistenbehelf gar nicht mehr. Jetzt war die Länge ausreichend. Nicht aber die Breite. Es war kaum möglich, auf dem Rücken zu liegen. Nur in der Seitenlage war man einigermaßen sicher. »Damit sie nicht rausfallen, schiebe ich Ihnen abends immer als Letztes den schweren Tisch vor das Bett. Sie brauchen mich nur zu rufen. Ich gehe immer spät ins Bett. Das war schon bei meinem seligen Mann so.«

Sie schaute mich eindringlich an. »Sie könnten mein Sohn sein.« Jetzt fehlte nur noch der Gutenachtkuss. Hier musste ich schnellstens wieder raus. Vielleicht wäre mein Chef L'Arronge ja erfolgreicher bei der Zimmersuche.

Ich schlief sehr unruhig und bei offenem Fenster, um den Kohl- und den Bohnerwachsgeruch rauszulassen. Draußen grölten Betrunkene. Flocki antwortete. Schließlich war ich dennoch eingeschlummert. Aber Träume ließen mich wieder hochschrecken. Ich schnellte in die Höhe und krachte mit der Schulter gegen den Tisch. Noch nicht ganz wach, hielt ich das für eine Schussverletzung, denn ich sah sofort im Schein der Straßenlaternen, dass ich umzingelt war von Schützen, die auf mich zielten. Ich hob die Hände, um mich zu ergeben. »Nicht schießen!«, rief ich. Flocki stand mir bei. Er bellte die Bronzeschützen durch die Tür hindurch an.

Als ich die Täuschung bemerkte, verspürte ich den Drang, zur Toilette zu gehen. Die Dielen knarrten, Flocki kläffte. Ich hatte noch keinen Zucker. Den würde ich morgen als Erstes besorgen.

Unerschrocken kehrte ich nach vollbrachter Entleerung und geräuschvoller Spülung zurück in mein Zimmer, durch die Schallmauer des kläffenden Köters hindurch. Ich schwor mir, diesem verdammten Flocki nur Zückerchen mitzubringen, die ich vorher mit Zyankali bepudert hätte. Dabei bin ich von Natur aus eigentlich ein Tierfreund.

Da stand Birte Brinkmann bereits im Rahmen ihrer Hinterhofzimmertür. »Es tut mir leid. Ich hatte vergessen,

84

Ihnen zu sagen, dass ich unter dem Sofa für Sie eine Nachtschüssel hingestellt habe. Dann müssen Sie nicht immer über den Flur. Kommen Sie, ich zeige sie Ihnen.« Sie zeigte mir nicht nur die Schüssel, sondern deckte mich auch noch mütterlich zu.

Lautstark verabschiedete mich Flocki, als ich morgens um sechs das Haus verließ. Zwei Kanalratten sprangen aus den halb offenen Mülltonnen und verschwanden im Keller. Heute gleich würde ich ausziehen. Das einzige Problem: Wie bekäme ich meine Miete wieder? 70 Mark waren damals in den 50er-Jahren viel Geld.

Mein erster Weg nach Feierabend führte mich zum Postamt, gleich neben L'Arronge. Ich gab mir ein Telegramm auf. Dann eilte ich nach »Hause«, damit es nicht vor mir dort wäre.

Birte Brinkmann erwartete mich mit einem Kaffee. »Sie haben vergessen, mir das Holz raufzuholen. Und bestimmt haben Sie auch die Zückerchen für Flocki vergessen.«

Hatte ich nicht. War mir inzwischen aber auch egal, verdammt noch mal. Da klingelte es.

»Wer ist denn das?«, fragte sich Birte laut und folgte ihrem Kläffer über knarrende Dielen zur Tür.

»Wohnt hier ein Rüdiger Nehberg? Ein Telegramm für ihn.«

Birte brachte mir das Telegramm. Ich stellte mich überrascht.

»Ein Telegramm? Für mich? Außer meiner Familie weiß doch niemand, dass ich hier wohne.«

»Dann ist es bestimmt von Ihrer Familie. Vielleicht gratuliert sie Ihnen zum Zimmer. Hoffentlich ist es nichts Schlimmes!«

Sie blickte gespannt durch den Kaffeedampf hindurch. Telegramme brachten in jener Zeit vor allem schlimme Nachrichten.

Bedeutungsvoll öffnete ich das Telegramm. Ich las es. »Mein Gott!«, gab ich mich erschrocken, »lesen Sie selbst!«

Ich reichte ihr das Blatt Papier. Sie trat ans Fenster und las. »O Gott, das ist ja schrecklich! Was werden Sie machen?«

Ich überlegte einen Moment. »Da habe ich wohl keine Wahl. Ich bin der Einzige, der die Zeit hat, sich um meine Mutter zu kümmern. Meine beiden Geschwister sind in Positionen, wo sie unabkömmlich sind. Ich werde sofort nach Grainau fahren.«

Ich hatte meine Mutter in dem Telegramm einen Herzinfarkt erleiden lassen. Es sah nicht gut für sie aus. Im Stillen tat ich Abbitte. Aber nur bei so einem triftigen Grund und so viel Sohnesliebe hätte ich eine Chance, meine Miete zurückzubekommen. Birte fühlte mit mir. Sie schloss mich mütterlich in ihre Arme.

»Bestimmt wird mir Makler Birner schnell einen neuen Mieter beschaffen. Dann bekommen Sie die Mietdifferenz zurück.«

Eine Taxe brachte mich zu L'Arronge. Er hatte mir eine Abstellkammer auf dem Dachboden angeboten. Gratis. In wenigen Tagen hätte er auf jeden Fall ein schönes Zimmer für mich.

Drei Tage später überwies mir Birte Brinkmann 60 D-Mark. Danke, Birte. Hanseatischer Kaufmannsgeist.

Der Killer

Ich betrieb meine Konditorei. Er ein Pelzfachgeschäft. Mehr oder weniger waren wir Geschäftsnachbarn im Einkaufszentrum Wandsbek-Markt, Hamburg. Ich kannte ihn nicht persönlich. Aber täglich fuhr ich mehrfach an seinem Laden vorbei, und manchmal beneidete ich ihn. Sein Geschäft war gut gelegen, immer geschmackvoll dekoriert, und als Pelzhändler in meinem Stadtteil war Lutz Reinstrom konkurrenzlos. Ich war das nicht. Außer meinem Betrieb gab es noch 13 andere Bäckereien und Konditoreien. Das bedeutete einen täglichen Kampf um Pfennige, eine stete Wachsamkeit gegenüber den Mitbewerbern, ein Spähen nach Marktlücken, nach Trends, nach Nebeneinnahmen, nach Unabhängigkeit von nur einer Einnahmequelle. Zwar hatte ich schon die Tantiemen von meinen Büchern als zweites solides Standbein, aber ein drittes könnte auch nicht schaden. Und ein viertes schon gar nicht. Schneller, als man manchmal denkt, versiegt die eine oder die andere Quelle.

»Herr Nehberg, ich habe Ihr Buch gelesen ›Survival – die Kunst zu überleben‹. Ich bin völlig begeistert und glaube, in Ihnen genau den richtigen Mann für ein sehr besonderes, vor allem lukratives Vorhaben gefunden zu haben. Ich will hier am Telefon nicht näher darüber sprechen. Aber bestünde die Möglichkeit, einander mal persönlich kennenzulernen und die Zusammenarbeit auszuloten?«

Wer mich da neugierig macht, ist kein Geringerer als mein Geschäftsnachbar Lutz Reinstrom, der Pelzhändler.

»Survival« und »lukrativ« hatte er gesagt. Das waren zwei Schlagworte, die mir etwas Besonderes signalisierten. Ich sagte zu.

»Am besten abends nach Ladenschluss. Dann werden wir nicht mehr von Kunden gestört.« So kommt es zu unserem ersten Treffen

Lutz Reinstrom ist von kräftiger Statur, hat dunkle, nackenlange Haare und einen Schnauz- und Kinnbart. Nicht unbedingt nach Kürschnerart. Eher ungebürstet. Aber er wirkt freundlich. Kräftig schüttelt er mir die Hand und bittet mich in den angrenzenden Wohnraum.

»Gemütlich haben Sie's hier«, beginne ich die Konversation und schaue mich um. Eine plüschige Sesselgarnitur ist um einen flachen Mahagonitisch arrangiert und lädt zum Reinplumpsen ein. Ein Angebot, das ich ungefragt annehme.

Ein Strauß frischer gelber Teerosen und ein Silbertablett mit Kaffeeservice bilden einen absoluten Blickfang. Erst auf den zweiten Blick merke ich, warum. Es wirkt, als spiegele sich der Blumenstrauß im Silbertablett. In Wirklichkeit ist jede Tasse des hauchdünnen Porzellans von begnadeter Künstlerhand mit genau den gleichen Teerosen verziert, und das gesamte Arrangement wird von einer großen Spiegelwand noch einmal verdoppelt. Rosen satt.

Reinstrom verfolgt meinen Blick, während er die Kaffeemaschine einschaltet. »Der Spiegel und das Ambiente sind wichtig. Viele meiner Kundinnen brauchen diese Atmosphäre für ein längeres Verkaufsgespräch. Und dort im Wandspiegel können sie sich in aller Ruhe und Vollendung betrachten und entscheiden.«

Der Kaffee duftet, und ich bedaure, keinen Kuchen mitgebracht zu haben. Aber wer rechnet schon mit solchem Willkomm? Ich habe fünfzehn Minuten für ein Gespräch in seinem Laden eingeplant und keine lange Zeremonie mit Kaffee und Teerosen. Ich bin gespannt auf sein Anliegen.

Schließlich setzt er sich zu mir. Er beginnt zunächst mit Small Talk. Wie mein Geschäft heute gewesen sei, dass das seine gar nicht gut gelaufen sei, eine einzige Nerzstola habe er verkauft, und gestern nicht einmal das. Dabei würden die Kosten immer erdrückender, sicher sei das bei mir ähnlich.

Ich bestätige seine Vermutung. Damit sind wir Leidensgefährten, und allmählich kommt er zur Sache. »Deshalb habe ich mich immer schon nach anderen Einnahmequellen umgeschaut. Und nun bin ich auf etwas gestoßen, das meinem Leben eine Wende geben könnte. Und nicht nur meinem! Auch dem eines eventuellen Partners. Und das wären Sie, falls wir uns einig werden.«

Er zündet sich eine Zigarette an.

»Interessieren Sie sich für Schätze?«

Ach du Schande, denke ich, ein Schatzsucher! Überhaupt nicht mein Ding. Innerlich hake ich die Sache auf der Stelle ab. Egal, wie hundertprozentig der Tipp ist, und was auch immer da noch kommen mag. Denn jetzt sind es schon drei Urteile oder Vorurteile, die mir durch den Kopf gehen: Reinstrom ist Pelzhändler, Raucher und Schatzsucher. Nur das geschmackvolle Zimmer und sein Geheimnis sprechen noch für ihn. Aber zunächst will ich mir dieses Geheimnis einmal anhören. Auch die Kunden meiner Konditorei sind mir nicht durchweg sympathisch, und trotzdem mache ich mit ihnen Geschäfte. Wenn auch nur in Pfennig- und nicht in Schatzsucherbeträgen.

»Das kommt darauf an, mit welchen Schwierigkeiten er zu bergen ist«, gebe ich mich interessiert.

Reinstrom steht auf und holt eine etwas zerfledderte Papierrolle aus dem Schrank. Bedächtig breitet er sie auf dem Tisch aus. Auf den ersten Blick ist sie eine nichtssagende Landkarte. Ich errate Inseln, aber ohne Längengrade, ohne Breitengrade. Statt lesbarer Buchstaben nur Hieroglyphen. Nichts, das mich ahnen lassen könnte, wo auf der Welt das sein könnte. Natürlich ist mir klar, dass ich hier nicht einfach in ein geldträchtiges Geheimnis mit all seinen Koordinaten eingeweiht werde.

»Zunächst sagt die Karte einem natürlich gar nichts«, bestätigt er meine Gedanken. »Aber zu den Zeichen gibt es einen Schlüssel. Und nicht nur das. Es gibt auch die Kopie eines amtlichen Schreibens, das den Vermerk ›Streng vertraulich!‹ trägt. Das Original liegt im Safe des Staatspräsidenten von Venezuela. Man darf davon ausgehen, dass niemand von der Kopie weiß.«

»Das heißt also: Venezuela erhebt den Anspruch auf irgendetwas Hochwertiges, das auf einer dieser Inseln liegt.«

»Genau so ist es. »

»Und warum hat man den Schatz nicht schon längst gehoben?«

»Genau weiß ich das auch nicht. Wahrscheinlich, weil Venezuela an seinem Öl genug verdient. Aber wäre der Schatz bereits gehoben, wären die Unterlagen im Tresor ja sinnlos. Also muss etwas daran sein. Hundertprozentig.«

Im Verlaufe des weiteren Gesprächs erfahre ich, dass der südamerikanische Verkäufer der Unterlagen versichert habe, es gäbe keine weiteren Kopien. »Er hat zunächst eine Anzahlung erhalten und bekommt eine weitere hohe Summe, wenn wir den Schatz finden.«

Dabei blinzelt er mir unbewusst und kaum sichtbar mit dem linken Auge zu. Will heißen: »Der kann lange auf sein Geld warten.« Schatzsuchermentalität. Oder aber Reinstrom hat ein Augenleiden.

Sofort rasen mir alte Wildwestgeschichten durch den Kopf, in denen Freunde gemeinsam unter härtesten Entbehrungen einen Schatz suchen und ab dem Moment der Bergung einer des andern Todfeind wird. Jedenfalls werde ich vorsichtig. Ich frage mich, warum jemand einen Goldschatz nicht sofort hebt, wenn es in seiner Macht liegt. Nur weil er Öl hat? Stattdessen lässt er ihn bewachen? Wäre es nicht sinnvoller, den Schatz sofort zu bergen, solange man es als Staatspräsident noch vermag? Weiß der Teufel – schon morgen kann man weggeputscht werden. Dann nützen einem weder das Öl noch der Schatz.

Dennoch bin ich gespannt. Ich muss ja nicht mitmachen.

So erfahre ich, dass es um einen gewaltigen Goldschatz in schweren eisenbeschlagenen Eichentruhen aus der Seeräuberzeit geht. Er ist an einem Ort vergraben, der von See aus weithin identifizierbar und unzerstörbar durch Wirbelstürme ist. Man könne ihn mit Metalldetektoren zentimetergenau aufspüren. Überhaupt kein Thema.

»Das größte Hindernis ist die Bewachung der Insel. Sie ist militärisch gesichert. Niemand darf sie betreten. Die Posten sind angehalten, sofort zu schießen. Und wegen dieser Schwierigkeiten kam ich auf Sie! Würde es Sie reizen, bei diesem Projekt mitzumachen? Ihr Job wäre es, das Problem survivalmäßig zu lösen. Sie wären uns ein gleichberechtigter Partner.«

Während ich gerade mein inneres Survivalbuch aufschlage, erfahre ich noch, dass das Reinstrom-Team bereits drei Personen umfasst. »Das sind Jesus, ein Südamerikaner, der keine Angst vor nichts hat. Er war selbst hochrangiger Soldat. Er kennt die militärischen Gepflogenheiten, spricht die Militärsprache. Dann ist da mein Freund Konrad. Er hat die nötige hochseetaugliche Yacht. Und dann bin da ich, der die Papiere besorgt und die Idee hat. Sie wären der Vierte im Bunde. So bringt jeder etwas ein, und wenn alles klargeht, teilen wir zu gleichen Teilen. Bei der Größe des Schatzes ist auch ein Viertel mehr, als ein Mensch je ausgeben könnte.«

Das lässt er wirken. Dann schiebt er nach. »Allerdings müssten auch die Investitionen geteilt werden. Es kommen auf jeden 15 000 Mark zu und vier Monate Zeit.«

Ich schaue gar nicht erst auf, sondern nippe am Kaffee. Bestimmt hat er bei »teilen wir zu gleichen Teilen« wieder unbewusst sein Augenblinzeln von sich gegeben. Diesmal dann ins Leere. Er hätte auch 100 000 oder gratis sagen können. Ich weiß, dass ich unter gar keinen Umständen mitmache, und male mir soeben etwas viel Spannenderes aus. Das ist nicht die Bergung des Schatzes, sondern wie ich es machen würde, so einem dubiosen Partner anschließend mit meinem Anteil lebend zu entkommen. Eigentlich kaum lösbar. Es sei denn, ich besäße die nötige Portion krimineller Energie, würde den Spieß umdrehen und die Partner ausschalten, bevor sie es mit mir tun. Mit Ausschalten meine ich, sie mit Handschellen solange ruhigzustellen, bis ich mit dem Schatz in Sicherheit wäre. Dort und dann könnte man teilen. Auf jeden Fall niemals in der Wildnis und niemals abhängig von ihrem guten Willen.

»Was halten Sie davon?« Seine Frage reißt mich zurück in die Gegenwart. Natürlich wäre eine Kiste Gold unvergleichbar attraktiver als die Pfennigfuchserei in meiner Konditorei.

»Lassen Sie mich eine Nacht darüber schlafen. Morgen Abend um diese Zeit an dieser Stelle gebe ich Ihnen Bescheid.«

Warum ich das sage, weiß ich selbst nicht. Denn mein Entschluss steht schon fest, seit ich nur das Wort »Schatz« hörte. Ich bin kein Zocker. Nicht einmal harmlose Würfel- oder Kartenspiele können mich reizen. Schach, Billard, Golf – da kommt es aufs Können an. Aber Glücksspiele? Niemals. Aber ich will mir 24 Stunden Kopfzerbrechen schenken. Denn zumindest ist die Geschichte theoretisch reizvoll.

»Also, um es kurz zu machen«, sage ich am nächsten Tag, »ich möchte nicht mitmachen, obwohl mich die Problemlösung sehr reizt. Das hat drei Gründe. Es ist nicht wirklich garantiert, dass es das Dokument nur *ein Mal* gibt.

Dazu kommt, dass es gefälscht sein könnte. Und es kann sein, dass wir den Schatz aus irgendwelchen Gründen nicht bergen können. Vielleicht ist er längst gehoben; vielleicht ist meine Strategie schlecht. Für einen Schatzsucher bin ich zu bieder. Mir fehlt die Zockermentalität. Meine Konditorei mit den 50 Mitarbeitern ist mir sicherer.«

Reinstrom ist sichtlich enttäuscht. Damit hat er nicht gerechnet. Er wagt einen letzten Versuch.

»Ist es die Geld- und Zeitfrage? Da könnte ich Ihnen entgegenkommen. Ich würde Ihre Kosten übernehmen.

Falls wir nichts finden, ist Ihnen die Summe erlassen. Falls wir doch etwas finden, verrechnen wir den Kredit. Es ist mir wichtig, dass alles hundertprozentig korrekt zugeht.«

Das soll sicher auch seinen Plan in glaubwürdigem Licht erscheinen lassen. Aber ich bleibe bei der Absage. Als Trost lasse ich ihn wissen, wie *ich* die Suche angehen würde. Das will ich ihm gern verraten. Falls es klappt, verspreche ich mir von der Geschichte eine Episode in einem meiner Survivalbücher.

»Da niemand auf der Insel landen darf und das Militär angehalten ist, auf Eindringlinge zu schießen, würde ich einen Seenotfall vortäuschen. Er muss einer Überprüfung durch Fachleute unbedingt standhalten. Wie man das macht, wird Ihr Segelpartner am besten wissen. Es darf auch kein Schaden sein, der sofort zu beheben ist. Vielleicht schlagen sie ein Leck ins Boot, brechen den Mast und behaupten, sie seien im Sturm mit Treibgut kollidiert. Niemand wird auf Schiffbrüchige schießen. Sie hissen eine weiße Fahne und rudern allein an Land.«

Reinstroms Augen leuchten. »Das ist eine geniale Idee!«

»Wissen Sie, wie viele Soldaten auf der Insel stationiert sind?«

»Unser Informant sprach von einem Dutzend. Eher weniger.«

»Das ist gut, weil es eine überschaubare Dimension ist. Man muss an deren Hilfsbereitschaft appellieren, sie in die Reparatur involvieren und dafür entlohnen. Das werden die Soldaten gerne annehmen, weil es Abwechslung in ihren langweiligen Tagesablauf bringt. Dabei lernt man sie auch am besten kennen, schließt persönliche Kontakte. Im Allgemeinen sind solche Männer unterbezahlte arme Teufel. Deshalb wäre es wichtig, sie mit Essen und Getränken zu verwöhnen. Bestimmt sind sie empfänglich für Alkohol, vielleicht sind sie offen für Bestechung. Und je nach Höhe des zu bergenden Schatzes können Sie sie mit Summen locken, die jeden solchen Soldaten schwach werden lassen. Der Betrag muss dann allerdings ausreichen, den Männern und ihren Familien ein Untertauchen, eine neue Identität und ein neues Leben ohne Armut zu ermöglichen. Wissen die Soldaten, *warum* sie auf der Insel stationiert sind?«

»Das war auch eine meiner ersten Fragen an den Informanten. Er meinte, niemand wisse davon, weil sonst die Gefahr bestünde, dass sie sich zusammenschlössen und den Schatz selbst hebten. Sie glauben, die Insel habe eine hochrangige strategische Bedeutung für Venezuela. Wegen des Öls und so.«

»Vorsichtshalber würde ich jede Menge Schlaftabletten mitnehmen, um die Soldaten erforderlichenfalls ruhigzustellen. Ich würde sie fesseln und vor allem auch so schnell wie möglich die Radioverbindung zum Land unterbrechen.«

Ich erkläre ihm, wie man das als Laie schnell und unauffällig bewerkstelligt. Man kann Elektropole vertauschen, Kontakten mit Papier die Leitfähigkeit nehmen, Kontakte lösen, Kabel durchtrennen und manches mehr.

»Am besten sind Änderungen, die nicht auf Sabotage schließen lassen. Wenn Sie ein Kabel mit der Zange durchtrennen, weiß jeder, dass das mit Absicht getan wurde. Wenn Sie ein Kabel lösen, kann das auch von selbst geschehen sein.«

Reinstrom rutscht ungeduldig auf seinem Sessel hin und her. Am liebsten würde er gleich lossegeln. »Das mit den Schlaftabletten ist eine tolle Idee! Das erspart uns auch die unnötige Teilung des Schatzes. Jeder weitere Eingeweihte bedeutet letzten Endes auch ein erhöhtes Risiko und einen geringeren Gewinn. Man kann ja anstandshalber jedem Soldaten zehn Dollar in die Tasche stecken. Und notfalls sind wir auch bestens bewaffnet.«

Er muss bei seinen Überlegungen herzhaft lachen. Und da war es wieder! Das, was mich schon gestern misstrauisch gemacht hat. Hier war es gleich dreimal. »Unnötige Teilung« hatte ich gehört, »anstandshalber zehn Dollar« und »notfalls … bestens bewaffnet«. Mit solchen Leuten als Partner würde ich keine ruhige Minute verbringen.

Wir fachsimpeln noch ein Weilchen weiter. Schließlich ist mein Wissensvorrat erschöpft. Ich verabschiede mich. »Ich wünsche Ihnen viel Glück und würde mich freuen, wenn Sie mich irgendwann wissen ließen, ob's geklappt hat. Egal, ob erfolgreich oder erfolglos.«

Er drückt mir die Hand. »Das kann aber sechs Monate dauern.«

»Das macht gar nichts. So lange bin ich vielleicht selbst unterwegs. Amerika feiert 1992 seinen 500. Geburtstag. Und da habe ich mit meiner Freundin Christina Haverkamp eine Demonstration geplant. Wir wollen mit einem Bambusfloß über den Atlantik schippern, um mit einer unübersehbaren Segelaufschrift an die Vernichtung der Indianer zu erinnern.«

Einen Moment ist er sprachlos. »Mit einem Bambusfloß?«

»Ja. Auf genau 120 Bambusrohren. Von Senegal nach Brasilien und dann durch die Karibik bis vors Weiße Haus in Washington. Vielleicht komme ich sogar an Ihrer Schatzinsel vorbei«, schiebe ich noch als Scherzchen hinterher.

»Und das trauen Sie sich zu? Mein Gott! Sie wären hundertprozentig der richtige Mann für unser Vorhaben. Aber Sie wollen ja nicht.«

Ich spüre seine ehrliche Verzweiflung.

»Wollen wir vielleicht so verbleiben, dass Sie mich jederzeit anrufen können, falls Sie sich's noch anders überlegen?«

Das kann ich getrost versprechen. Dann trennen sich unsere Wege.

Je näher der Starttermin unserer Floßfahrt rückt, desto weniger denke ich an Lutz Reinstrom. Erst als unser Floß die Karibikinsel Domenica anläuft, erinnere ich mich seiner, erzähle Christina von den entgangenen Möglichkeiten, von der verpassten Chance, längst steinreich zu sein.

»Stattdessen verpulvern wir hier unser ganzes Privatgeld mit dem kostspieligen Bambusprojekt.«

Dann ist Lutz Reinstrom vollends vergessen.

Das ändert sich schlagartig. Um nicht zu sagen »schlagzeilenartig«. Keine Zeitung, die es nicht als Titel bringen würde:

»Der Säuremörder von Hamburg … Pelzhändler ermordete zwei Frauen … löste sie in Salzsäure auf … vergrub sie in Fässern … Garten des Grauens …«

Langsam sickern Einzelheiten durch: »Zwei Frauen gefoltert, ermordet, zersägt und in Fässer gepackt von Lutz Reinstrom … saß wegen erpresserischen Menschenraubes bereits hinter Gittern …«

Zitat STERN!: »Fünf Tage hat die 54-jährige Krankenpflegerin Christa S. in seinem zum Weinkeller umfunktionierten Atombunker ein Martyrium durchlitten. An den Händen gefesselt, musste sie sich immer wieder Bilder anschauen, Fotografien von gequälten Frauen. Reinstrom grinste nur und sagte nichts. Der Versuch, vom Freund der Entführten 300 000 Mark Lösegeld zu erpressen, schlug fehl. Reinstrom ließ sein Opfer frei.«

Das ist sein Fehler. Reinstrom wird verhaftet. Es kommt zum Prozess.

Die Mutter der seit vier Jahren verschwundenen 31-jährigen Annegret Bauer zeigt der Klägerin Christa S. ein Foto ihrer Tochter. Sie hatte zum engsten Freundeskreis des Kürschners gehört und war auf dubiose Weise verschwunden. Die Klägerin identifiziert sie sofort als eines der Folteropfer von der Fotoschau im Atombunker.

Die Polizei richtet eine Sonderkommission ein. Die entdeckt Parallelen zu einer anderen Verschwundenen. Es ist die vermisste 61-jährige Hildegard Koeßler.

Die Durchsuchung von Reinstroms Wohnung fördert Beweise zutage. Schmuckstücke und Geld der Verschwundenen werden entdeckt. Suchhunde finden schließlich die Leichen.

Eine 48-jährige Nachbarin berichtet schaudernd, welches Glück sie gehabt habe. »Er hat auch mich zu einem Kaffee eingeladen. Zum Glück war ich verhindert.«

Ich erinnere mich an *meinen* Kaffee bei ihm und kriege eine Gänsehaut.

Nachbarsfamilie Basedow weiß zu berichten, dass Lutz Reinstrom eine richtige Stimmungskanone gewesen sei. »Wenn der ins Erzählen kam, war er nicht mehr zu stoppen. Er schwärmte von der Karibik.

›Irgendwann fahre ich nach Mittelamerika und finde einen Schatz‹, sagte er immer.«

Das Maß aller Dinge

Unter Seeleuten herrscht Frauenmangel. Jedenfalls bei der Handels- und Kriegsmarine. Und je größer der Mangel, desto verbreiteter die Diskussionen um das Thema Nr. 1 – die Sexualität.

Abenteuerliche Geschichten werden da in Umlauf gebracht. Von »20-mal pro Tag« ist die Rede. Von Frauen, die Schlange stehen vor irgendwelchen männerbewohnten Betten. Von abgebrühtesten Prostituierten, die durch den Erzähler das erste Mal erfuhren, was wirkliche Liebe ist.

Wer kennt sie nicht – diese und ähnliche Selbstpreisungen. Sie stehen in berechenbarem Verhältnis zum situationsbedingten Mangel an Gelegenheiten. Sie grassieren auf Schiffen, in Gefängnissen oder bei einsamen Jobs im Hinterland. Auch in Klöstern, sagt man(n).

Als Schiffskonditor hatte ich einen Kollegen. Nennen wir ihn Hein. Vielleicht ist das nicht einmal gelogen; Hein heißen die meisten. Hein fügte sich auf andere Weise in diese Schar der Sexperten. Er redete nicht nur von allem Unvorstellbaren. Er bewies es auch. Gern und zu jeder Zeit. Ob man wollte oder nicht. Meist wollte man.

Heins Penis war extreme 24 Zentimeter lang. Das ist ein Viertelmeter. Minus einen Zentimeter. Aber nur Neidhammel, etwa jene durchschnittlichen Siebzehnkommafünf-Typen, wagten es, diesen lächerlichen Zentimeter zu erwähnen. Für alle anderen war Heins Penis einen Viertelmeter lang, und damit basta.

99

Wenn er seinen Mannesstolz beweiskräftig aus seinen Futteralen schälte – der Jeans, der Unterhose –, dann brauchte niemand mehr nachzumessen. Die Länge sprach für sich. Auch ohne Zollstock. Auch ohne Erektion. Bei solchen Ausdehnungen kam es wirklich nicht darauf an, ob Hein ein paar Millimeter hinzugedichtet hatte. Eher hatte er *untertrieben*. Es war gigantisch. Schnurgerade wie ein Lineal. Niemanden hätte es gewundert, wenn er seitlich eine Zentimetereinteilung gesehen hätte.

»Ich hatte mal eine Malaysierin. Die war gerade 1,48 groß. Das heißt, die war nur sechsmal größer als mein Freund in der Hose.«

Wer das Einmaleins beherrschte, konnte das mühelos nachrechnen. Von solchen Vergleichen hatte er Dutzende parat.

Zunächst wohnte man Heins Selbstdarstellung in Wort und Naturalie staunend und sprachlos bei. Dann setzte ein großes Schnattern und Diskutieren ein.

»So was steht normalerweise unter Denkmalverdacht! Hast du den schon angemeldet?«, flachste jemand, um seine Spannung zu lösen.

»Stehst du im Buch der Rekorde?«, lobte ein anderer.

»Ist dir deswegen schon mal eine Frau weggelaufen? Ich meine, weil du sie gespalten hättest?«

Jeder versuchte, geistreich zu sein.

»Junge, wenn ich so ein Glied hätte, würde ich nicht mehr arbeiten gehen. Ich würde es gegen Eintrittsgeld ausstellen.«

Hein schmunzelte dann geheimnisvoll. Er liebte diese Komplimente. Wenn er sein sagenumwobenes Schmuckstück am Sockel umfasste, dann ragte mindestens das Doppelte dessen, was er in der Hand hielt, noch aus der Hand heraus. Wie ein Schornstein aus dem Industriegebiet.

Obwohl, wie gesagt, eine metrische Kontrolle der Angaben des Eigentümers sich eigentlich erübrigte, ließ der es sich nicht nehmen, mit einem Zollstock, der immer »zufällig« griffbereit lag, seine Angaben überprüfen zu lassen. Ohne Worte, mit ausdruckslosem Gesicht, hielt er dem Nächststehenden die beiden Latten entgegen. Seine eigene und die Messlatte. Man wusste nie, ob er die Länge des Penis beweisen oder die Genauigkeit des Zollstocks überprüfen wollte.

Neidern fiel natürlich auf, dass er den Zollstock so tief wie möglich in die Haut, über die Schmerzgrenze hinweg, bis auf das Schambein drückte. Das merkte man spätestens dann, wenn er den Maßstab wieder entfernte. Er hinterließ eine tiefe Kerbe.

»Ja, wenn ich *so* messe, ist meiner auch länger«, wagte jemand ein bescheidenes Scherzchen.

»Dann zeig's doch. Gleich jetzt. Hier ist der Zollstock!«, war Heins Reaktion. Aber nie wagte jemand den echten Vergleich. Gegen Hein war jeder chancenlos. Von vornherein. Egal, ob mit oder ohne Zollstock. Hein war der Größte. Wer Heinis bestes Stück auf dem Foto sah, der hätte geschworen, dass es sich um eine Fotomontage handelte. Wie in diesen Katalogen der Sexshops. Und wer es wagte, geringste Zweifel an der Größe, der Leistungsfähigkeit und dem Andrang von Frauen zu äußern, dem bot Hein noch eine Extravorstellung.

»Ich hab den ja nicht nur zur persönlichen Freude. Oder zum Kindermachen. Das kann jeder. Meiner kann noch mehr. Wenn ich ihn rotieren lasse, hebe ich ab wie ein Helikopter«, kündigte er sein Showprogramm an.

Klar, dass man das sehen wollte.

Hein ging in die Knie und packte sein »Rotorblatt« direkt über dem Sockel. Dann »warf« er ihn an. Wie man ein Lasso in Schwung bringt. Oder wie man einen Geländewagen anwirft. Also zunächst langsam und dann allmählich mit zunehmender Vehemenz. Dazu machte er Geräusche eines bockenden Motors, der keine Lust hat,

der immer wieder abstirbt. Er spuckte und stotterte und knatterte, hantierte am »Shoker«, den Hoden, und endlich (!) sprang der Propeller an, wirbelte sauber und glatt und wurde zur Scheibe. Dann gab er sich Befehle: »Ready for Takeoff« zum Beispiel. Und tatsächlich hob er langsam und stufenlos vom Boden ab. Aus der knienden Lage, mit rückwärtsgebogenem Rücken. Wie ein Limbotänzer. So, als zöge ihn tatsächlich der Rotor in die Höhe und nicht seine gut trainierten Muskeln. Eine gut einstudierte, geradezu akrobatische Glanzleistung.

»Hein just airborne«, schrie er ins imaginäre Mikro, und dann hob er vollends ab, raste durch den Raum, um den Tisch, dass es nur noch so knatterte und die Zuschauer beiseitespringen mussten, um nicht umgerannt zu werden.

Hein und sein persönlichster Freund mit Wohnort unterhalb der Gürtellinie, dieses eingespielte Duo, waren die Größten. Nur das Gejohle der Zuschauer war größer.

Das sollte sich schlagartig ändern, als in Piräus ein griechischer Maschinist an Bord kam. Plötzlich drang neben dem üblichen Maschinenlärm ein Gerücht ans Oberdeck: »Cristos behauptet, er habe noch nie jemanden getroffen, der seinen Freund und Partner da unten in der Hose überragt hätte.«

Für Hein die absolute Herausforderung, die reinste Kampfansage. Hier ging es um alles oder nichts. Um Ehre und Image. Um Sein oder Nichtsein.

Ein Vergleichskampf wurde anberaumt. Diesem Südländer wollte Hein es zeigen, hatte ihn die Erfahrung doch gelehrt, wie mit persönlichen Maßen oft schamlos übertrieben wurde. Zog man blank, reduzierten sich angepriesene Kanalrohre schnell zu dreimal durchgelutschten Makkaroni. Sicher wäre es auch diesmal so.

Zeugen wurden geladen, Schiedsrichter bestellt. Mehr, als die Kajüte zu fassen vermochte.

»Rüdiger, können wir nicht zu dir in die Konditorei kommen?«

Warum nicht. Die Patisserie war einiges größer als der kleine Mannschaftsraum für nur sechs Personen. Die Übrigen drängten sich auf dem Gang. In der Backstube hatten notfalls auch 50 Leute Platz. Und den brauchten wir. Denn es war ein Notfall. Es war brechend voll und stickig wie nach einer heißen Liebesnacht zweier Raucher bei geschlossenem Fenster. Alle schubsten und drängten, keiner wollte sich das Schauspiel entgehen lassen. Jeder wollte in der ersten Reihe stehen. Sogar die beiden dekorativen Friseusen, Gaby und Martina, waren erschienen. Eigentlich waren sie nur für Passagiere zuständig und wohnten in einem abgesonderten Trakt des Schiffes. So wollte man etwaigen Problemen vorbeugen, die sich durch die Frauenknappheit ergeben konnten. Nur selten kamen die beiden hier unten an meiner Abteilung vorbei. Aber heute waren sie da. Ein solches Ereignis wollten sie sich nicht entgehen lassen.

Endlich war es so weit. Die Kontrahenten öffneten die Hosen. Heraus plumpsten zwei schlappe und trotzdem bereits im Ruhezustand beachtliche Genitalien. Gejohle im Parkett.

»Stellt euch auf den Tisch. Dann kann jeder sehen.«

»Setzt ihr euch doch hin, ihr Wichser!«, konterte Hein und grinste dem Griechen vertraulich zu. Beiläufig musterten beide das jeweilige Konkurrenzteil.

Die Hinterbänkler stellten sich auf die Tische, die Reihe davor stand auf dem Fußboden, und die Vordersten hockten sich aufs Parkett.

»Ruhe jetzt, und aufgepasst. Es geht um die Ehre dieser beiden Herren«, schaltete sich einer der Schiedsrichter ein.

»Anwichsen!«, grölte die Menge. Zwei rechte Männerhände traten in Aktion. Schlag um Schlag pumpten Hand und Herz Blut in die penalen Venen. Es war wie das Aufpumpen eines soeben geflickten Fahrradschlauches.

»Hein, zeig's ihm!«, schrie Martina, die eine Friseuse.

»Ja, du bist der Größte!«, bekräftigte die andere. Das war Gaby. Sie gab sich als Fachfrau mit Urteilsvermögen. Und sie gab sich vertraut.

»Hat er die etwa auch schon gepimpert?«, tuschelten zwei Zuschauer.

104

Na klar doch. Wen hatte der nicht?

»Zeigt's den Mädels!«, spornte ein anderer die Wettkämpfer an. Es war wie in einer Arena. Die Matadore leisteten Schwerstarbeit. Der Schweiß lief ihnen von Stirn und Nacken. Zumal es warm war in der Backstube und wir in den Tropen, kurz vor Rio de Janeiro.

Dann war es so weit: Die Maximalform war erreicht.

»Zollstock!«, befahl Hein. Ein Sekundant überreichte das Gerät. Zuvor hatte er es um zwei Teilstücke geöffnet.

»Das sind 40 Zentimeter. Das sollte reichen«, spielte er den Profivermesser. Gelächter.

Der Zollstock wurde angesetzt, zweimal genau hingeschaut.

»24 Zentimeter!«, verkündete der Sekundant ins Publikum. »Haargenau. Nicht mehr und nicht weniger.« Ein anderer machte die Gegenprobe.

»Das will ich sehen«, kreischte die blonde Gaby in beachtenswerter Erregung und drängelte sich hautnah heran. Sie stand offenbar kurz vor der Explosion. Hein schielte dankbar zu ihr hinüber. »Ja, komm her, Weib!«, forderte er sie auf.

»Mach ihn größer, Gaby!«, ermunterten die Männer sie. Aber sie hatte Mühe, sich durch das Publikum zu drängen. So blieb es bei 240 Millimetern. Wie eh und je und allseits bekannt. Das Resultat wurde aufgeschrieben.

Nun der Grieche. Seine Landsleute stimmten die Nationalhymne an. Bombenstimmung. Längst ragte dessen Schaustück in den Raum. »Beachtlich!«, raunte Gaby der Kollegin neidlos zu.

»Ruhe!«, befahl der Zollstockbesitzer. »Bei dem Lärm kann man sich ja gar nicht konzentrieren.«

Die Menge verstummte. Auch der Grieche hatte einen eigenen Zollstock mitgebracht. Demnach zeigte er das Objekt seines Stolzes heute nicht zum ersten Mal in der Öffentlichkeit.

»Schaut nach, ob der Zollstock nicht präpariert ist. Ich trau keinem Griechen. Womöglich zeigt der mehr an als vorhanden.« Das war Hein. Jetzt ging ihm wohl die Muffe. Oder er war Rassist. Die Menge verstummte. Das Maß wurde angesetzt. Gaby hatte sich nun doch vordrängeln können. Sie wollte Maß und Stab übernehmen. Hein protestierte.

»Fass den Kerl nicht an! Das hast du bei mir auch nicht gemacht. Sonst ist das unfair. Oder du musst auch meinen persönlich nachmessen.«

Niemand zweifelte, dass die »geile Gaby«, wie sie in Fachkreisen genannt wurde, tatsächlich neue Höchstleistungen bewirken würde.

»Lasst sie doch! Die bringt jedem von euch glatt zehn Millimeter mehr auf die Latte,« schrie Bill, ein Offizier. Heute spielten Dienstgrade keine Rolle. Heute war man einfach Mensch. Ohne Hierarchie.

Die Zuschauer konnten sich kaum einkriegen vor Begeisterung. »Die war früher Gärtnerin. Was die in die Hand nimmt, wächst«, kalauerte jemand über allen Lärm hinweg.

Lange wurde hingeschaut. Schiri Nr. 1 justierte seine Brille. Er bat den Kollegen um Hilfe. Auch Gaby kam bedrohlich nahe. Sie wollte den griechischen Zollstock durch den deutschen ersetzen.

»Nicht anfassen!«, schrie Hein erneut.

Da stand das Resultat fest.

»Ich bitte um Ruhe! Wir möchten das Ergebnis bekannt geben.«

Atemlose Stille. Als wäre plötzlich der Strom ausgefallen. Oder wie nach einem Schiffsuntergang ohne Überlebende.

»Na los, spuck's aus!« Die Menge wurde unruhig. Der Schiri machte es spannend.

»Das Ergebnis lautet 23,5! Und damit übertrifft Hein seinen Konkurrenten um ganze fünf Millimeter! Deshalb erklären wir Hein zum Sieger.«

Gaby riss die Arme hoch. Die Menge schrie ekstatisch. Die Griechen protestierten.

»Moment, Moment«, verkündete der Dolmetscher. »Länger heißt ja nicht größer. Und die Wette lautete ›größer‹. Das sieht ja ein Blinder, dass Cristos' Penis dicker ist. Wir müssen das Volumen messen, nicht nur die Länge.«

Unruhe breitete sich aus. »Verdammt noch mal – wie misst man denn das Volumen eines Penis?«

Die Schiedsrichter waren überfordert. Das gehörte nicht zu ihrem Alltagsjob. Normalerweise arbeiteten sie in der Kombüse oder im Maschinenraum.

»Grundfläche mal Höhe!«, wusste ich und vermeldete es laut. Immerhin hatte ich die mittlere Reife. Das sollte bei der Gelegenheit ruhig jeder erfahren.

»Wo hat denn ein Penis 'ne Grundfläche, du Backpflaume?« Die Schiris waren immer noch überfordert.

»Umfang durch Pi, ihr Blödis. Dann habt ihr den Durchmesser, also den Radius im Quadrat. Und Radius mal Radius mal Pi ergibt den Kreisinhalt, die Grundfläche.« Ich genoss meinen Starauftritt.

»Was Pi ist, können euch die Griechen sagen«, schob ich noch großzügig hinterher. »Das ist nämlich Griechisch. Pi steht für die Zahl Drei Komma vierzehn.«

Die Schiedsrichter zauberten einen Bindfaden auf die Bühne und versuchten, den Umfang zu ermitteln. Der Grieche protestierte.

»Nicht so stramm. Sonst stimmt das Resultat ja nicht.«

Selbstlos erbot sich Gaby, die Messung mit mehr Sensibilität durchzuführen. Es scheiterte an Heins Veto.

»Nimm die Finger weg von dem Kerl! Sonst kannst du mich in Zukunft mal.« *Was* sie ihn konnte, verriet er nicht. Aber klar war nun, in der Vergangenheit hatte sie ihn mal …

Da drängelte sich jemand nach vorn. »Ich habe 'ne bessere Lösung.«

Noch so ein Schlauer. Ich bekam Konkurrenz. So viele Studierte – das war ja rekordverdächtig, wie das Ding von Hein & Co.

Es war der stellvertretende Küchenchef, der da hoch über dem Kopf ein Fünflitermaß durch die Luft schwenkte. »Ruhe mal!«, befahl er. Augenblicklich trat Stille ein. Küchenchefs gehören zu den Offizieren. Da genügt ein Machtwort. Es ist Befehl. Auf einmal *doch* wieder Hierarchie.

»Wir werden das Maß jetzt gestrichen voll mit Wasser füllen. Dann legen sich die Kandidaten nacheinander auf zwei zusammengerückte Tische, die in der Mitte so weit auseinanderstehen, dass wir das Litermaß von unten über den herunterhängenden Penis stülpen können.«

Tosender Applaus. Das war nicht nur absolut korrekt und unanfechtbar. Das war einfach genial. Beide Aspiranten waren einverstanden.

»Diesmal fängt der Grieche an«, schlug der Koch vor. Der Südländer entledigte sich erneut seiner Textilien. Dann legt er sich über die Tische. Genau über den Schlitz.

»Na, wie gefällt dir die hölzerne Frau?«, schrie ein Landsmann voller Begeisterung.

Cristos' Teil hing neugierig gereckt Richtung Fußboden.

»Kannst du den Fußboden fühlen?«, wollte jemand wissen. Das Volk kreischte sich vor Vergnügen in Ekstase. Die Stimmung war nicht mehr zu überbieten. Der Koch machte sich an die Arbeit, die Schiedsrichter beschränkten sich aufs Sekundieren. Neid- und wortlos.

»Ihr seht, das Litermaß ist exakt gestrichen voll mit Wasser.«

Die Zuhörerschaft nickte gebannt.

»Jetzt stülpe ich es bis zum Anschlag über den Penis. Je mehr Volumen, desto mehr Verdrängung, desto mehr Penis. Ist das klar?«

Gesagt, gestülpt. Bis fest an den Körper. Wasser platschte aufs Deck. Dann wurde nachgeschaut. »425 Kubikzentimeter!«, verkündeten die Schiedsrichter durcheinander, aber einig. Gaby, das Erste-Reihe-Luder, bestätigte das Ergebnis. Ich wurde das Gefühl nicht los, dass sie selbst gern Litermaß gewesen wäre.

Tosender Applaus. Besonders von der griechischen Crew. Aber er galt nicht nur ihrem Landsmann, sondern auch dem Koch und seiner verblüffend praktischen Idee. Wohl keiner, der sich nicht heimlich vornahm, an sich selbst eine Messung vorzunehmen. Meine Idee mit der Grundfläche mal Höhe war längst vergessen. Meine mittlere Reife sicher auch. Alles Makulatur. Das unvergleichlich bessere Kabinettstückchen des Pragmatikers hatte mir die Schau gestohlen. Garantiert hatte die Litermaß-Nummer hier Weltpremiere.

»Jetzt bin ich an der Reihe«, meldete sich Hein. »Sonst wird er immer kleiner, und wir müssen den Wettkampf verschieben.«

Hein war richtig in Panik. Hatte er beobachtet, dass er den »Kürzeren« ziehen würde, alldieweil seiner der »dünnere« war? Sah er sein Stück Fell davonschwimmen? Hatte er einfach nur einen Minderwertigkeitskomplex?

Sein Blick suchte Gaby. Ihr betörendes Lächeln war schon fast unfair dem Griechen gegenüber. Die Erregungsröte in ihrem Gesicht brachte das Chemieblond besonders vorteilhaft zur Geltung. Zum Glück sah es niemand in dem Tohuwabohu. Vor allem kein Grieche. Und ich hielt die Klappe. Deutsche müssen zusammenhalten.

»Tauch ihn ein, Hein! Zeig's uns! Gib's dem Griechen!«

Hochstimmung vor der Explosion. Wie bei einer Fußball-Weltmeisterschaft. Siegesgewohnt bestieg Hein den Tisch und begab sich in die Horizontale. Triumphierend schaute er sich um.

»Drück aber richtig ran!«, beeinflusste er den Koch. Der ließ sich nicht beirren. Mit ruhiger Hand und beständigem Druck schob er das Wasser über Heins Lustzentrum.

»Uuh, das ist ja arschkalt. Wie soll ich denn dabei einen hoch behalten? Der schrumpft ja wieder.«

Der Koch ließ sich nicht aus der Ruhe bringen. »Halt die Klappe. Das ist Körpertemperatur. Genau wie beim Griechen.«

Das Maß wurde wieder abgenommen und gegen das Licht gehalten. Alle Schiedsrichter umringten das Gefäß. Das Wasser schwappte leicht hin und her. Als es sich beruhigt hatte, begann ein fieberhaftes Rechnen. Papiergekritzel. Konzentration. Schlagartige Ruhe.

»Alles mal hergehört!«, verkündete der Koch mit einer Stimme, als wäre er im Dienst. »Es waren 5000 Kubikzentimeter im Gefäß. Jetzt sind es noch 4620. Das heißt, Heins Penis-Volumen beträgt 380 Kubik. Das von Cristos war 425. Das sind genau 45 Kubik mehr als bei Hein. Damit erklären wir Cristos zum Sieger.«

Die Griechen kreischten vor Nationalstolz. So, als gebührte die Siegertrophäe jedem Einzelnen und nicht Cristos. Alle versuchten, ihren Landsmann zu umarmen.

Der Koch drängelte sich dazwischen. »Als Pokal überreiche ich dir diesen Zollstock und das Litermaß.« Er schüttelte dem Sieger die Hand. Die Griechen hoben ihren Mann auf die Schultern. Der stieß sich glatt den Schädel an der niedrigen Kabinendecke.

Mitten im Griechen-Pulk: Gaby, als einzige Deutsche. Fast wirkte es wie Landesverrat. Erneut erklang die griechische Nationalhymne aus vielen Kehlen.

Dann drängelte sich Hein durch die Menge. Sportlich schüttelte er Cristos die Hand. Mit der anderen griff er Gaby. Er flüsterte ihr etwas ins Ohr und drückte sie sanft, aber bestimmt in Richtung Ausgang.

Da sprang Martina auf den Tisch. »Alle mal herhören. Ich finde, es gibt zwei Sieger. Sie heißen Christos und Hein. Der eine hat den größten, der andere hat den längsten Penis. Wir Frauen finden alle beide toll. Es kommt immer darauf an, was man gerade lieber mag und wie jemand sein Werkzeug benutzt.«

Dieses Schlusswort lockte sogar Hein noch einmal kurz zurück an die Tür. »Danke, Martina!«

Aber dann war er endgültig weg. Gaby hatte ihn fortgezogen. Martina schloss Cristos in die Arme und drückte ihn mit ganzem Körper an sich. Der erwiderte den Druck.

Jemand schrie: »Alle Mann raus! Lasst die beiden allein.«

Der »Herr der Ringe«

Wenn man Umfragen trauen darf, träumen 89 % der deutschen Männer von einem größeren Penis. Sie setzen Größe mit Können gleich, mit Männlichkeit, mit Begehrtheit bei Frauen und machen ihr Selbstbewusstsein von Zentimetern oder gar Millimetern abhängig. Vor allem, wenn sie von Mutter Natur tatsächlich mit unterdurchschnittlichen Werten ausgestattet worden sind. Das heißt, wenn ihr maskulines Accessoire bereits unter der 17,5-cm-Hürde jegliches Wachstum eingestellt hat, während Körper, Einkommen und Wissen weiterwachsen. Und dass 17,5 die magische Grenze ist, weiß jeder BRAVO- und PLAYBOY-Leser. Dieser Wert gehört zur deutschen Allgemeinbildung, wäre eine Millionenfrage bei Günther Jauchs »Wer wird Millionär?«. Manche solcher Stiefkinder der Natur leiden dermaßen unter ihrer Wachstumsverweigerung, dass sie jedes Zentimetermaß aus dem Haus verbannt haben, um sich weiterer deprimierenden Selbstkontrollen endgültig zu entziehen. Wie ein dicker Mensch, der die Waage zum Sperrmüll stellt und sich mit dem Spiegelbild bei eingezogenem Bauch begnügt.

Kommt bei denen, die von Natur aus zu kurz geraten sind, noch hinzu, dass eine Frau eine Mängelrüge vorgebracht hat, dann brechen nicht selten Welten zusammen. Nur in Anfällen wahren Heldenmutes und bei ausgeschaltetem Licht wagen sie es noch, sich weiteren Frauen im Adamskostüm zu präsentieren. So auch Klaus-Dieter. Mit Bindestrich, bitte. Als ich noch für fremde Chefs arbeitete, war er mein Kollege in einem Betrieb in der Hamburger Innenstadt.

Seit er im Sportverein unter den Duschen erste Vergleiche anstellen konnte, war er davon überzeugt, vom lieben Gott stiefväterlich bedacht worden zu sein. Er hatte sich dem »Dr.-Sommer-Team« von BRAVO anvertraut und etwas Trost erfahren. Demnach war der seine nicht der einzige Zwergstummel. Es gäbe viel schlimmere Fälle, hieß es von dort. Es war die Rede von Männerschmuck, der sich dermaßen bescheiden und zurückhaltend gab, dass man ihn mit bloßem Auge gar nicht mehr wahrnahm. Solchem, der sich vor Scham geradezu zu verstecken schien. Unscheinbare Punkte auf normal entwickelten Körpern. Wie ein Pickel im Gesicht. »Zipferl statt Kipferl«, wie die Trosttante es formulierte. Aber das sei nicht entscheidend, wusste das BRAVO-Team. Es appellierte an die Zärtlichkeit. Damit könne man alles kompensieren. Dann könne sogar ein Mann mit einem »Punkt« als Penis noch punkten in der Frauenwelt.

Doch Klaus-Dieter war Pessimist. Es sollte Männer geben, die waren zärtlich *und* gut gebaut. Männlichkeit im Doppelpack gewissermaßen. Und überhaupt, was hieß schon »Durchschnitt«? Das bedeutete doch, dass es kleinere gab wie den seinen. Das bedeutete aber vor allem auch, dass es viele größere gab, die diesen Durchschnittswert bei Weitem überstiegen, bis in Sphären, die er nie und nimmer erreichte. Es war schier zum Verzweifeln. Trotz aller Anstrengungen vermeldete sein Zollstock nur schlappe 12,3. Da half es auch nichts, wenn er den Unterleib vorbog. Oder wenn er den Zollstock bis auf das Schambein gegen die Haut presste. 12,3 Zentimeter war das Maximum, das er je gemessen hatte. Seitdem verachtete er jedes Zentimetermaß. Um nicht zu sagen, er reagierte allergisch auf metrische Einteilungen. Lineale, Bandmaße, Zollstöcke ruhten in der Werkzeugkiste. Außerhalb seines Blickfeldes.

Wes' das Herz voll, des' läuft der Mund über. Diese Binsenweisheit traf auf Klaus-Dieter besonders zu. Jeder kannte sein Problem. Denn Klaus-Dieter sprach oft darüber. Gefragt und erst recht ungefragt. Er suchte Trost. Täglich und bei jedem. Er hoffte auf die Begegnung mit einem Schicksalsgefährten.

»Mach dich doch nicht verrückt«, tröstete ich ihn im Verbund mit meinen Kollegen. »Das Liebesglück scheitert doch nicht an 123 lausigen Millimetern. Die erogene Zone der Frau liegt vor allem vorne. An ihrer Eingangspforte. Da genügt mal übertrieben gesagt – ein einziger Zentimeter.«

»Oder ein kleiner Finger.« Das war Fabian, unser Magazinverwalter. Er war verheiratet und musste es wissen.

»Und überhaupt, wenn's drauf ankommt, genügen Gedanken, Küsse, Zärtlichkeiten.« Das war Timo, der Fahrer. »Oder die Zungenspitze. Und die hat nicht einmal einen Zentimeter!«

Nur selten gab es Momente gehobener Stimmung in Klaus-Dieters Leben. An einen erinnerte er sich sehr deutlich. Das war der Bericht eines Röntgenexperten. Er entdeckte ihn zufällig im Gratisblatt seiner Apotheke. Der behauptete steif und fest, dass jeder Penis im Moment der Ejakulation bis zu zehn Millimeter zu wachsen vermochte. So käme Klaus-Dieter immerhin auf 13,3 Hundertstel Meter. Wenn man es so formulierte, in Metern, eigentlich beachtlich.

So versuchte ihn ein jeder zu trösten. Eine Zeit lang taten wir das sogar gerne. Auch ich. »Das einzige Wort, das dich wirklich tröstet, kannst du dir nie selbst sagen«, kam ich ihm mit einem äthiopischen Sprichwort. Wir bewiesen kollegiale Geduld, Mitgefühl, Zuspruch und Trost. Sie waren Balsam auf Klaus-Dieters Seele.

Aber wie alle lindernden ätherischen Essenzen war auch der Seelenbalsam schnell verflogen. Momente der Hoffnung wichen unweigerlich erneuten Depressionen. Kummer dominierte die Lebensfreude. Vor allem dann, wenn Klaus-Dieter wieder eine neue weibliche Bekanntschaft getätigt hatte. Schon lange, bevor er die neue Flamme zum ersten Mal traf, waren wir längst und bestens informiert. Wir waren seine persönlichen Terminkalender. Nichts blieb geheim.

Jede neue Bekanntschaft, jedes Rendezvous lief nach festem Ritual ab. Klaus-Dieter gab sich nett und zuvorkommend und lieferte seine Auserwählten unversehrt und unberührt zu Hause oder an der Bushaltestelle ab. Manche der Damen mochten das als Respekt und männlichen Anstand gewertet haben.

Aber spätestens im Moment der Offenbarung gedieh die Situation nicht selten zu einem *Offenbarungseid*. Sein ausgeprägter Minderwertigkeitskomplex verdarb Klaus-Dieter manche hoffnungsvolle Situation. Er redete und redete, erklärte und entschuldigte. Verständlich, wenn manche Frauen sich als zu kurz gekommen fühlten. Eine muss besonders frustriert gewesen sein. »Du Stummelschwanz!«, hatte sie ihrer Enttäuschung Luft gemacht. Dann war sie geflohen.

Klaus-Dieter war zu bedauern. Aber nicht nur er. Auch wir waren zu beklagen. Denn erneut mussten wir sein Gejammer ertragen. Verständlich also, dass nicht jeder auf Dauer mitleidvoll reagierte.

»Kaninchen haben nur 22 Millimeter und sind dennoch sooo leistungsstark!«, hörte er einen zum andern sagen. Dabei taten sie auch noch so, als sei das rein zoologisch gemeint und ginge sonst niemanden etwas an. Schon gar nicht Klaus-Dieter.

»Das Einzige, was an dem Typen groß und ausgeprägt ist, ist sein Minderwertigkeitsgefühl«, schnappte er bei anderer Gelegenheit auf. Dabei hatten die gar nicht so unrecht. Er brauchte nur Worte zu hören wie »maßvoll«

115

oder »anmaßend« oder »Messlatte« – und schon bezog er das auf sich. Er grollte und saß den Rest des Tages stumm an seinem Arbeitstisch. Oder er schmiedete Reisepläne. Die aber laut.

»Nach Asien werde ich im nächsten Urlaub fliegen. Und zwar nach Thailand. Da sind die Frauen viel kleiner. Nicht nur von Körperstatur. Auch sonst. In den Ansprüchen zum Beispiel. Da kann man schon mit wenig viel bewirken. Ganz anders als bei den blassen deutschen Monsterfrauen mit ihren hohen Ansprüchen.«

Allmählich nervte Klaus-Dieter bis zur Unerträglichkeit. Das geriet besonders dann zur Peinlichkeit, wenn ein Neuer in der Firma anfing. Ein neuer *männlicher* Kollege, wohlgemerkt. Unaufgefordert übernahm Klaus-Dieter die Betriebsführung. Er stellte den Neuen den anderen Kollegen vor, erklärte den Tagesablauf, die Besonderheiten des Unternehmens und verbrachte die ersten Pausen mit ihm. Nicht sosehr, um ihm den schwierigen ersten Tag zu erleichtern. Nein, ihn bewegten Neugier und sein Mitteilungsdrang. Sobald ein erstes Vertrauen zu keimen begann, bot er das Du an. Dann ging's zur Sache.

»Lebst du allein in Hamburg? Hast du hier schon Freunde? Hast du eine Freundin?«

Und damit war man bereits beim Thema Nummer Nr. 1 und der unvermeidlichen Frage, auf die alles abgezielt hatte. »Wie lang ist eigentlich dein Penis?«

Klaus-Dieter wurde zum Albtraum. Wir schämten uns für ihn. Wir sannen auf Vergeltung.

Die Gelegenheit dazu bot sich eher als erwartet. Wieder hatte ein neuer Kollege seinen Dienst angetreten. Einer von uns hatte sich mit dem Neuen angefreundet. Deshalb konnten wir ihn mühelos einweihen. »Spätestens heute Abend wird Klaus-Dieter – das ist der da drüben – dich fragen, wie lang dein Penis ist. Wenn du ihm eine Freude machen willst, sag ihm zwölf Zentimeter, und tu noch so,

als wärst du stolz, so reich bestückt worden zu sein. Dann hat er endlich einen Leidensgefährten.«

Schon während der Mittagspause hatte Klaus-Dieter die Frage abgeschossen und harrte einer Antwort.

»Oder bin ich dir zu direkt?«, versuchte er eine Abmilderung. »Ich find es ganz natürlich, über so was zu sprechen.«

Der Neue druckste herum. Er ließ den peinlich Berührten raushängen. Erst ganz allmählich bequemte er sich zu einer Antwort. »Mag sein. Aber ich hab da Hemmungen.«

Klaus-Dieter lächelte verständnisvoll. Dem ging es ganz offensichtlich genau wie ihm. Endlich hatte er einen Leidensgefährten getroffen. Jetzt war Geduld angesagt.

»Aber du hast recht«, ließ der Neue nun verlauten. »Es ist nicht Scheu, es ist mehr ein Problem, weshalb ich darüber nicht reden mag.«

»Du musst ja auch nicht darüber quatschen«, heuchelte Klaus-Dieter, »ich meinte ja nur.«

Und dann sprach der andere. Zunächst zögerlich, scheinbar verklemmt. Und schließlich immer heftiger. Uns Lauschern blieb die Spucke weg. Die Arbeit wurde nur noch scheinbar verrichtet, die Ohren waren auf Empfang gestellt. Plötzlich hatte jeder in der Nähe der beiden zu tun.

»Wenn man da unten normal entwickelt ist, kann man gut und gerne darüber reden. Wie über 'ne Frisur. Aber bei mir ist das anders. Ich weiß nicht, wie ich das ausdrücken soll. Ich habe deshalb große Probleme mit Frauen.«

»Gerade dann ist es doch wichtig, wenn man sich mal ausspricht.« Klaus-Dieter traten die Augen aus dem Kopf, seine Adern schwollen, die Kiefermuskeln rotierten und verrieten höchste Anspannung.

»Mag sein«, druckste der andere erneut rum. »Aber wenn einem die Frau jedes Mal wegläuft, wirst du verstehen können, dass man seinen Kummer nicht an die große Glocke hängt.«

»Vielleicht haben wir ja ähnliche Schwierigkeiten. Kennst du den Spruch ›Geteiltes Leid ist halbes Leid‹? Also, Junge, quatsch dich aus. Ich kann mir schon denken, woran es bei dir liegt.«

»Puh. Fällt mir wirklich nicht leicht. Ich mag schon gar nicht mehr mit einer Frau intim werden, weil es immer wieder aufs Selbe rausläuft. Sie haben gar keine rechte Freude mit mir, wenn ich das mal so sagen darf.«

»Mir kannst du alles sagen. Eins ist ja schon klar: Du bist unzufrieden mit deiner Größe. Stimmt's?«

»Woher weißt du? Aber genau so ist es!«

Der Neue lächelte verzagt. Klaus-Dieter sah Licht am Ende seines Tunnels.

»Vielleicht hilft es dir, wenn ich einfach bei *mir* anfange. Meiner ist auch zu klein. Jedenfalls, wenn man Statistiken glauben darf. Und was habe ich schon alles versucht! Ich habe teure und monatelange Kuren mit That's-great!-Salbe gemacht. Und was war das Resultat? Null Millimeter! Dann habe ich mir Verlängerungen übergestülpt. Auch eine Fehlinvestition. Weder hatte ich dann Gefühle, noch fanden die Frauen das akzeptabel. Frauen wollen Fleisch und keinen Kunststoff. Oder?«

Der Neue lächelte gekonnt irritiert ob der Offenbarung. »Ach so ist das bei dir? Nein, da hast du mich missverstanden. Mein Problem ist genau gegenteilig. Was du zu wenig hast, habe ich zu viel. Meiner ist 29,8, also runde 30 Zentimeter. Damit verursache ich jeder Frau Schmerzen. Wenn ich in Form bin und mich richtig gehenlassen will, habe ich das Gefühl, dass ich sie aufspieße, spalte, auseinanderbreche. Verstehst du? Du glaubst gar nicht, wie ich darunter leide und was ich schon alles angestellt habe, um das zu ändern. Selbst eine operative Penisverkürzung habe ich in Betracht gezogen. Ich hab's dann aber gelassen, weil die Ärzte meinten, man könne mir zwar zehn Zentimeter herausschneiden – man könne damit sogar jemand anderem den seinen um die zehn Zentimeter verlängern –, aber sie konnten mir nicht garantieren, dass ich dann noch alles spüren würde …«

Der Neue erzählte plötzlich ohne Punkt und Komma. Erstmals war es Klaus-Dieter, dem es die Sprache verschlug. Alles hatte er erwartet. Von erbsengroß bis zum Mittelmaß. Aber ein solch elefantöses Teil, geradezu ein Rüssel statt Stößel – das machte ihn nur noch stumm. Kein Wort kam mehr über seine Lippen. Wenn der Typ ihn nicht beschwindelte, dann hatte man es hier mit einem Weltrekordmann zu tun. Einem Ironman der Liebe.

Der andere aber tat, als bemerkte er Klaus-Dieters Verwirrung nicht, und redete sich in Form.

»Ich hatte damals einen Freund. Der hatte nur 18 Zentimeter und litt sehr darunter. Der hat mir 10 000 Mark geboten, wenn ich ihm mein wegoperiertes Stück überlassen würde, um seins zu verlängern. Aber ich hab's gelassen. Du weißt ja: Not macht erfinderisch. Und ich habe, glaube ich, die beste Lösung für mich gefunden.«

Plötzlich hielt er inne. Lauschten die anderen? Sollte man nicht lieber in den Pausenraum gehen?

Und *ob* wir anderen lauschten! Noch nie hatten wir einer solchen Argumentation beiwohnen können.

»Nein, das macht nichts. Erzähl weiter!«, drängelte Klaus-Dieter.

»Aber behalt es bitte für dich. Erzähl es nicht den anderen. Kann ich mich darauf verlassen?«

»Na klar. Wofür hältst du mich?«

»Also dann. Jedes Mal, wenn eine Frau mich zum ersten Mal unbekleidet sieht, kriegt sie natürlich einen Schreck. Manche haben regelrecht Angst, sich mit mir einzulassen. Deshalb habe ich mir einen Penisverkürzer gebastelt.«

»Einen *was*? Einen *Penisverkürzer*? Ich habe ja schon viel gehört von allen Arten der Verlängerung. Aber von einem Verkürzer höre ich zum ersten Mal. Machst du dir einen Knoten rein, oder was?«

Klaus-Dieter war puterrot geworden vor geistiger Erregung. Er hatte keinen Blick mehr für uns. Längst hatten wir uns ganz nah herangepirscht. Auch Ute, unsere Filialleiterin, hatte sich dazugesellt. Jemand flüsterte ihr etwas ins Ohr, damit sie auf dem aktuellen Stand war.

Der Neue redete weiter. »Nun, das ist eigentlich ganz einfach. Es ist meine eigene Erfindung. Das ist ein Vollgummiring von zwei Zentimetern Dicke. Er ist stabil und trotzdem weich. Bergsteiger haben so was, um Handmuskeltraining zu praktizieren. Sie drücken ihn ständig zusammen, wie andere Kaugummi kauen, um die Kiefermuskeln zu trainieren. Solch ein Ring passt genau über meinen ›Freund‹. Wenn ich davon fünf Stück überwerfe, schauen letzten Endes nur noch 20 Zentimeter meines Gliedes hervor. Und das reicht den Frauen.«

Der Neue machte eine Pause. Ute war geschockt. Sie beugte sich an mein Ohr. »Das könnt ihr doch nicht machen. Der Klaus-Dieter tut mir leid.« Da fuhr der andere schon wieder fort.

»Inzwischen habe ich Gebrauchsmusterschutz auf meine Idee bekommen, und nächste Woche soll ich sie in Flensburg vorstellen. Beate Uhse will die Ringe in ihr Programm aufnehmen.«

Der Neue stand auf und machte sich wieder an die Arbeit; die Mittagspause war beendet. Klaus-Dieter saß wie versteinert. Wir schlichen davon, um nicht als Lauscher entlarvt zu werden. Nur Ute blieb da. Leise trat sie hinter ihn. Behutsam legte sie Klaus-Dieter ihre Hand auf die Schulter. Sie flüsterte ihm etwas ins Ohr.

Nie wieder hörten wir Klaus-Dieter seitdem auch nur ein einziges Wort über sein Thema verlieren. Vermuteten wir anfangs noch, ihn habe der Schock getroffen, wussten wir bald, dass sein Leben an diesem Tag eine Wende erfahren hatte.

Als wir zu seiner und Utes Verlobung eingeladen wurden.

Panik an Bord

Eine Vogelspinne mitten im Gesicht – so möchte ein Magazinheft das Titelfoto mit mir. Ich gehe zu Dr. Marske, Tropenarzt und Spinnenzüchter. Er hat so ein großes und außerdem noch dekoratives Tier. »Eine Rotknie-Vogelspinne, Brachypelma Smithi«, klärt er mich auf. Züchter reden gern lateinisch.

»Sie müssen nur ganz ruhig bleiben, nicht zucken. Ich dirigiere die Spinne mit den Holzstäbchen, wohin Sie sie haben möchten.«

Ich stehe vorm Spiegel. Im Gesicht die Spinne. Vor mir Marske mit zwei chinesischen Essstäbchen. Damit will er die Spinne dirigieren, wie es der Fotograf wünscht. Der steht hinter mir und ist aufgeregt. Er hat gelesen, Spinnen könnten zwei Meter weit springen. Das erzählt er bereits seit einer Stunde. Immer wieder. So, als wolle er damit sein zoologisches Wissen kundtun. In Wirklichkeit hat er Angst. Statt nah ranzukommen, um jedes Spinnenhaar einzeln auf den Film bannen zu können, geht er auf drei Meter Distanz und schraubt sich ein Teleobjektiv drauf. »Das ist nur, damit ich euch nicht im Wege bin.« Weil er zittert, nimmt er ein Stativ. Ich fürchte, das wird eine lange Session. Ausgerechnet der fragte mich vorhin noch, ob ich ihn mal mit in den Urwald nähme. Na dann Mahlzeit.

Die Fotos gelingen. Aber wir sind auch schon 45 Minuten zugange. Für ein Foto. Die Spinne hat keinen Bock mehr. Sie hat mir ihre brennenden Hinterleibhaare in die Augen gestoßen. Nun tränen sie. Außerdem hat sie sich mit ihrem dicken Zeh am rechten Augenlid eingehakt. Bergsteigermäßig.

Endlich hat der Mann sein Foto. Ich muss noch abwarten, bis das Tränen meiner Augen nachlässt. Marske nutzt das und erzählt mir eine Geschichte aus seinem Leben als Tropenarzt.

»Das liegt schon 'ne Weile zurück. 1961. Damals war ich auf der ›MS Habana‹ Schiffsarzt. Ein Kreuzfahrtdampfer, der Touristen durch die Karibik fuhr.«

Da er schon immer ein Faible für Schlangen hatte, hatte er sich zwei Schlangen mit an Bord genommen. »Sie waren gewissermaßen mein Statussymbol. Keine harmlosen Äskulapnattern wie die Wahrzeichen deutscher Ärzte, sondern zwei solide Buschmeister, Lachesis muta, hochgiftig, wie ich sie mir als Wahrzeichen eines Tropenarztes vorstellte.«

Aber auch aus Liebhaberei, zur Beobachtung, um interessierten Passagieren die Schlangenangst zu nehmen, als Prickel – es gab ein halbes Dutzend Gründe, sie zu halten. Und nie hätte er sich träumen lassen, dass er vor allem von diesem Prickel mehr als genug bekommen würde. Jedenfalls gibt es an Schlangen immer etwas Überraschendes zu beobachten, und gerade diese Spezies gilt auch heute noch als wenig erforscht. Sie lebt im nördlichen Südamerika und in Zentralamerika. Zwar im Regenwald, aber dort meist in den höher gelegenen Regionen. Sie mag es feucht, schwül, nebelverhangen und eher kühl und nicht zu warm. Alle diese klimatischen Bedingungen hat Marske seinen Tieren in einem großen, stabilen Terrarium geschaffen. Da gibt es eine kühle Zone und eine warme, es gibt ein Wasserbecken und Äste zum Klettern. Und es gibt ein großes Stück Korkrinde als Unterschlupf.

Das Terrarium ist abgeschlossen, fest mit dem Deck verbunden, damit es weder ein betrunkener Fahrgast noch ein Sturm öffnen, zerstören oder über Bord werfen kann.

Schnell entpuppt das Terrarium sich als die Hauptat-
traktion nicht nur des Schiffes, sondern sogar all dessen,
was man den Gästen zur Unterhaltung und an Ausflugs-
zielen bot. »Marskes kleiner Schlangenzoo«, hatte Kapitän
Lars Johannsen ihn getauft. Und er ist stolz, den Passagieren etwas bieten zu können, mit dem kein anderes Kreuz-
fahrtschiff aufwarten kann.

Für Interessierte hält Marske vor seinem Terrarium
dreimal täglich einen kleinen Vortrag über die Tiere.

Das Schild hinter der bruchsicheren Scheibe verrät, dass
der Buschmeister die größte amerikanische Giftschlange
ist. Sie kann eine Länge von knapp vier Metern erreichen
und wird nur noch von Asiens Königskobra übertroffen.
Die wird bis zu fünf Meter lang und kann sich Ehrfurcht
gebietend und schreckenerregend bis zu 170 Zentimeter
aufrichten. Auge in Auge mit dem Menschen gewissermaßen.

Das kann der Buschmeister nicht. Aber dafür ist er
schnell und meist unsichtbar. Trotz seiner Größe. Denn
der Buschmeister ist ein Tier, das erst abends auf die Jagd
geht. Es lebt von Nagetieren und Vögeln. Sein Biss tötet
die Opfer in wenigen Augenblicken. Den Menschen beißt
die Schlange nur in Notwehr, wenn dieser ihr versehent-
lich zu nahe kommt und sie sich angegriffen fühlt. Oder
wenn der Mensch sie fangen will und ihre Schnelligkeit
unterschätzt. Ihr Biss vollzieht sich schneller als ein ge-
konnter Faustschlag und kann aus dem Versteck heraus
bis auf eine Entfernung von 120 Zentimetern erfolgen.
Man soll ihn in der Dunkelheit wie einen Elektroschlag
empfinden und weiß oft nicht, von wo er gekommen ist.
Zubeißen und sofort wieder zurückschnellen, das ist ein
Vorgang von drei Zehntelsekunden Dauer.

Marskes Tiere sind noch nicht so groß. Das größere
Exemplar misst 260 Zentimeter, das kleine weniger als
einen Meter. Das überraschende Interesse der Passagiere

an seinem »Zoo« veranlasst Marske, mehr zu berichten als nur die zoologischen Eckdaten von Herkunft, Größe, Gefährlichkeit und Futter. Die Leute bleiben fasziniert stehen, wollen mehr hören und ihre Gänsehaut pflegen. Das können sie haben. Welcher Schlangenfreund könnte nicht mit den wahnsinnigsten Schlangengeschichten aufwarten? Also berichtet er, was die Einheimischen in Brasilien, Venezuela und Guyana sich von diesen Tieren erzählen.

»Die Einwohner nennen den Buschmeister die größte tödliche Gefahr ihrer Wälder. Kein Indianer durchstreift den Wald allein, aus Angst vor dem überraschenden Tod. In Brasilien, wo diese Schlangenart ›Surucú‹ genannt wird, sagt man – was natürlich Quatsch ist –, sie könne Feuer löschen. Es wird berichtet, sie würde Kühen und schlafenden Müttern die Milch abzapfen. Damit deren Babys nicht schreien, stecke sie denen den Schwanz als Nuckel in den Mund.«

Mit solchen Fabeln bereichert Marske sein Programm, erzählt aber auch aberwitzige Geschichten von anderen Schlangen aus anderen Teilen der Welt. Fast täglich wird sein Programm umfangreicher. Würde er Eintritt nehmen, könnte er davon leben.

»In ihrem Zorn sind Buschmeister geradezu unberechenbar. Da sollen sie die Fähigkeit entwickelt haben, ihren Schwanz in den Mund zu nehmen, ein Rad zu formen und mit Affentempo dem Gegner hinterherzurollen, bis sie ihn zur Strecke gebracht haben. Aber natürlich sind auch das Märchen. Was jedoch wahr ist, ist die tödliche Wirkung des Giftes. Wer von einem erwachsenen Tier einen vollgültigen Biss mit seinen dreieinhalb Zentimeter langen Injektionsnadel-Zähnen erhält, wird sterben. Sofern er kein Serum hat.«

Dann geht er zum Kühlschrank und berührt die Tür. »Für den Fall, dass mich eins der Tiere je beißen sollte, habe ich in meinem Kühlschrank das entsprechende Serum vorrätig.« Das wirkt beruhigend und bringt ihm jedes Mal ein anerkennendes Kopfnicken ein. »Umsichtiger Mann«, hört er es raunen.

»Wenn man das Serum nicht sofort injiziert, bewirkt das Gift, dass sich die Gefäße weiten. Sie lassen Blut ins Gewebe austreten. Das gebissene Glied schwillt dick an, schmerzt unvorstellbar, der Kreislauf bricht zusammen, Gerinnsel bleiben im Herzen stecken. Tod.«

Ehrfürchtig betrachtet ein jeder die Tiere. Kaum jemand vermag zu glauben, was man da hört, wenn man die beiden eleganten Tiere so ruhig und aufgerollt in der Ecke des Käfigs liegen sieht.

»Herr Doktor, ist eine gestorben?«, fragt ihn eines Morgens der erste Zoobesucher.

»Nein, wie kommen Sie darauf? Liegt dort eine, die tot ist?«

»Nein, weil ich nur eine sehe.«

Klar, der Typ ist mit Blindheit geschlagen. Oder seekrank bei Windstille. Oder aber das Tier liegt in der runden Korkeiche, denkt Marske und schaut gleich selbst nach. Denn bei der Größe der Tiere ist es schon ungewöhnlich, dass man eins nicht sieht. Doch wohin er auch blickt, es ist nur noch *eine einzige* Schlange im Käfig! Die andere ist wie vom Erdboden verschluckt. Weder unter der Korkeiche noch unter dem Humus. Verschwunden. Nirgends. In Luft aufgelöst.

»Ach, du liebe Zeit!«, entfährt es ihm spontan und unbedacht. Und das sind genau vier Worte zu viel. Schon ist der Passagier verschwunden.

»Die Schlange ist weg! Der Doktor ist richtig erschrocken. ›Ach, du liebe Zeit‹, hat er ausgerufen und ist ganz blass geworden«, verkündet er bereits unten im Frühstückssaal.

Marske ahnt davon nichts. Er zwingt sich zur Ruhe. Mit größter Akribie untersucht er jeden Quadratzentimeter, obwohl das Tier mindestens 1000 Kubikzentimeter Raum beansprucht.

Sehr schnell wird ihm klar: Das kleinere der beiden Tiere ist entkommen. Es ist einfach nicht da. Aber *wie* ist es nur entwischt? Die Tür ist verschlossen. Die Scheibe weist keinen einzigen Sprung auf. Es gibt weder Loch noch Spalt.

Es gibt nur zwei denkbare Fluchtmöglichkeiten: Entweder ist ihm das schnelle Reptil gestern Abend bei der Fütterung unbemerkt entwischt oder jemand hat sich den Schlüssel aus seiner Kabine »entliehen« und ihm einen üblen Streich gespielt. Es existiert nur *ein* Schlüssel für das Vorhängeschloss. Aber es gibt mindesten *drei* Schlüssel für die Kabine. Einen hat der Kapitän. Aber der kommt für so einen Streich nicht infrage. Zu stolz ist er auf »seinen« kleinen Zoo. Und viel zu ängstlich wäre er, um die Tür zu öffnen.

Der dritte Schlüssel befindet sich beim Ersten Offizier. Dort hängen alle Schlüssel zu allen Schlössern des Schiffes fein säuberlich in Reih und Glied im Schlüsselschrank. Der Offiziersposten ist rund um die Uhr besetzt. In jedem Notfall und zu jeder Zeit könnte man hier einen Schlüssel bekommen. Oder vorübergehend entwenden …

Aber mit dem Schlüssel wäre man nur in Marskes Arbeitszimmer gelangt; damit wäre noch längst nicht das Terrarium geöffnet. Und das ist einwandfrei in tadellosem Zustand, das Vorhängeschloss und die Glasscheiben unbeschädigt.

An die Fahrlässigkeit mit dem Entwischen bei der Fütterung mag er gar nicht denken. Bewusst füttert er immer erst abends nach der Dämmerung. Dann, wenn die Passagiere beim Dinner sitzen. Zwar wäre die Fütterung ein besonders aufregendes Schauspiel, die Krönung seiner Vorträge gewissermaßen. Aber aus Erfahrung weiß er, dass sich unter den Zuschauern immer wieder hysterische Personen befinden, denen das »arme Mäuschen« plötzlich leidtäte. Dann käme es zu Beschwerden, und die will er vermeiden.

Ein weiterer Grund für die Abendfütterung ist, dass die Tiere Dämmerungs- und Nachtjäger sind. Und diese Dunkelheit wird nun seine Hauptverdächtige. Nur da hat es passieren können. Dieser Moment ist der einzig denkbare Schwachpunkt. Anders ist die Flucht für ihn nicht erklärbar.

Sosehr er sich die gestrige Fütterung in Erinnerung zu rufen versucht, es bleibt ihm zwar schleierhaft, in welchem Moment er tatsächlich unaufmerksam gewesen sein soll. Er kann grübeln, wie er will: null Idee. Tatsache bleibt: Das Tier ist verschwunden. Und jede Schuld wird man ihm geben. Schließlich hat er die Buschmeister an Bord gebracht. Ein Albtraum beginnt.

Die Schlange auf dem großen Schiff wiederzufinden ist wie die Suche nach der Stecknadel im Urwaldhumus. Die Hoffnung, dass sie, plumps, über Bord gegangen sein könnte, ist verschwindend gering.

Inzwischen macht die Nachricht die Runde. Wohl kaum noch jemand an Bord, dem das Gerücht nicht schon brühwarm zugetragen worden wäre. Nichts anderes ist Gesprächsthema am Frühstückstisch. Das Tempo eines Wirbelsturms ist nichts im Vergleich zur Geschwindigkeit eines Gerüchtetaifuns.

Marske legt zu seiner eigenen Beruhigung und Ermutigung schon Serum und Spritze griffbereit. Im Notfall zählt jede Sekunde.

Dann strömen die ersten Neugierigen herbei, fragen aufgeregt. Konnten sie sonst nie nah genug an den Käfig herankommen, jetzt bleiben sie respektvoll oder ängstlich auf fünf Meter Distanz stehen. Marske gibt sich ruhig. Er sagt sich, dass die, die hier auftauchen, immerhin noch die Mutigeren sind. Schlimmer, das ist ihm klar, sind die, die

sich bereits in ihren Kabinen eingeschlossen und hysterisch nach dem Steward oder dem Kapitän gerufen haben.

Eine korpulente Frau lässt sich schlotternd in einen Liegestuhl auf dem Oberdeck fallen. »Ich werde keinen Schritt mehr auf diesem Schiff machen. Ich bleibe hier sitzen bis zum nächsten Hafen. Dann verlasse ich das Schiff. Vorzeitig.«

Hysterie steckt an. Bald sitzen bereits neun Personen eng zusammengerückt auf den Stühlen. Rundherum das übersichtlich leere Deck. Wie eine Insel im Meer. Da könnte man die Schlange auf jeden Fall rechtzeitig kommen sehen.

Jetzt ist auch Kapitän Johannsen in heller Aufregung. Nicht, dass er Angst vor Schlangen hätte. Ihn erschreckt die Hysterie der Passagiere. Marske hin, Marske her, letzten Endes ist er als Kapitän der Verantwortliche an Bord. Weder darf etwas passieren, noch darf sich diese Panik ausbreiten. Er eilt zu Marske aufs Oberdeck.

»Es wird eine Katastrophe, wenn die Leute in Havanna von Bord fliehen!« Die Angst steht ihm ins Gesicht geschrieben. Er bangt um seinen Job. Wollte er gestern noch den Zoo um ein paar Tiere erweitern, fragt er jetzt, ob so was behördlich überhaupt erlaubt sei. Wendehals, verdammter.

Not schafft Kreativität. »Ich werde die Leute in Havanna einen Tag lang auf Kosten der Reederei zu einem Bummel durch die Stadt einladen und in dieser Zeit das gesamte Schiff begasen lassen. Dann ist Ruhe. Sind Sie sicher, dass das Tier damit zu töten ist?«

Marske ist sich nicht ganz sicher, sagt dennoch ja. Er ist sich nur darin sicher, dass sich da unübersehbare Kosten und Folgen für ihn abzeichnen. Aber Begasung ist immerhin eine Idee. Sie findet gelegentlich auf Schiffen statt, um der Rattenplagen Herr zu werden. Dafür gibt es Profifirmen.

Um von den Kosten nicht in den Ruin getrieben zu werden, gibt es nur einen Ausweg: Die Schlange muss her. Egal wie, egal, wo sie gerade ist. Er könnte Fallen aufstellen. Aber erfahrungsgemäß kann es Wochen dauern, bis das Reptil Appetit verspürt und hineintappt. Hatte sie doch erst gestern noch gegessen. Bestimmt wird sie sich lieber von den Bordratten ernähren als von seinen weißen Mäusen. Dass sie dem Schiff auf ihre Weise nützlich sein könnte, mag er aber als Argument jetzt keinesfalls ins Feld führen. Man würde es als blanken Zynismus werten. Größer als der Nutzen ist auf jeden Fall die Gefahr. Umso dringender wird das Problem der Wiederherschaffung. Vielleicht sollte er in Havanna flugs an Land gehen. Es gibt dort einen regen Tierhandel. Mit etwas Glück findet er auch genau so eine Schlange. Dann würde er so tun, als habe er sie irgendwo wieder eingefangen. Bei diesem Gedanken wagt sich sogar der Anflug eines Lächelns auf sein Gesicht.

»Klar, dass wir Sie für die Kosten haftbar machen!« Dann ist der Kapitän schon wieder abgetaucht. Über Lautsprecher werden die Passagiere beruhigt, der Sonderausflug auf Kosten der Reederei in Havanna verkündet. Marske sieht sich bereits im Armenhaus.

Inzwischen sucht er das nähere Umfeld ab. Schlangen sind keine Langstreckenwanderer. Sie fliehen und suchen ein Versteck auf. Er schaut in alle Ecken, Winkel, kriecht auf allen vieren. Die Hände sind mit dicken Handschuhen geschützt. Seine Rechte umfasst die gummigepolsterte Astgabel, mit der er das Tier einzufangen gedenkt.

Nur noch wenige Neugierige schauen ihm zu. Was Marske besonders enttäuscht, ist, dass die Leute von seinen Vorträgen nichts gelernt haben. Warum sonst verhielten sie sich so konfus? Die wenigen Neugierigen belohnt er mit dankbarem Lächeln. »Wir werden den Ausreißer schon wiederfinden!« Einige helfen ihm sogar bei der Suche.

Kuba. Havanna. Der Ausflug.

Nie hat Marske Passagiere so gern und so schnell das Schiff verlassen und über die Gangway an Land strömen sehen wie heute. Fassungslos schaut er sich das Schauspiel an. Unten warten bereits vier Wagen mit der Aufschrift »Desinsectación«. Was das genau heißt, weiß er zwar nicht. Aber die abgeladenen gelben Blechtonnen mit dem Totenkopf und den gekreuzten Knochen darauf, die Kompressoren, die Schläuche, die Düsen und die vielen Männer in Schutzanzügen – sie sprechen eine unmissverständliche Sprache. Da erübrigt sich jeder Dolmetscher.

Er sieht den aufgeregten ortsansässigen Repräsentanten
der Reederei im Gespräch mit Kapitän Johannsen und
dem Chef der Kammerjäger. Zweimal kreuzen sich deren
und seine Blicke. Das Vorwurfsvolle erkennt er sogar über
die 100 Meter Entfernung.

Die Szene ist so unvorstellbar, dass er gar nicht weiß,
wie lange er so geschaut hat. Es ist seine erste Pause heute.

Ein Schreckensschrei reißt ihn zurück von der Reling.
»Da ist sie! Da ist sie!« Einer der mitsuchenden Passagiere
hat es gerufen. Laut und unüberhörbar trotz des Hafenlärms.

Wie von seiner eigenen Viper gebissen, schnellt Marske
herum. Jemand hat sie gesehen, und jetzt ist es eine Frage
von Zehntelsekunden, ob er sie fangen und das Drama
beenden kann. Oder ob es ihr erneut gelingt, sich auf
Nimmerwiedersehen zu verkriechen. Jetzt oder nie! Marske ist zu allem entschlossen. Selbst auf die Gefahr hin, in
der Hektik von ihr gebissen zu werden. Für diesen Fall hat
er das Serum.

Er blickt auf den Rufer. »Wo?«, schreit er aus Leibeskräften. Der ausgestreckte Finger weist auf das Terrarium.
Mit einem Satz ist Marske da. Noch hat er sie nicht gesehen. Weder auf noch unter, vor oder hinter dem Käfig.

»Wo?«, schreit er erneut. Sieht der Kerl eine Fata Morgana?

»Da, im Käfig!«

Tatsächlich! Da liegt sie. Als wäre sie nie fort gewesen.
Nur auffallend bewegungslos. Und schleimig.

Marske erkennt mit einem Blick, was geschehen ist. Die
große Schlange hatte die kleine offenbar gefressen. Das
hektische Durchwühlen ihres Behälters machte sie nervös.
Da hat sie ihr Opfer wieder ausgespieen.

Die Grüne Mamba

Mambas gehören zu den Schlangen, vor denen ich größten Respekt habe. Der Grund dafür liegt in ihrer extremen Reizbarkeit, der ungeheuren Schnelligkeit und der hochgradigen Wirksamkeit ihres Giftes. Vergliche man die Schnelligkeit eines Kobra- mit der eines Mambabisses, wäre das so, als würde man einen Trecker mit dem ICE vergleichen. Einem Trecker kann man entkommen. Einem ICE nicht.

Mambas verfügen, wie die Kobras, über ein Nervengift. Gerät es ins Blut, ist es in Sekunden im Gehirn und blockiert das zentrale Nervensystem. Der Körper verliert seine Koordinationsfähigkeit. Man will schreien. Aber die Zunge formuliert das Wort nicht mehr. Schon kurz darauf erhält die Lunge keine Atmungsimpulse mehr. Man erstickt. Nur das Herz schlägt noch einen Moment weiter.

Namibia. Eine Straußenfarm bei Grootfontein. Ein wunderschönes Anwesen.

Es ist heiß. Nur im Swimmingpool und im Schatten des gewaltigen Gummibaums lässt es sich aushalten. Das deutsche Besucherpaar schlürft Tee und blättert die alten Zeitungen durch. So lässt es sich leben. Orangen- und Zitronenbäume biegen sich unter der Last der Früchte. Bilderbuch-Afrika. Ein Buschmann-Junge sammelt die herabgefallenen Früchte ein. Hausherrin Thekla verarbeitet sie sofort zu Saft für die Gäste, die täglich zur Farm-Besichtigung kommen. Die Straußenzüchter-Familie lebt nicht nur vom Verkauf des Straußenfleisches, sondern auch von den vielen Handarbeiten aus Straußenleder und -federn. Und von einfacher Gastronomie: Eis, Getränke, Gebäck, belegte Brote. Südafrikanisch halt. Auch die beiden Deutschen sind Touristen. Sie haben sich nach der Führung durch die Gehege entschlossen, den Tag hier auf der Farm ausklingen und sich verwöhnen zu lassen. Thekla serviert selbst gemachte Mango-Obsttorte. Mit Schlagsahne. Die beiden genießen die Ruhe, bewundern die vielen Strauße in den angrenzenden Gehegen. Neugierig schauen sie herüber zu Annette und mir. Wir liegen abseits im Schatten und gönnen uns ein Nickerchen.

Der Terrier des Paares gestattet sich ebenfalls Ruhe. Er liegt in kurzer Entfernung im Schatten und ist ganz fasziniert von den quirligen Meerschweinchen, die sich in einem Freigehege soeben heftig vermehren. Es ist sehr geräumig, voller Büsche und alter, hohler Baumstämme und mit einem verwirrenden System natürlicher Bauten und künstlicher Rohre. Ein Meerschweinparadies. Da gibt es viel zu bestaunen, weil immer noch neue Tiere aus dem Gänge-System zum Vorschein kommen. Als die Nager es allzu wild treiben, springt der Hund auf. Er bellt, rast am Drahtzaun entlang, will rüberspringen, will mitmachen. Aber das geht nicht. Das Gehege ist auch oben mit Draht gesichert. »Gegen Greifvögel«, hatte Thekla erklärt. Ständig sieht man Milane am Himmel kreisen und auf ihre Chance warten.

Der Mann pfeift den Hund zu sich an den Tisch. Schließlich ist man hier zu Gast. Gutes Benehmen ist angesagt. Und außerdem kann ein Terrier schließlich nicht die Biologie auf den Kopf stellen und sich mit einem Meerschweinchen paaren. Der Hund gehorcht. Nur seinen Kopf legt er schief, signalisiert nach wie vor Interesse an dem wilden Treiben im Gehege.

Die Touristen widmen sich wieder ihrer Zeitung. Aber nicht lange, da werden sie erneut unterbrochen. Der Hund

134

ist aufgesprungen. Sein leises Knurren signalisiert Eingeweihten Gefahr. Beide blicken zum Tier und folgen seinen Augen, die schräg nach oben in den Gummibaum gerichtet sind. Die Nackenhaare sträuben sich, die Ohren sind auf Maximalempfang gespreizt. Das freudige Wedeln – wie eben noch bei den Nagern – ist einer völligen Starre gewichen. Das Knurren steigert sich. Alarmstufe I.

»Der hat was«, wissen Herrchen und Frauchen zugleich. Hören können wir sie nicht, aber so deuten wir ihre Unterhaltung. Schließlich kennen sie ihren Terry. Aber sosehr sie ihre Augen anstrengen und den Baum absuchen, es gibt nichts Auffallendes zu sehen. Rein gar nichts. »Platz! Setz dich!«, befiehlt der Mann. Der Hund gehorcht, jault, ist aber sofort wieder auf den Beinen. Erneut fixiert er das unsichtbare Ziel. Jetzt bellt er, stellt sich auf die Hinterläufe, springt hoch.

»Er meint nicht die Meerschweinchen. Da muss etwas im Baum sein«, vermutet die Frau.

»Pfui! Aus! Hierher! Platz!«, befiehlt Herrchen. Der Hund ignoriert ihn. Das verbellte Objekt ist stärker als die Stimme seines Herrn.

»Mein Gott! Eine Schlange! Siehst du sie?« Die Frau kreischt auf, springt vom Tisch zurück . »Da oben!« Erregt zeigt sie in die Blätter.

Das Reptil ist schwer zu erkennen. Es ist grün wie das Blattwerk des Baumes. Doch plötzlich bewegt es sich. Da bleibt es auch dem Mann nicht länger verborgen. Es zieht seine Körperwindungen dichter zu sich heran. Wie ein Bergsteiger, der sein langes Seil aufschießt. So hat es mit seinem Kopf alles unter Kontrolle. Offenbar ist es ebenso aufgeregt wie die Wesen da unter ihm auf der Erde. Hören kann die Schlange zwar nicht. Aber sie hat den sich wie wild gebärdenden Hund wahrgenommen, blickt herab. Sie züngelt, aber sonst sind ihre Körperwindungen zur Ruhe gekommen. Wäre da nicht die kurze Bewegung

gewesen, würde man sie immer noch für eine Liane halten.

»Da ist eine Schlange im Baum!«, ruft der Gast dem Hausherrn zu. Den hatte das aufgeregte Bellen des Hundes alarmiert. »Eine ganz lange, grüne.«

Der reagiert sofort. Ein Blick in den Baum hat ihm genügt.

»Das ist eine Grüne Mamba! Treten Sie schnell zurück. Ich hole die Flinte.«

Schon ist er verschwunden und nur wenige Augenblicke später zurück. Er entsichert die Waffe, legt an, drückt ab. Der ohrenbetäubende Knall schockt den Hund. Der quiekt erschrocken, klemmt den Schwanz zwischen die Beine, weicht drei Schritte zurück.

Es regnet Äste und Blätter. Dazwischen der sich windende Schlangenkörper. Er ist tödlich getroffen, aber er schlägt wild um sich. Wie ein Fisch an der Angel.

Wie von Furien gejagt, stürzt sich der Hund auf den blutenden Schlangenleib. Er verbeißt sich darin und schlägt sich das Reptil um die Ohren. Der Schlangenkörper verklemmt sich zwischen den Tischbeinen. Noch immer rieseln Blätter zu Boden. Der Farmer warnt.

»Pfeifen Sie den Hund zurück. Die Schlange ist immer noch tödlich, ihre Kiefer beißen wild um sich.«

Tatsächlich. Der Leib windet sich und peitscht hin und her. Man könnte denken, er sei unverletzt. Nur ganz langsam wird er ein wenig ruhiger. Die Leute treten näher. Jetzt, beim genaueren Hinschauen, der neue Schock. Es ist gar nicht die ganze Schlange, es ist nur der kopflose Hinterleib.

»Wo ist denn der Kopf?«, entfährt es dem Farmer. Er muss nicht weitersuchen. In genau diesem Augenblick fällt auch der Rest der Schlange zu Boden. Genau zwischen die Leute. Mit einem Satz springen sie zurück. Die Frau schreit auf. Der Hund will sie verteidigen. Ohne Zögern greift er an. Der einen Meter lange zuckende Schlangenleib macht ihn taub und blind für alle Kommandos.

Terrier sind unglaublich schnell. Es sieht aus, als hätte man den Hund an zwei grüne, unter Strom stehende Elektrokabel angeschlossen.

Wie von Sinnen und mit höchster Kampfeslust peitscht sich der Hund den sterbenden Vorderleib des Reptils um die Ohren.

137

Der Farmer springt beherzt dazwischen, versucht, den Hund mit dem Flintenlauf davon abzubringen. Er will ihn am Halsband ziehen, muss aber sofort loslassen, als der Schlangenkopf auch nach ihm schnappt. Mit Mambas spaßt man nicht. Ihr Biss ist absolut tödlich und meist augenblicklich wirksam. Vor allem, wenn kein Serum im Haus ist. Das Krankenhaus in Grootfontein, wo es Serum gibt, würde man nur als Leichnam erreichen.

Der Hund kämpft weiter. Ein Kampf ganz nach seinem Herzen. Terrier-Jagdfieber. Dann ein kurzes Quieken. Eigentlich sehr leise. Nur Eingeweihte nehmen den Laut wahr. Der heftig um sich beißende Kopf hat den Hund getroffen. Die aufgeregten, beinahe hysterischen Rufe des Frauchens verhallen im Kampfgetümmel. Die Wirkung des Giftes setzt augenblicklich ein. Der Hund jault, gewahrt schon Sekunden später nichts mehr von den Kommandos, will bellen, die Stimme versagt ihm. Er legt sich auf die Seite, atmet schwer, ringt nach Luft. Nur zwei Minuten später ist er tot.

Unter Erfindern

Karsten Brodthagen betreibt eine Tischlerei in einem Hinterhof in Hamburg-Altona. Wer den verwinkelten Hof durch die enge Hausdurchfahrt betritt, erwartet bestimmt eine kleine Holzklitsche mit Kreissäge und Leimtopf. Mehr scheint das Umfeld gar nicht zuzulassen. Krummes und schiefes Straßenpflaster, nie versiegende Regenpfützen, viele Hinweisschilder zu genauso vielen Firmen und windschiefe Mauern, die garantiert schon eingestürzt wären, wenn verantwortungsbewusste Graffiti-Sprüher sie nicht mithilfe der Klebekraft ihrer Farben immer wieder zusammengehalten hätten.

An manchen Stellen wagen kleine Birken und Weiden Fuß zu fassen, auf den Balkons flattert Wäsche zum Trocknen, Parkplätze sind genau zugeteilt, und außer einigen Katzen – und nachts Ratten – passt nichts mehr in diesen Hof. Altbau-Enge.

Besucher wissen um die Enge. Sie parken in entfernten Nebengassen und bewältigen den Rest zu Fuß.

Karsten Brodthagens Werkstatt liegt in der ersten Etage eines dieser Hinterhofgebäude. Das Firmenschild verrät »Röntgenmöbel nach Maß für Arztpraxen«. Darauf hat sich der Tischlermeister spezialisiert, nachdem mit herkömmlichem Holzgewerke nicht mehr genug zu verdienen war.

Röntgenmöbel – das bedeutet Tische, Schränke, Türen oder Trennwände mit dicker Bleischicht zwischen den Hölzern, undurchdringbar für jeden Röntgenstrahl.

Die Werkstatt ist sauber und modern wie eine Lehr-
werkstatt der Handwerkskammer. Das Gegenteil des Hin-
terhofs. Und nicht selten wurden angehende Tischlermeister von den Kursleitern der Handwerkskammer durch
Karsten Brodthagens Meisterbetrieb geführt.

»In der Spezialisierung liegt unsere Chance«, doziert
Brodthagen dann. »Wenn wir erst anfangen, gegen die Bil-
liganbieter anzukämpfen, vergeuden wir Zeit und Energie
und programmieren unser Ende selbst vor.«

Die Auftragslage ist gut. Bestellungen häufen sich. Viele
Kunden nehmen lieber etwas Wartezeit in Kauf, wenn sie
wissen, dass Meister Brodthagen und sein Geselle Gerd
dafür pünktlich auf der Matte stehen und eine staubfreie
Arbeit abliefern.

Es gehört zu Meister Brodthagens Geschäftsstrategie,
ganz bewusst sehr exakte Lieferzeiten zu vereinbaren.
Nicht »so um 9.00 Uhr« oder »morgen Vormittag«, sondern »wir kommen um 9.12 Uhr«. Pünktlich also, wie der
Intercity es gern wäre. Und tatsächlich. Wenn der Zeiger
auf 9.12 Uhr springt, drückt Karsten Brodthagen die Klingel und steht vor der Tür – und auch das nicht mit Akten-
tasche, Werkzeugkiste und Auftragszettel, sondern – Strategie Nr. 2 – mit Staubsauger und Staubtuch. »Kann ich
das schon mal abstellen?«, fragt er dann bescheiden. »Ich
versprach ihnen staubfreie Montage.« So was macht einfach Eindruck bei auf Sauberkeit bedachter Ärzteschaft.

Soweit die eine Welt des Karsten Brodthagen. Die andere ist eher die der Einsamkeit. Inzwischen ist er 46 Jahre
alt, und er ist immer noch ledig. Er sieht gut aus, ist gepflegt. Er besitzt eine Wohnung gleich neben der Werkstatt. Aber es gibt keine Frau, mit der er das, was er da auf-
gebaut hat, teilen kann. Nach Feierabend ist er allein.
Allein mit seiner Arbeit, dem Rechnungenschreiben, dem
Kalkulieren. Nicht, dass er abgeneigt gewesen wäre, Frau-
enbekanntschaften zu suchen. Da waren diverse Nachba-

rinnen, ihm freundschaftlich zugetan, da waren die zwei Bankkauffrauen, die sein Konto in ihrer Obhut hatten, und da waren Arzthelferinnen aus den Praxen, in denen er seine Möbel abgeliefert hatte. Angebote gab es nach eigenen Angaben reichlich. Wohl kein Besucher, dem er nicht von irgendeiner Verehrerin erzählte. Aber wer ihn länger kannte, fand bald den wahren Grund für seine Einsamkeit. Er ist zu schüchtern. Nie kommt es zu irgendwelchen Rendezvous. Die Treffen beschränken sich auf Begegnungen bei einer Tasse Kaffee bei Tchibo im Stehen.

Karsten Brodthagen hat Angst vor Frauen. Und damit das niemand richtig merkt, oder – was neulich schon wieder vorkam – ihn für schwul hält, kompensiert er das mit irren Geschichten. Und mit »Karstens Herrenabend«.

Den gibt es einmal im Monat, jeweils am vierten Donnerstag – zeitgleich mit der Sperrmüll-Abfuhr. Ohne persönliche Bekanntschaft oder Empfehlung bleibt einem der Zutritt verwehrt. Rechtzeitige Anmeldung ist Vorbedingung und empfehlenswert. Denn der Andrang ist groß und die Zuschauerzahl begrenzt. Der Kreis sollt nie größer sein als 15 Personen. Es gibt Wein und kaltes Büfett. Und es gibt Erotikfilme. Zwar kann sich eigentlich jeder daheim seine eigenen Filme reinziehen, aber hier gibt es jedes Mal völlig neue. Zu Hause hingegen sind es ja doch mehr oder weniger Wiederholungen, die nur noch dann Abwechslung bieten, wenn man sie rückwärtslaufen lässt. Außerdem ist man bei Karsten Brodthagen in bester und angeheiterter Gesellschaft Gleichgesinnter. Herrenabend der besonderen Art. Bei vorangeschrittener Stimmung kann es dann gelingen, den abgelutschtesten Filmstreifen zum oskarverdächtigen Welthit zu nominieren bzw. zu ergrölen. Das macht einen der Reize von Karsten Brodthagens Herrenabenden aus.

Noch tagelang nach diesen Abenden schwärmt Karsten von der Bombenstimmung, den super Filmen, den brillanten Ideen, die der eine oder andere spontan rausgesprudelt hat, und davon, dass es wieder »sehr spät« geworden sei.

Irgendwann werde auch ich mit einer Einladung »geehrt«. Ich bin rechtzeitig da, und trotzdem bin ich der Letzte. Alle anderen sind weit vor der Zeit eingetroffen. Mit Alkohol haben sie ihr Urteilsvermögen bereits relativiert, und der dicke Nikotinrauch wirkt auf die Filmszenen wie ein Weichzeichner-Effekt. Nur so kann ich mir erklären, warum alle Zuschauer unisono jede noch so dilettantische Szene in und unter den Betten mit dermaßen stimmgewaltigem Lob quittieren. Es ist eine Oscar-Preisverleihung ohne jegliche Gegenstimme. Die immer gleichen Pornoaktivitäten, die immer gleichen banalen textlichen Aufwertungsversuche, die immer gleichen Rahmenhandlungen: Lehrerin, Krankenschwester, Nachbarin, Kollegin. Reine Pornomechanik. Null Erotik. Das Einzige, was die Streifen voneinander unterscheidet, sind die Darsteller. Der Rest ist austauschbar. Hardcore-Gymnastik für Ausdauersportler.

Irgendwann entscheidet Karsten Brodthagen, dass es nun genug ist, und schaltet das Videogerät ab. Ich missdeute das als Aufforderung, den Abend zu beenden, und will mich aus dem Staub machen. Karsten hält mich zurück. »Jetzt wird's doch erst richtig spannend,« klärt er mich auf, »jetzt kommen die Erfindungen!«

Und dann hocken sie alle um einen großen runden Tisch und geben zum Besten, was ihre hormongesteuerten Gehirne da produziert haben. Ich komme mir vor wie bei Beate Uhses Brainstorming-Team. Genau so muss es dort zugehen. Anders kann es gar nicht sein. Beate Uhses Pioniergeist und Einfallsreichtum haben von Karstens Gesellschaft Besitz ergriffen. Die Kataloge des Flensburger Versandhauses liegen hier und da verstreut in der Wohnung herum. Jeder will auf dem Laufenden sein, und jeder ist bestrebt, die Ideen der Erotikhändlerin noch zu überbieten.

»Ich habe meiner Freundin eine Jeans geschenkt mit einem winzigen Vibrator im Schritt«, eröffnet jemand den Wettbewerb. Während sich jeder ausmalt, wie das wohl in der Praxis funktioniert, hat der Erfinder schon eine Jeans entrollt und führt sein Patent vor. Als Vibrator hat er eine elektrische Zahnbürste eingearbeitet und sie zweckentfremdet. »Der Knüller: Ich kann sie per Fernsteuerung anstellen.«

Hightechfreak Walther sieht den Tag nicht mehr fern, wo man alle seine erotischen Wünsche einem Chip anvertrauen wird. »Den trägt man dann implantiert im Körper und wartet auf den Moment, wo er Alarm schlägt, weil ein anderer Chipträger mit identischen Wünschen den Sendebereich betreten hat!«

Er kann den Applaus nicht lange genießen. Da will ihm ein anderer die Show stehlen.

Er stellt eine Figur auf den Tisch. »Was könnte das sein?«, fragt er die Runde.

Alle bemühen sich um eine Lösung. »Der Papst beim Kniefall vor der Klagemauer in Jerusalem!«, schreit einer. Die anderen lachen. »Eine Frau, die es von hinten möchte«, rät ein anderer. Die Figur selbst scheint neutral. Weder Männchen noch Weibchen. Zwitter halt.

»Fast richtig«, lobt ihn der Erfinder. »Ihr würdet es alle sofort wissen, wenn ich der Figur schon die Gesichtszüge und das typische Outfit gegeben hätte. Aber, wie gesagt, dies ist nur das erste Modell. Ein Grobentwurf. Das Prinzip ist aber schon voll funktionsfähig. Ich habe gerade Gebrauchsmusterschutz beantragen lassen.«

Als weiteres Raten der Lösung nicht näherkommt, lüftet er sein Geheimnis.

»Es ist ein Zigarrenabschneider. Ich glaube, das wird der Partyknüller schlechthin.«

Die Runde quittiert die Offenbarung mit gequältem Lächeln. »Wie kann ein Zigarrenabschneider ein Partyknüller werden?«

»Das will ich euch verraten. Die auf allen vieren kniende Frau ist nämlich Monica Lewinsky! Stellt euch vor, dass sie vor Clinton hockt, der auf einem Stuhl sitzt.«

Einige lachen spontan, als hätten sie nun etwas begriffen, andere lachen anstandshalber mit, um sich keine Blöße zu geben. So ganz haben sie den Knaller noch nicht begriffen. Sie erinnern sich, dass die Praktikantin Monica Lewinsky eine Affäre mit US-Präsident Bill Clinton hatte. Unter dem Druck von Beweismaterial musste Clinton zugeben, dass besagte Dame ihm im Oval Office sexuell zu Diensten gewesen war. Oral, wie es hieß und weshalb das

Oval Office fortan »Oral Office« genannt wurde. Bei den Liebesspielen soll auch eine Zigarre eine Rolle gespielt haben, die Monica ihm vorgewärmt hat. Mit ihrem Körper.

»Das ist also Monica Lewinsky. Die Figur wird ihre Gesichtszüge bekommen und das berühmte blaue Kleid tragen. Hier beim Modell ist es nur ein Stückchen Stoff. Nun kommt der Zigarrenraucher, hebt ihr den Rock hoch und steckt ihr die Zigarre von hinten in den Körper. Ihr seht, wenn ich den Lappen hier hochhebe: Die Beine sind gespreizt.« Neugierige Blicke und Gelächter belohnen seine Erklärung. Er dreht die Figur, damit sie jeder betrachten kann.

Genussvoll langsam führt er die Zigarre in den Körper. Aber nicht nur die Spitze, sondern ganz. Die volle Länge. Bis sie vorn bei Monis offenem Mund wieder zum Vorschein kommt. Sie wirkt wie aufgespießt.

»Natürlich kann man ihr die Zigarre auch in den Mund schieben. Von vorne.«

Er zieht die Nikotinrolle wieder heraus und steckt sie seinem Modell in den Mund. Bis sie hinten zum Vorschein kommt. Dann gibt er der Frau einen Klaps auf den Kopf und – ab ist die Zigarrenspitze! Abgebissen liegt sie auf dem Tisch.

»Das Gleiche kann sie übrigens auch mit ihren Pobacken.« Ein Klaps auf den Hintern bestätigt seine Worte. Monica Lewinsky kann man weder vorn noch hinten trauen. Zwei abgebissene Zigarrenkuppen rollen über den vom Gelächter bebenden Tisch. Das Freudengeschrei der Zuhörer bestätigt dem Erfinder, wie zielgenau er das Volksempfinden getroffen hat. Niemand unter den Gästen, der nicht sofort seine Bestellung tätigt.

»Das ist wirklich Wahnsinn!«, hört man einen durch den Lärm hindurch. »Die Erfindung macht dich zum Millionär.«

In all der Euphorie findet der Beitrag des nächsten Gastes kein Gehör. Zu sehr drängeln sie um Moni. Jeder will ihr eine Zigarre spendieren.

»Ich eröffne einen Puff!«, überschreit er den Lärm. Als ihm niemand zuhören will, klettert er sogar auf den Tisch und wiederholt seine Mitteilung. Einige haben seine Ankündigung vernommen.

»Ja, mach das, Alter!«, hört man einen Kommentar. Und »Gibt's doch schon, Alter«, einen anderen Zwischenruf.

Der Puffgründer lässt sich nicht aus der Ruhe bringen. Es scheint ihn nicht zu beeindrucken. Stur verteidigt er seine Position neben Monica Lewinsky auf der Tischplatte. Karsten Brodthagen lässt einen Gong ertönen. »Ich bitte um Ruhe!«

Und da steht dann Harry, ein älterer, an den Schläfen ergrauter Reisender und verkündet, er werde bald in Rente gehen. Und um die aufzubessern, habe er vor, sein gespartes Geld gewinnbringend anzulegen. »Nicht in Aktien. Sondern in Puffs. In Selbstbedienungspuffs!«

Jetzt ist es mucksmäuschenstill. Monica wandert zurück in den Aktenkoffer.

Aha, der Harry will also einen SB-Puff gründen. Soll das ein Witz sein? Oder denkt er an ein Etablissement, wo man es sich selbst besorgt? Wie sonst soll das zu verstehen sein, ein Selbstbedienungspuff? Neugier keimt auf.

»Lass hören!«, meint Karsten Brodthagen.

»Woher willst du denn die Pferdchen für deinen Reitstall nehmen?«, fragt ein anderer. Harry gibt sich überlegen. Die Männer ahnen, dass er etwas in petto hat. Das soll nicht nur ein Witz sein. Harry ist es Ernst.

»Ich werde nach dem Prinzip der Etap-Hotels arbeiten. Ihr kennt sie sicher. Das sind Container-Stapelhotels, die nur den minimalen Service bieten. Aber total korrekt. Nur mit Basisservice. Du kommst da an, bezahlst deine 49 Mark für die Nacht, kannst auch zu dritt dort pennen und hast in diesem Plastikzimmer Bett, Waschbecken, Handtücher und einen Fernseher. Es gibt aber nur eine gemeinsame Dusche pro Etagenflur und eine Toilette. Und morgens gibt es ein sogenanntes Süßes Frühstück. Das heißt, nur Brötchen mit Honig und Marmelade. Keine Wurst, keine Eier, kein Käse. Wenn du das Zimmer zu dritt mietest, wird der Preis deshalb nicht teurer. Es ist die billigste Übernachtungsart, die ich kenne. Und die Buden sind immer ausgebucht. Die Gäste sagen sich, dass ihnen das reicht, weil sie nachts sowieso die Augen zuhaben und keinen Komfort brauchen.«

Harry hält inne und gönnt sich einen Apfelsaft. Plötzlich ist es mucksmäuschenstill. Offenbar hat Harry tatsächlich eine besondere Idee.

»Und nach genau dem Prinzip will ich meinen Puff betreiben. Ich kaufe ein paar Plastik-Hotelzimmer-Container, die nur mit Bett und Waschbecken ausgerüstet sind. Natürlich auch mit Auslegeteppich und Kerzenlicht und so. Und für alle Zimmer gleich gibt's einen Erotikfilm. So viel zum Ambiente.« Genüsslich lässt er die anderen zappeln.

»Meinst du, da kommt jemand hin, weil du einen Pornofilm laufen lässt?« Walther fühlt sich auf den Arm genommen.

»Warte ab, mein Freund, lass mich doch mal ausreden! Ich sagte, das ist nur das Ambiente. Die Frauen gibt's bei mir vorne an der Kasse. Hinter mir steht die freie Auswahl schönster Frauen zur Ansicht. Alle aus Gummi und bereits aufgeblasen. Ich denke an zunächst mal zehn Stück. Zwar sind die Körper alle gleich, aber man kann wählen zwischen dick aufgeblasen und schlank aufgeblasen. Außerdem – und das macht den Unterschied – kann man wählen, was die Frisuren und das Parfüm betrifft. Am Perückenständer habe ich alle möglichen Haarfarben und

Frisuren. Auch die Busen sind austauschbar, und alle Körper sind auf Körperwärme aufgeheizt. Perfekt, sage ich euch. Fast wie echt. Dann klemmt man sich seine Puppe unter den Arm und geht aufs Zimmer. Anschließend werden die Kunststoffdamen gereinigt, desinfiziert und neu parfümiert für den nächsten Kunden.«

Der spontane Applaus bestätigt auch Harry, dass er eine Marktlücke entdeckt hat. Wie der Typ mit dem Zigarrenabschneider. Das hat Zukunft, das ist preiswert, ein Arme-Leute-Puff. Kein Nepp, keine Zuhälter, kein Nachfordern. Der Aldi der Erotikszene. Genial. »Aufpreis erhebe ich nur dann, wenn jemand eine Stöhnautomatik wünscht. Die Dinger sind noch zu störanfällig.«

Es kommt zu Diskussionen und Verbesserungsvorschlägen. Ich fühle mich wie in einem Arbeitskreis, der sich mit der Senkung der Arbeitslosenzahl beschäftigt.

»Wirklich preiswert, vor allem auch in der Wartung«, lässt jemand den Saubermann heraushängen. »Luftpumpe, Flickzeug, Sagrotan, Papiertuch und Duftspray – der Nächste, bitte!« Und ein anderer ist sich sicher, »dass du dein Puppenprojekt sogar Shop-in-Shop mit den Billighotels aufziehen kannst. Das passt doch ideal zu deren Plastikkammern!« Harry macht sich sofort Notizen in seinem Rentnerblock.

Allmählich legt sich die Aufregung. Einige machen Anstalten zu gehen. Heim zur Frau, heim ins Hotel, zurück in den Krawattenalltag der Reisenden.

Da meldet sich Karsten Brodthagen noch einmal zu Wort.

»Eine letzte Geschichte!« Er wedelt mit einem Brief hin und her. »Ich habe Post erhalten. Ratet mal, von wem!«

»Kennen wir die oder den persönlich?«

»Persönlich weniger, namentlich alle.«

»Der Papst!«, »Laetitia, die Französin!«, wird geraten.

»Nein. Aus Deutschland. Genauer gesagt aus Flensburg.«

»Ha, ich weiß, von wem! Vom Verkehrssünderamt!«

Großes Gelächter. Genau! Karsten hat Post von der Arme-Sünder-Kartei bekommen. Er ist zu schnell gefahren, und nun hat er Punkte kassiert. Doch der schüttelt den Kopf.

»Aber du bist verteufelt nah dran. *Verkehr* war schon 'n krasser Treffer.«

»Ich hab's!«, kreischt jemand wie elektrisiert. »Dann ist der Brief von Beate Uhse! Und ich wette, dass ich recht habe. Denn da oben gibt es ja nur das Verkehrsamt und Beate Uhse, die Mitbegründerin von Flensburg.«

Karsten schmunzelt. »Genau! Von Beate.« Noch einmal schwenkt er die paar Seiten Papier durch den stickigen Raum. So, als wären sie etwas ganz Besonderes.

»Diese Drucksachen kriege ich auch von Zeit zu Zeit«, gibt sich jemand enttäuscht. Karstens Schmunzeln verrät, dass es sich doch wohl um mehr handeln muss als um den neuesten Reizwäsche-Katalog. Und als endlich Ruhe eingekehrt ist, liest er vor:

»Sehr geehrter Herr Brodthagen,

wir wenden uns mit einer sehr speziellen und diskreten Bitte an Sie und hoffen sehr auf Ihre Mitarbeit.

Um die Qualitätsstandards unseres Hauses zu wahren und zu optimieren, unterziehen wir neue Produkte gründlichen Tests. Die meisten Tests finden in unseren Labors statt. Vor allem, wenn es um technische Funktionalität und Verschleiß geht.

Von Zeit zu Zeit werden uns von Lieferanten neuartige Kunststoffprodukte angeboten, welche die bisherigen an Gefühlsechtheit in den Schatten stellen sollen. Ein solches Produkt liegt uns jetzt vor. Es ist der Kunstpenis ›Intimus de Luxe‹, der laut Hersteller von einem echten kaum noch zu unterscheiden ist. Im Gegensatz zu allen bisherigen Produkten dieser Art zeichnet ›Intimus de Luxe‹ sich vor allem durch seine batteriegesteuerte Körperwärme, durch das täuschend gut gelungene Anfassgefühl, durch die Hautechtheit der Oberfläche und die phänomenale Duftstoffregulierung aus. Um aber nicht in alte Testroutinen zu verfallen, möchten wir den ›Intimus de Luxe‹ über die Labortests hinaus von einigen wenigen auserwählten Kunden prüfen lassen.

Dazu gehören auch Sie, sehr geehrter Herr Brodthagen. Sie sind langjähriger Kunde unseres Hauses, und dieses Angebot soll gleichzeitig auch ein sehr persönliches Dankeschön sein. Wir möchten Sie und Ihre Partnerin zu uns ins Haus in die Intimstudios einladen, um das Gerät in beliebiger Weise zu testen.

Sie sind uns aber auch allein willkommen. In diesem Falle wählen Sie Ihre Partnerin unter den beigefügten zehn Fotos selbst aus.

Beste Unterbringung in einer besonders gemütlichen Hotelsuite ist für uns ebenso selbstverständlich wie äußerste Diskretion. Und genauso selbstverständlich ist es, dass wir Ihre Zusammenarbeit großzügig zu honorieren wissen.

Sehr geehrter Herr Brodthagen, wir bitten Sie, uns auf beiliegendem Vordruck wissen zu lassen, ob wir mit Ihrem Besuch rechnen dürfen. Sie können auch anrufen. Ihre Sachbearbeiterin ist Frau Angelika Rotfink, Tel. 0461-5014 -6. Wir würden es sehr zu schätzen wissen, wenn Sie uns auch im Falle einer Absage benachrichtigen.

Mit besten Wünschen
Ihr
Innovations-Team aus dem Hause Beate Uhse.

Anlage: zehn Fotos«

Karsten Brodthagen lässt den Brief in seinen Testschoß sinken und harrt der Reaktionen. Die folgen auf der Stelle.

»Hast du zugesagt?«, »Ist der Brief echt?«, »Wahnsinn! Zeig mal her!«, höre ich sie aufgeregt durcheinanderfragen. »Soll ich für dich einspringen?«, »Geht das auch am Wochenende?« Karsten hat noch nicht geantwortet. Er lässt seine Kumpane weiterraten. Dann endlich lässt er die Katze aus dem Sack. »Natürlich hat mich das spontan gereizt. Allein, als ich die Fotos von den Mädels sah. Jede Einzelne würde mir da gefallen. Wirklich beste Sahne mit Kakaohäubchen. Aber dann hat doch die Vernunft gesiegt. Zwar heißt es hier ja ›Diskretion‹ – aber stellt euch vor, man wird dabei gefilmt. In der Branche kannst du niemandem trauen. Und plötzlich finde ich mich auf den Videograbbeltischen wieder.«

»Hey, du hast doch nur Schiss, soll ich für dich antworten?«, mischt sich der dicke Rudi ein. Er arbeitet in einem kleinen Stadtteilverlag und hat am ehesten Zeit für den Ausflug nach Nordfriesland. »Ich melde mich dann einfach unter deinem Namen.«

»Ich habe nicht Schiss. Aber ich kann mir als Tischlermeister, dessen Kunden angesehene Ärzte sind, nicht erlauben, plötzlich auch noch als Pornostar Karriere zu machen. Deshalb habe ich mich lieber entschieden, mich gar nicht zu melden. Schon schlimm genug, dass ich da in der Kartei bin und solche Angebote überhaupt erhalte. Aber ich fand, dass der Brief zumindest ein kleiner Beitrag wäre, der zu diesem Abend passt.«

Protestrufe von Rudi. »Du kannst einen so wertvollen Gutschein doch nicht verfallen lassen! Guck dir mal die Mädels an! Da würde ich mit jedem Einzelnen den Luxusstab testen.«

Karsten bleibt zurückhaltend. »Ob du den testest oder ich, bleibt egal. Der Test läuft unter meinem Namen.

Wenn er irgendwie mal auffliegt, dann heißt es, Tester ist Karsten Brodthagen, und nicht der dicke Rudi.«

Das beurteilen alle entschieden anders. »Du siehst ja Gespenster! Schließlich gibt es deinen Namen mehrfach in Deutschland. Und man sieht nicht dich, sondern Rudi.«

Rudis Chancen steigen vermeintlich. »Ich kauf dir den Gutschein ab. Wie viel willst du dafür haben?«

»Ich will für so was kein Geld.« Karsten lässt auf einmal den Ethiker raushängen.

»Abstimmen!«, ruft jemand dazwischen. »Und wenn du kein Geld nimmst, kann Rudi seinen Beitrag ja Rüdiger spenden. Für seine Yanomi-Indianer oder wie die heißen.«

Ich kriege lange Ohren. Dann hätte sich der Tag ja richtig gelohnt!

Das finden alle gut. Sogar Karsten. Rudi ist der bevorstehende Spaß einen Tausender wert. Ich nicke zustimmend.

»Ich gebe dir sogar zwei Mille, wenn es mir gelingt, mit versteckter Kamera diese Nummer in der Luxussuite zu filmen!« Applaus bestärkt ihn in seiner Idee.

»Waaahnsinn!«, schreien sie. »Und den Streifen zeigst du uns beim nächsten Treffen.«

In Hochstimmung verabschieden wir uns. Alle melden sich bereits heute für den nächsten Filmabend an. Auch ich.

Egal, wie der Deal endet: Das Geld werde ich nie sehen. Denn der Brief an Karsten war von mir. Mein Beitrag für den Herrenabend.

Der Geheimnisträger

»Der Vortrag ist restlos ausverkauft. Schon seit drei Wochen!«

Man merkt dem Bonner Buchhändler Bouvier einen gewissen Stolz an, als er mir das mitteilt. Mit seinem Anruf möchte er sein Glück auf mich übertragen. Es gelingt ihm.

»Das ist ja toll«, kriege ich raus und bin mächtig stolz. Schließlich ist es das erste Mal in meinem Leben und meiner neu gegründeten Vortragslaufbahn. Ich bin Anfänger und mit dem Bericht über meine erste große Expedition unterwegs: »Abenteuer am Blauen Nil«. Der Bericht erzählt vom ersten Fehlversuch, vom Erfolg beim zweiten Anlauf und endet mit der Ermordung Michael Teichmanns durch Räuber, der Flucht und der Ergreifung der Täter.

Kaum habe ich aufgelegt, mache ich bereits erste Hochrechnungen. Soll ich die Konditorei verkaufen? Soll ich mir eine neue Existenz mit Vorträgen und Büchern aufbauen? Soll ich mich nach einem Manager umschauen?

Auf jeden Fall finde ich es gut, mehrere Eisen im Feuer zu haben und nicht nur mehrere Brötchen in der Glut des Hamburger Backofens. Kaum kann ich den Auftritt erwarten.

Endlich ist der Tag da. Unsichtbar stolzgeschwellt betrete ich die Buchhandlung. Ganz bewusst gebe ich mich bescheiden. So, als hätte ich immer und allerorten ausverkaufte Hallen. Norddeutsch-hanseatisches Understatement.

Schnell folgt die Ernüchterung. Ist das da etwa mein Vortragsraum? Dann ist es kein Wunder, wenn alles im

Handumdrehen verkauft war. Da stehen sage und schreibe 60 Stühle im Zentrum des Ladens! Die Bücherregale hat man beiseitegeschoben und so einen begrenzten Freiraum geschaffen. Irgendwie sehr gemütlich und für eine Buchhandlung ideal. Aber eben nur klein. Die Enge erinnert unwillkürlich an Economyclass-Sitze der Fluglinien. Oder an Löffel in der Schublade. Oder an Sardinen in der Dose. Eigentlich an alles drei zusammen: gequetschte Sardinen, deren Dosen-Domizil löffelmäßig aneinandergefügt und dann im engen Fußraum und auf den Sitzen der Economy optimal gestapelt wird.

Eine Verkäuferin deutet meinen irritierten Blick richtig. »Das Problem haben wir leider jedes Mal. Man könnte das Mehrfache verkaufen, aber mehr als 60 Leute kriegen wir beim besten Willen nicht rein.«

Also auch das noch! »Jedes Mal« hat sie gesagt! Also ist es *immer* ausverkauft. Nicht nur bei mir. Sie setzt sogar noch eins obendrauf.

»Die Karten sind so begehrt, dass wir Kunden haben, die grundsätzlich zu *jedem* Vortrag kommen. Auch wenn er sie gar nicht interessiert. Eigentlich gelangen nur noch 30 Karten in den freien Verkauf.«

Ich nehme es betont gelassen. Ausverkauft ist ausverkauft, tröste ich mich. Wer fragt schon nach der Anzahl der Zuschauer? Wenn doch, könnte ich immer noch sagen: »Weiß ich gar nicht mehr so genau. Auf jeden Fall saßen sie auf Schößen und standen bis hinten.« Ich will mir die Illusionen vom Verkauf der Konditorei und einem eigenen Manager nicht versauen lassen von Zuschauern, die sich »jeden Vortrag« ansehen.

Der Vortrag beginnt. Ich bemerke sofort den Vorteil gemütlicher Atmosphäre in kleinstem Rahmen. Die Gäste sind aufgeschlossen. »Guten Abend, Rüdiger!«, von vielen Seiten. Es ist sehr persönlich. Ich fühle mich wie zu Hause.

Irgendwann ist der Vortrag zu Ende.

»Sind noch Fragen?«, ermuntere ich die Zuschauer, die immer noch klatschen und gar nicht aufstehen und gehen wollen. Doch dann kommen einige Fragen. Schließlich sind auch die beantwortet. Da hebt sich noch einmal ein Arm. Ein wenig müde, aber immerhin. Im gedimmten Licht erkenne ich, dass er zu einem jungen Mann gehört. Anfang 20. Viel mehr vermag ich nicht zu erraten, denn sein Haupt ist wild behaart. Allenfalls ahnt man zwei Sehschlitze. Die Haarpracht ziert und verdeckt alles: die Schultern, das Gesicht. Eigentlich könnte das auch eine Frau sein. Aha, denke ich: Eine Person also, die auch gern reisen würde, gewiss nach Absahnerart ohne Geld und auf Kosten der Bereisten, allenfalls mit Gitarre als Gegenleistung für Geschnorrtes. Jemand, der gut und gern im Freien übernachten und sich mit seinen eigenen Haaren zudecken könnte. Ich selbst hatte immer eher einen Mangel an Haaren und benötigte einen Schlafsack. Ein wenig beneide ich den Armheber. Wahrscheinlich will er wissen, was die Reise gekostet hat.

Da gewahre ich im Überfluss seiner Haare einen Mund. Er erinnert an einen Karpfen, der an der Wasseroberfläche nach Luft schnappt. Dieser Mund aber hat genügend Luft geatmet und sagt nun Bedeutendes.

»Ich fand deinen Vortrag sehr interessant.«

»Danke!«

»Lass mich doch mal ausreden! Ich fand ihn sehr interessant, weil du sehr gut verstanden hast, dich *positiv* darzustellen. Eigentlich genau, wie ich es erwartet hatte.«

»Danke! Das freut mich. Wie lautet denn deine Frage?«

»Die sage ich gleich. Du lässt mich ja nicht ausreden. Es geht um den Mord an Michael. Du hast etwas sehr Wichtiges verschwiegen.«

Die Zuschauer wenden ruckartig die Köpfe in seine Richtung. Da scheint etwas Spannendes zu folgen. Neugierig zucken ihre Blicke zwischen ihm und mir hin und her. Pingpong. Wie beim Tennis.

»Und das wäre?« Ich bin mir keiner Schuld oder Beschönigung bewusst.

»Vielleicht darf ich mich erst einmal vorstellen. Als Michael ermordet wurde, befand ich mich in Addis Abeba. Mein Vater arbeitete in der Deutschen Botschaft.«

Aha. Sohn eines deutschen Staatsdieners. Er outet sich als Insider. Da muss dann ja etwas besonders Kompetentes folgen. Die Spannung im Saal steigt. Sie überträgt sich auf mich.

»Ich wüsste nicht, was ich verschwiegen hätte.«

»Das kann ich mir denken. Was wollen Sie auch anderes sagen?« Jetzt siezt er mich also.

Er legt ein Päuschen ein. Auf jeden Fall versteht er es, die Spannung zu steigern. Kein einziger Zuschauer steht auf und verlässt den Raum. Gebannt starren sie ihn und mich an.

»Aber ich habe das schon vorher gewusst. Kein Sterbenswörtchen wird er darüber verlieren wollen, habe ich mir gesagt. Das würde ja sein Image als Survival-Held beschädigen.«

Arschloch, denke ich. Aber ich wahre Stil und sage: »Nun kommen Sie doch endlich mal zur Sache!«

Er gewährt uns ein dezentes, aber höhnisches Lachen. Es quält sich zwischen den Barthaaren hindurch in die Stille der Buchhandlung.

Dann die Bombe!

»Sie haben verschwiegen, dass bei der Fahndung nach Michaels Mördern 21 – ich wiederhole: 21! – Frauen und Kinder standrechtlich erschossen worden sind, um die Mörder zu fangen!«

Das Publikum erstarrt. Ich bin wie gelähmt. Selten im Leben war ich perplexer, nie so sprachlos wie in diesem Moment. Ich komme mir vor wie jemand, dem man einen

Mord anhängt und der keine Chance sieht, seine Unschuld zu beweisen. »21« hat er gesagt. Das hört sich wieder so authentisch an wie »Mein Vater arbeitete bei der Deutschen Botschaft«.

Bartmann nutzt die Stille. »Sie hätten es lieber gleich und ehrlich erzählen können. Stattdessen haben Sie geschwiegen. Der große Nehberg. Ha.«

Allmählich kehrt mein Verstand zurück. Dann auch die Sprache.

»Sie haben mich sprachlos gemacht«, gönne ich ihm einen kurzen Triumph. »Und für Sie, liebe Gäste, steht hier Aussage gegen Aussage, wenn ich Ihnen versichere, dass ich von so einem Vorgang überhaupt nichts weiß. Ich höre ihn zum ersten Mal. Ich war ohne Unterbrechung bei der gesamten Fahndung dabei. Ein solches Verbrechen hat es nie gegeben.«

Die Stille bleibt. Nur ein »Ppphhh« ist zu hören. Wie das Zischen aus einem Überdruckventil. Es ist dem Karpfenmund entwichen. Ich komme mir vor wie in der Falle von »Versteckte Kamera«.

Dann fällt mir noch etwas Entlastendes ein.

»Vielleicht glauben Sie mir eher, wenn ich Ihnen sage, dass während der gesamten Fahndung auch zwei STERN-Reporter zugegen waren«, spreche ich das Publikum jetzt direkt an.

Und dann, zum Bartträger: »Denken Sie wirklich, die hätten auch nur einen einzigen Grund gehabt, mich zu schonen und so etwas zu verschweigen? Für die Reporter wäre das doch die absolute Sensation gewesen.«

»Weiß ich, was Sie mit denen für einen Deal gemacht haben?«

Zustimmung heischend lacht er ins Publikum. Das ist nach wie vor irritiert. Zwar habe ich den Eindruck, dass viele geneigt sind, meiner Logik zu folgen. Doch einige sind noch unentschlossen.

Ich bebe vor Zorn. Ich möchte ihn mir schnappen, ihm jedes Barthaar einzeln und damit seine struwwelige Maske der Anonymität entreißen. Da fällt mir ein neues Argument ein.

»Wenn Sie das wissen, weil Ihr Vater in der Deutschen Botschaft tätig war, dann wissen es ja auch alle anderen Botschaftsangehörigen.«

»Natürlich ist das bekannt. Das weiß da jeder.«

»Und können Sie mir dann sagen, weshalb diese Staatsdiener mit ihrem Wissen um ein solches Verbrechen hinter dem Berg halten? Was muss das für ein Botschafter sein, wenn er diesen Massenmord verschweigt? Was haben Sie für einen Vater, der seinen Sohn vorschicken muss, weil er zu feige ist, damit selbst an die Öffentlichkeit zu gehen …«

Ich komme in Rage, bin stolz auf die Argumente, halte sie für überzeugend. Bartmann schwinden die Beweise.

»Greifen Sie nicht meinen Vater an!«

Unruhe im Publikum.

»Ihren Vater haben Sie ins Spiel gebracht, um Ihre Verleumdungen glaubhafter zu machen. Solch einen Vater in diplomatischen Diensten kann ich mir nicht vorstellen.«

Ich komme in Form. Eigentlich habe ich genug gesagt.

»Ich glaube, bei Ihnen ist eine Schraube locker. Sie sind geistesgestört.«

Der Junge ist krank. Ich will ihn ganz bewusst beleidigen. Hier, vor allen Zuschauern. Gern kann der Vorwurf öffentlich werden. Mit meinem reinen Gewissen und der Argumentation fühle ich mich jeder Anschuldigung gewachsen. Auch vor Gericht. All das saust mir mit Lichtgeschwindigkeit durch den Kopf.

Bartmann tobt. »Jetzt verliert er die Nerven! Ha.«

Dabei bin ich längst ruhig.

Ich merke, dass die Zuschauer auf meiner Seite angekommen sind. Sie murren. »Der spinnt doch«, höre ich. »Unglaublich, dieser Flegel!«, steht mir ein anderer bei.

Und ein Dritter fordert sogar seine Personalien. »Weis dich erst mal aus, wenn du hier solche Dinge in die Welt setzt!«

Einem anderen reicht es. Impulsiv springt er auf, giftet den Verleumder an. »Halt endlich deine Schnauze, und mach, dass du rauskommst, du Arschloch! Aber dalli!«

Er hat noch gar nicht richtig ausgesprochen, da flieht Bartmann in drei, vier Riesensprüngen durch die Ladentür ins Freie.

Ich atme auf, der Vortrag ist beendet. Die Leute gehen. Einige drücken mir die Hand. Sie leiden mit mir. Ich packe meine Gerätschaften ins Auto. Gerade schleppe ich den Projektor raus. Da tritt der Haarige aus dem Schatten einer Türnische. In der Hand ein Damenfahrrad, startklar.

»Und du weißt ganz genau, dass ich recht habe, du Mörder!«

Schreit's in die Nacht, schwingt sich in den Sattel und saust davon. Ehe ich den Projektor abgestellt habe, hat die Dunkelheit ihn verschluckt.

»Echt verrückt!«, beruhige ich mich.

Der Wildhüter

Tansania, Lake Manyara Nationalpark. Maggy und ich haben einen Wagen gemietet und einen Wildhüter angeheuert. Er heißt Steve, Steve Macacha. »Ich bin der Chief Game Warden hier. Ihr könnt mich einfach Stevy nennen.«

Das tun wir dann auch. Der Mann erweist sich schnell als kompetent, ein lebendes Zoologiebuch. Er weiß mehr über die auf Bäumen lebenden Löwen als die Löwen selbst. Er führt uns so dicht an die Elefanten heran, dass ich die Zecken in ihren Hautfalten sehen kann. Und er weiß genau, wo morgens eine Schwarze Mamba ihr Sonnenbad auf einer Baumkrone nimmt. Der Tag mit Stevy wird zu einem ganz besonderen Erlebnis für uns. Vor allem auch, weil wir gemeinsam mit ihm den Wagen immer wieder verlassen dürfen und zu Fuß durch den Busch gehen. Das ist sonst streng untersagt.

Irgendwann eine Rast. »Seit Jahren habe ich ein privates Forschungsprojekt hier. Ich erforsche, ob die verschiedenen Löwenfamilien sich untereinander vermischen. Oder ob sie streng getrennt leben.«

Wir sind beeindruckt, denn er kommt aus einfachsten Verhältnissen. Im Nachbardorf leben seine Frau und fünf Kinder. Sein Monatslohn reicht allenfalls für ein paar Kilo Reis. Mehr nicht. »Aber manchmal kriege ich Trinkgeld. So kommen wir über die Runden.«

Zwischendurch beobachtet er entfernte Löwen durch ein Fernglas. »Das ist mein wichtigstes Hilfsmittel. Hat mir eine Schwedin geschenkt.«

Während er das sagt, notiert er etwas in einem Heft. »Auch von der Schwedin.«

Sorgfältig verstaut er alles in seiner kleinen Stofftasche. Sie ist sein Büro. Auch von der Schwedin.

In der Tasche ein dünnes Schulbuch für Grundschüler. Er blättert darin herum. »Dieser Bericht über die Löwen ist von mir. Der Schulminister persönlich hat mich aufgefordert, ihn zu schreiben, damit die Stadtkinder etwas über Löwen erfahren.« Stolz lässt er uns darin lesen.

Maggy und ich stoßen einander an und beschließen, ihm von Deutschland aus ein nützliches Geschenk zu schicken. Und das tun wir: eine Reiseschreibmaschine, ein Reservefarbband, viel Kohlepapier (das Zeitalter der Computer war noch weit entfernt) und Schreibpapier. Und einen Stempel: »Steve Macacha, Chief Game Warden, POB 314, Lake Manyara Park, Tansania« steht darauf. Dazu ein Brief und ein Angebot. »Falls wir irgendetwas für Dich tun können, um Dein Löwenprojekt zu unterstützen, lass es uns wissen.«

Zwei Monate später die Antwort aus dem fernen Afrika. Nicht nur ein simpler Brief, nein, ein großes Päckchen. Federleicht.

Der Briefträger überreicht es uns mit ausgestrecktem Arm, die Finger sind weit gespreizt. Geste und Gesicht verraten Ekel. Kaum hat er seinen Fuß über die Türschwelle gesetzt, überträgt sich der Ekel auf uns. Das Päckchen stinkt nach Leiche. Und wer je Leiche gerochen hat, wird mir beipflichten, dass es kaum einen widerwärtigeren Gestank gibt.

»Da fallen sogar Maden raus!«, verleiht der Postbote seinem Ekel Ausdruck. Und tatsächlich: Sie rieseln heraus wie Zucker aus einer kaputten Tüte. »Meine ganze Tasche ist voll davon.« Dann flieht er.

Ich schnappe das Bündel und befördere es umgehend vor die Tür ins Freie. Gnädiger Wind mildert den Mief.

Der Absender ist sofort identifiziert. Es ist Steve Macacha. Auf allen sechs Seiten des Päckchens prangt unübersehbar mehrfach sein Stempel.

Ich öffne das Päckchen mit scharfem Messer. Zum Vorschein kommt ein Kadaver. Nur noch die Knochen und buntes Gefieder verraten, um was es sich gehandelt haben muss: einen bunten Vogel. Der Rest ist Verwesung und Maden. Kaum mag ich den beigefügten Brief anfassen. Auch er wird beherrscht von den Stempelabdrücken. »Dear Maggy, dear Rudiger …«, heißt es da. »Ja, tatsächlich hilft die Schreibmaschine meiner Arbeit ganz enorm. Es macht immer einen besseren Eindruck, wenn man wissenschaftliche Arbeit mit der Maschine schreibt und nicht von Hand.«

Als Ausdruck seiner Freude, seines Glücks und als Andenken habe er den beigelegten Vogel eigens für uns präpariert, damit wir ihn auf unseren Bürotisch stellen könnten und immer an ihn dächten.

Am meisten aber habe er sich über den Stempel gefreut und über unser Angebot, sich melden zu dürfen, wenn er einen weiteren Wunsch habe.

»Ja, ich *habe* einen Wunsch. Seine Erfüllung wäre für mein Forschungsprojekt äußerst wichtig. Bestimmt könnt ihr ihn mir problemlos erfüllen: Ich brauche einen Landrover. Schickt ihn am besten an meinen Bruder in Daressalam.«

Zurück zur Natur

Fax:

Lieber Rüdiger,

ich habe alle Deine Bücher gelesen und glaube, Dich zu kennen. Wir sind Wesensverwandte. Deshalb wende ich mich an Dich. Du bist meine letzte Hoffnung. Ich habe eine Idee, wie man die Erde wieder in den Griff bekommt und die menschgemachten Umweltkatastrophen ausgleichen kann. Aber nirgends stoße ich auf Interesse. Von der UNO habe ich nicht einmal eine Antwort bekommen! Auch Greenpeace will sich des Vorschlags nicht annehmen. Inzwischen kann ich mir denken, warum, so gnadenlos das klingt. Sobald nämlich auf der Erde wieder alles im Lot ist, wären die Damen und Herren »Naturschützer« (entschuldige die Gänsefüßchen) ja arbeitslos! Und wer will das schon sein? Also begnügt man sich lieber mit Scheinaktivitäten, Halbheiten, mit Reparaturen und ignoriert meinen Vorschlag. Kleckern statt Klotzen, Warten statt Taten. Dabei ist meine Idee so genial, dass ich keine Zeit mehr verlieren möchte mit der Umsetzung. Und weil Du ja auch schon oft sehr Ungewöhnliches wider den Verstand und alle Prognosen realisiert hast, wende ich mich an Dich, geistiger Bruder.

Hast Du mal einen oder zwei Tage Zeit, damit wir die Idee besprechen und eine Strategie ausarbeiten können? Gern komme ich auch zu Dir, wenn wir uns die Reisekosten teilen.

Mit freundlichen Grüßen und hoffnungsvoll
Dein
Gerrit Gehrmann (Name geändert)

Lieber Gerrit,

für »Verrücktes« (entschuldige die Gänsefüßchen!) bin ich grundsätzlich immer offen. Bevor ich mich jedoch festlege und mit Dir treffe, müsste ich schon mal ein wenig mehr über Deine Idee erfahren.

Viele Grüße
Rüdiger

Lieber Rüdiger,

genauso habe ich Dich eingeschätzt. Immer prompt. Du hast natürlich recht. Ein bisschen sollte ich Dir schon vorab verraten. Hier also ist meine Idee. Problemlos wären dann bald alle Urwälder im einstigen Zustand, die Meere wieder voller Fische, und die Wüsten könnten sich begrünen. Es entstünde ungeahnter Platz auf der Erde, und alle Geschöpfe Gottes könnten in Frieden nebeneinander existieren. Ist das eine erstrebenswerte Vision? Ich habe die einzig denkbare Lösung.

Du wirst mir beipflichten, dass die Wissenschaft heute sehr weit fortgeschritten ist. Man kann neue Pflanzen und Tiere züchten und Schafe klonen. Darauf basiert meine Idee.

Stell Dir vor, man würde die Rasse Mensch umzüchten ...

Aha, denke ich zwischen den Zeilen. *Mehr Gehirn, mehr Verantwortungsbewusstsein ...*

Neugierig lese ich weiter.

»Und zwar auf 30 Zentimeter Größe. Das müsste nach spätestens fünf Generationen geschafft sein. Weißt Du, was das bedeutet? Ein 30-Zentimeter-Mensch bräuchte kaum noch Nahrung und Platz. Von einer einzigen Banane könnte er eine Woche lang leben. Die riesigen Häuser und Städte wären dann zu groß. Man könnte sie abreißen und viel kleinere bauen. Die Äcker könnten um 90 % verringert und der Natur zurückgegeben werden. Der reduzierte Bedarf an Fleisch und Fisch würde zusätzlich helfen, die Fauna zu regenerieren. Autos könnten angepasst und verkleinert werden, Energiebedarf und Schadstoffausstoß würden entsprechend geringer, die Ressourcen der Erde würden für viele weitere Generationen reichen.

Habe ich Dich neugierig gemacht? Übernimmst Du nun die *gesamten* Reisekosten ☺?

Herzlich grüßt Dich Dein
Gerrit

Lieber Gerrit,

danke für die Idee! Ich gestehe: Du bist ein Genie. Verglichen mit Dir bin ich ein Trottel. Und ich schäme mich, weil Du Dich so in mir getäuscht hast. Da ähnele ich wohl eher Greenpeace und der UNO. Deine Vision zu realisieren, erfordert viel Energie, viel Überzeugungsarbeit. Die Zeit habe ich nicht mehr. Ich bin 70 und will die verbleibende Restzeit zur Erreichung meiner eigenen Vision nutzen. Das ist die Beendigung der weiblichen Genitalverstümmelung mit der Kraft des Islam. Bis hin nach Mekka. Nicht ganz so revolutionär wie Dein Ziel. Aber immerhin.

Dennoch möchte ich Dir weiterhelfen. Du kennst sicher das Buch von Jules Verne. Als er es schrieb, hielt jeder seine Visionen für Utopie, ihn selbst für einen Phantasten und Spinner. Heute sind seine Prognosen und Befürchtungen längst von der Realität überholt worden. Vielleicht magst Du ja auch ein Buch schreiben und Deiner Vision ein Gesicht geben. Science-Fiction kommt immer an, und bestimmt findest Du dann Mitstreiter in Wissenschaft und Politik, die sich Dir anschließen.

Ich wünsche Dir viel Erfolg!

Dein
Rüdiger

PS: Gestern Abend war ich mit Annette in einem Restaurant zum Essen. Wir unterhielten uns über Deine Idee und kamen uns ganz schön klein vor. »Wären wir nun auf 30 Zentimeter geschrumpft, könnten wir bequem *unter* den Stühlen hindurchgehen«, meinte sie.

In dem Moment kam ein Ehepaar mit Dackel herein. Wir haben uns richtig erschrocken, weil der Dackel dann ja fast so groß war, wie wir nach Deinem Zuchterfolg wären. Denk daran bei Deinem Roman. Denk auch immer an die Unberechenbarkeit des Menschen. Bestimmt findest Du Wissenschaftler, die alle Menschen verkleinern werden. Nur bei sich selbst werden sie eine Ausnahme machen wollen. Sie werden groß bleiben und dann alle anderen beherrschen. Idealer Spannungsstoff …

Verglichen mit seiner Obstkernidee gegen den Welthunger finde ich die meine viel Erfolg versprechender. Denn sie ist megaökonomisch, bedarf nicht des guten Ackerbodens, der Wässerung und der Insektenvertilgungsmittel. Sie könnte weltweit ohne Fürsorge in jedem Menschen gedeihen: der implantierte Bandwurm! Mit ihm als Partner im Leib könnte man sich von dem täglich abgestoßenen Teil des ständig wachsenden Proteinspenders ernähren. Das *Perpetuum mobile* der Ernährung. Survival total.

Der Umweltschützer

Mein Vortrag im Völkerkundemuseum in Hamburg: »Querschnitt durch ein aufregendes Leben.« Ich baue meinen Projektor auf. Annette arrangiert den Büchertisch vor der Leinwand. Ein Vortrag wie jeder andere. Zunächst jedenfalls.

Da kommt eine todschicke Lady in den Saal gerauscht. Die Eleganz in Person. Ein echter Hingucker. Kein Zuschauer, der sich nicht den Kopf nach ihr verdreht. Der weltbekannte Song »Lady in Red« würde auf sie passen wie maßgeschneidert. Denn alles an ihr ist rot. Von Kopf bis Fuß. Es sind nicht nur die Lippen. Denn die sieht man erst beim zweiten Hinschauen, als das Licht den Schatten vertreibt, den der fast metergroße Hut wirft. Würde er nicht gekrönt von einer roten Orchidee, könnte man meinen, ihr Hut sei ein kombinierter Regen- und Sonnenschirm. Das Rot setzt sich fort. Ein Samtband ziert den Hals und verleiht ihm etwas giraffenartig Anmutiges. Von der rechten Schulter des hautengen Minikostüms weht flatternd ein Seidenschal. Das Dekolleté wird mit Ach und Krach vom Bauchnabel und einem breiten Lackgürtel gestoppt. Ein üppiger Busen drängt sich gierig in die Freiheit wie Gummibärchen, die aus der Tüte ausbrechen möchten. Wahrscheinlich möchte er ebenfalls an meinem Vortrag teilhaben.

Hohe Stiefel hacken den Rhythmus ihres Schrittes unüberhörbar auf das altehrwürdige Parkett des Hörsaals. Bestimmt wäre auch ihr Parfum rot, wenn man es gestalten könnte wie einen Kondensstreifen oder ein fahrendes Rücklicht auf regennasser Straße.

Als wäre das nicht schon auffallend genug, trägt sie eine dunkelrote Rose von einem Meter Länge mit sich herum. Sie ähnelt eher einem Speer denn einer Blume. Wahrscheinlich hat sie die soeben von ihrem Lover bekommen und möchte das hier stolz kundtun. Warum sonst schleppt man so was Hinderliches mit sich herum? Am Vortrag scheint dieser anonyme Lover kein Interesse zu haben. Sonst wäre er mitgekommen. Womöglich wird sie mich gleich nach einer Vase fragen. Warum sie hier auftaucht, ist mir ein Rätsel. Ihre Anwesenheit kann nur auf einem Irrtum beruhen. Wahrscheinlich hat sie sich im Museum verlaufen. Ihr Typ ist mit meinen Vorträgen absolut nicht kompatibel. Sie gehört in eine Gala, auf eine Modeschau, nach Hollywood. Aber nicht in meinen Vortrag. Aber egal. Nun ist sie da.

Doch schnurstracks steuert sie genau auf mich zu, verneigt sich artig und schenkt mir wortlos die Rose und ein Lächeln. Wahrscheinlich will sie damit das Vasenproblem lösen, denke ich noch, als sie sich vorstellt.

»Hallo, Rüdiger. Ich bin die Nora.«

Die tiefe Stimme schafft Klarheit wie ein Kurzschluss. Nora ist kein Model und keine Schauspielerin, die sich hierher verirrt hat. Nora ist Transvestit. Nora ist mein jüngster Brief»freund« und ganz gezielt hier. Er/sie will TARGET unterstützen als Gitarrespieler/in an der Straße. Gut, dass wir abgesagt haben! Nicht, weil wir etwas gegen Transen hätten. Der Grund ist unsere Strategie, mit dem Islam als Partner gegen die weibliche Genitalverstümmelung zu arbeiten. Und da möchten wir alles vermeiden, das geeignet wäre, Misstrauen gegen uns »Fremde« und unsere Arbeit zu begründen. So dürfen unsere Ärztinnen in der Danakilwüste keine christlichen Symbole tragen. Nie würden wir ein lebendes Sexsymbol für uns werben lassen. Und das wäre eingetreten, wenn wir Nora gestattet hätten, für uns an der Straße Gitarre zu spielen.

Dabei fing alles ganz anders an. Nämlich mit einem Brief.

»Lieber Rüdiger«, war da zu lesen. »Zunächst darf ich mich vorstellen. Mein Name ist Nora Uppsala. Ich bin Journalist und Jurist. Ich möchte Dich als Mitstreiter für eine revolutionäre Idee gewinnen. Sie könnte innerhalb von wenigen Jahren den Hunger auf der Welt besiegen. Ich hoffe, ich kann Dich anstecken. Gemeinsam schaffen wir es.

Und hier ist die Idee: Wenn per Gesetz alle Menschen verpflichtet würden, die Kerne ihres gegessenen Obstes einzupflanzen statt sie wegzuwerfen, dann wäre der Planet im Handumdrehen ein blühender Obstgarten, und jeder hätte satt zu essen.

Was hältst Du davon?

Mit naturverbundenem Gruß
Nora Uppsala«

Kurz und knackig, zackig und bündig. Und alles sauber von Hand geschrieben. Grundsätzlich interessant. Und andrerseits eigenartig, widersprüchlich. Dem Namen nach könnte der Schreiber ein Schwede sein. Aber die Berufskombination »Journalist und Jurist« kommt mir sofort suspekt vor. Man ist entweder das eine oder das andere. Aber nicht beides. Und wieso schreibt ein Repräsentant dieses Genres den Brief mit der Hand und nicht per Maschine? Und warum schafft er es als Journalist nicht, seine Idee selbst zu publizieren? Wofür bedarf er meiner Hilfe? Ganz abgesehen davon, dass es der Erde nicht bekäme, wenn sie zum Obstacker monokultiviert würde. Aber grundsätzlich mehr Obst als bisher – das wäre diskussionswürdig. Doch ich bin der falsche Mann. Ich kämpfe mit meiner Organisation TARGET gegen weibliche Genitalverstümmelung und will mich nicht verzetteln. Wenn die Idee gut ist, wäre sie ein Fall für Greenpeace.

Also schreibe ich ihm entsprechend. »Herzlichen Dank für das Vertrauen … bin vollends ausgelastet mit meinem Projekt gegen weibliche Genitalverstümmelung … der falsche Ansprechpartner … besser aufgehoben bei Greenpeace … Brief dorthin weitergeleitet an meinen Freund Gerhard Wallmeyer … viel Erfolg …«

Der arme Gerhard! Während das Fax zum Büro an der Großen Elbstraße in Hamburg durchrattert, sehe und höre ich ihn bereits fluchen und schmunzeln zugleich. »Wann schickt Rüdiger mir endlich mal etwas Gescheites?«

Aber darauf kann er lange warten. Gescheites behalte ich für mich. Bei ihm entsorge ich Zweifelhaftes.

Nora Uppsala ist begeistert, dass ich ihm so konkret weiterhelfe. Postwendend habe ich einen weiteren Brief. »Auf Deinen Brief hin habe ich mir Deine Homepage angeschaut. Ich bin überwältigt und werde Dir ebenfalls helfen. Ich biete Dir an, für TARGET Gitarre zu spielen. Ich setze mich in Hamburg-Blankenese an die Straße, und alles, was die Leute spenden, geht auf Euer Spendenkonto. Schickt mir dringend Fahnen, Prospekte, eine Vollmacht und Spendendosen …«

Wieder spüre ich das gewisse Misstrauen. Journalist, Jurist, Gitarre an der Straße, Vollmacht, Fahnen, Spendendosen … Meine innere Alarmglocke schrillt.

Annette pflichtet mir bei. »Das können wir nicht machen. Wir kennen den doch überhaupt nicht. Nachher ist das einer dieser ungepflegten Weltverbesserer, der tätowiert und gepierct ist und mit nacktem Oberkörper für TARGET wirbt. Ein solches Schmuddelimage werden wir nur schwer wieder los.«

Damit ist der Fall für uns erledigt und wandert in den Ordner für Kurioses. Nicht erledigt ist er für Nora Uppsala. Nun sitzt er, pardon: sie, in meinem Vortrag. Als das Licht erlischt und niemand mehr zu ihr hinschauen kann, gleicht sie das sogleich akustisch aus. Immer im Mittelpunkt sein. »Bravo, Rüdiger!«, »Wahnsinn!«, »Ich bin ja so stolz auf dich!«, »Du bist ein richtiger Held!« Das gibt sie sehr lautstark von sich. Bis ein Zuschauer sie stoppt: »Halt endlich deine Klappe!« Schlagartig ist Ruhe.

Der Vortrag ist zu Ende. Applaus. Spontan springt Nora Uppsala auf ihre stiefelbekleideten Füße und verleitet auch andere dazu, ebenfalls stehend zu applaudieren. Dann schwebt sie hinaus. Ihr Seidenschal hinterher.

»Du wirst noch von mir hören. Ciao!«

Zwei Tage später ein dicker Brief. Din-A-4–Format. Er/sie wäre völlig begeistert von unserer Strategie, gegen die Verstümmelung mit der Kraft des Islam vorzugehen. Leider habe sie dem Flyer entnommen, dass wir keine *Mitglieder*, sondern nur *Förderer* aufnehmen. »Das müsst ihr dringend ändern. Hiermit stelle ich den Antrag für diese Änderung. Ich möchte Mitglied werden. Ich habe viel mitzuteilen!«

Genau das hätte uns noch gefehlt! Ausgerechnet dieser Paradiesvogel Nora! Gerade wegen solcher Dauerdiskutierer, Vetoeinleger und Sesselpupser haben wir diese Regel festgelegt. »Wer wenig zu sagen hat, sagt's lang.« Auf Nora würde diese Erkenntnis sicher zutreffen.

Dennoch hat sie den Anmeldeschein für Förderer ausgefüllt. Sie spendet nicht den Mindestbetrag von 15 Euro im Jahr, sondern 50. Allerdings mit einer Einschränkung.

»Bitte noch nicht abbuchen! Ich bin im Moment blank. Ich muss erst wieder anschaffen.«

Damit das Wort »anschaffen« nicht falsch interpretiert wird, liegt dem Schreiben eine Visitenkarte bei. Es ist die größte, die ich kennengelernt habe. Din A 4. Sie ist beidseitig beschriftet. Eine Seite in Deutsch, die andere in Schwedisch. Das obere Drittel ziert ein Foto. Und das erklärt alles. Da thront er/sie/es nackt im Schneidersitz, mit nichts als schönen Strapsen vor einem Gemälde. Und dieses Gemälde zeigt einen kräftigen Mann mit einem noch viel kräftigeren, erigierten Mannesstolz. Ein überdimensioniertes Phallussymbol. So gewaltig, dass es geeignet ist, von Noras Vorzügen abzulenken.

Der Text verrät, wo in aller Welt sie bereits in Travestie-Varietés aufgetreten sei, dass sie tanzen, singen und Gitarre spielen könne und beste Referenzen vorzuweisen habe.

Dazu ein langer Brief. Und der ist der Hammer schlechthin. Offenbar hat sie gar nichts vom Vortrag begriffen. Denn sie verflucht Allah in obszönster Weise, »weil er so etwas befohlen hat«.

Annette verschlägt's die Sprache, und das will was heißen. Deshalb spreche ich für sie. »Stell dir vor, wir hätten diesen Typen für uns an der Straße Gitarre spielen lassen!«

Dennoch antworten wir. »Herzlichen Glückwunsch! Du bist der Erste, den wir sogar als Förderer ablehnen. Deine Einzugsermächtigung geben wir Dir hiermit zurück.« Interessehalber haben wir alles kopiert.

Da haben wir etwas ausgelöst!

»Ihr habt was gegen Schwule«, schreibt er postwendend. »Und so was nennt sich Menschenrechtsorganisation. Ich werde zur BILD-Zeitung gehen.«

Ich antworte. »Einen größeren Gefallen kannst Du uns gar nicht erweisen. Dann können wir aller Welt klarmachen, dass wir Chaoten und Gotteslästerer wie Dich in unseren Reihen nicht dulden.«

Als wir weitere Pamphlete nicht beantworten, bedient er sich des Telefons. Als ordentliches Büro müssen wir abnehmen. Sobald er die erste Beschimpfung ausstößt, legt Annette auf. Er ändert die Taktik. Er meldet sich höflich, verstellt die Stimme, behauptet, Förderer werden zu wollen, Journalist zu sein, der über TARGET berichten möchte, bittet um irgendwelche Auskünfte – bis er dann wieder fluchend zuschlägt. Man kann manchmal gar nicht so schnell auflegen, wie er seinen Hass herausprudelt.

Doch Annette hat feine Ohren. Immer, wenn er am Apparat ist, hört sie im Hintergrund einen Wellensittich singen. Und wenn er und sein Wellensittich nun wieder anrufen, unter welchem Vorwand auch immer, legt sie wortlos auf. Das bringt Nora in Rage. Notgedrungen verlegt er sich auf nächtliches Vollquatschen des Anrufbeantworters.

Dann unerwartet eine Postanweisung. Der Briefträger händigt uns 50 Euro aus. Absender Nora Uppsala.

»Ab jetzt bin ich Mit-Glied« steht vielsagend auf dem Abschnitt. Umgehend überweisen wir ihm den Betrag zurück auf sein Konto. Abzüglich der Überweisungskosten. Verwendungszweck: »Typen Deiner Kategorie sind absolut unerwünscht!« Die Kontonummer kennen wir von seiner kopierten Beitrittserklärung als Förderer.

Nora tobt am Telefon wie ein Orkan. Seine Wutausbrüche sind so heftig, dass wir um den Anrufbeantworter fürchten. »Wer hat euch meine Kontonummer verraten? Das ist eine Verletzung des Bankgeheimnisses. Ich werde eine Detektei beauftragen, den Verräter herauszufinden. Und dann gehe ich mit euch notfalls bis vors Bundesverfassungsgericht. Und nicht nur ich allein. Ich habe den Dachverband der Schwulen und Lesben alarmiert. Ihr werdet euch noch wundern. Ganz Deutschland macht gegen euch Front.«

Darauf warten wir nun bereits zwei Jahre.

Wildschweinfang

Wildschweinfang mit der Hand. Das ist *ein* Programmpunkt in meinem Survival-Training für Hartgesottene. Natürlich nur »auf eigene Verantwortung«. Damit scheiden automatisch viele Teilnehmer aus. Und zwar die »Survival ja, Risiko nein-Typen«.

»Lass dir das unbedingt jedes Mal schriftlich geben«, hatte mich Burkhard, mein Freund und Rechtsberater, immer wieder ermahnt. »Dann leg das Dokument in den Safe, und erst danach darfst du das Training beginnen. Sonst wirst du im Fall eines Unglücks arm.«

Ich befolge seinen Rat, denn wer will schon arm werden? Ich jedenfalls nicht. Denn das weiß ich längst aus Erfahrung: Vorher reißen sich die Bewerber um die Trainings. Aber wehe, es passiert etwas! Da genügt ein Mückenstich. Spätestens dann beginnt bei manchen das Gejammer, und augenblicklich erstirbt der Wille zum Durchhalten. »Bist du sicher, dass das keine Malariamücke war? Bist du eigentlich versichert?« Weicheier, Warmduscher. Nicht die Kursusteilnehmer, von denen ich träume.

Dabei hatte sich doch alles so toll angehört, als man mein Angebot studierte, während es einem noch so saugut ging. Saugut in der geheizten Wohnung bei schummerigem Licht, mit vollem Magen, einer Flasche Bier und Erdnüssen. Vielleicht sogar noch mit einer lieben Freundin, einem lieben Freund an der Kuschelseite, während da vorne in der Glotze Silvester Stallone wieder mal um sein

Leben kämpft. Diesmal hängt er am letzten verbliebenen Fingernagel 500 Meter über dem Abgrund. Man beneidet ihn um sein Durchhaltevermögen, möchte mit ihm gleichziehen. Aber wer hat schon solche Muskeln, wer hat schon solche talentierten Doubles und so ein Trickfilmatelier hinter sich? Und wer hat schon einen solchen stählernen Fingernagel, der es locker mit jedem Bergsteigerhaken aufnimmt? Keiner. Übrigens auch nicht Silvester Stallone. Und ich schon gar nicht.

Aber nun liest man »Wildschweinfang mit der Hand«. Offensichtlich die Turbo-Nummer schlechthin. Gefährlich, unberechenbar. Schließlich gilt das Wildschwein in unseren Breiten als das letzte Urviech der Wälder, nachdem Luchs, Wolf und Bär bis auf wenige Ausnahmen wie »Problembär« Bruno in die Zoos abgewandert sind.

Die Nummer »Wildschweinfang mit der Hand« habe ich in Afrika gelernt. Da graben sich manche Jäger am Rande der Wasserlöcher ein, atmen durch ein Schilfrohr und warten auf die Tiere, die zum Wasser drängen. Es bedarf einiger Geduld. Aber irgendwann wird es schwer auf dem Kopf. Dann heißt es, kräftig zupacken. Und mit etwas Glück hat man eine Gazelle. Wer Pech hat, erwischt auch mal einen Elefanten. Den lässt man dann einfach wieder frei.

Ich hatte zweimal Pech beim Wildschweinfangen. Ich erwischte sie an den Vorderläufen. Da haben sie gebissen. Als Survivor macht man sich in dem Fall seine Gedanken. Die Fangmethode muss verbessert werden. Ein solcher Unfall darf mir nie wieder passieren. Und schnell habe ich die Lösung gefunden. Nie wieder hat mich seitdem ein Wildschwein gebissen.

Nachahmern und Kollegen gebe ich die Tricks gern preis.

Zum einen tauchen wir nicht mehr ganz ab. Wir schauen mit dem Kopf heraus, tarnen ihn mit Geäst und Laub. So kann man alles noch schemenhaft sehen, aber man

wird nicht gesehen und kann gezielt die Hinterläufe greifen. Das ist Verbesserung Nummer 1.

Verbesserung Nummer 2 aber ist das Entscheidende und zeugt von meiner Genialität: Ich fange nicht mehr selbst. Ich *lasse* fangen. Jawoll.

Zu den designierten Wildschweinfängerinnen gehört irgendwann auch Antje Burg aus Weiden. Ich mag Antje. Sie ist eine Kämpferin, die man nie vergisst. Als ehemalige Triathlonmeisterin und Hawaii-Ironwoman schreckt sie vor nichts zurück. Sie ist klein, blond, drahtig und willensstark. Wer die grazile Person sieht, bezweifelt, dass sie ohne Fahrstuhl in die vierte Etage gelangt. Dabei würde sie bei vierzig Stockwerken noch nicht einmal an die Halbzeit denken. Wenn andere längst aufgeben, fängt Antje erst richtig an.

Nie vergesse ich, wie sie bei den Kampfschwimmern in Eckernförde auf Anhieb und ohne Training in fünf Metern Tiefe 35 Meter Strecke machte. Das schaffen nicht einmal die Kampfschwimmer ohne Training. Geschweige denn ich. Ich brachte es beim ersten Versuch gerade mal auf schlappe fünf Meter.

»Die hat einen Tiefenrausch. Springt um Himmels willen rein, holt sie raus!« Der Ausbilder war von Antje völlig irritiert. Ich wette, sie hätte sonst noch zehn Meter mehr gemacht. Sie ist ein menschlicher Delfin.

Ich traue ihr auch beim Wildschweinfang alles zu. Bestimmt fängt sie nicht nur eins, sondern gleich zwei. Eins mit der linken, eins mit der rechten Hand. Dennoch warne ich sie.

»Vergreif dich nicht an der Bache! Die macht einen Satz und reißt dir die Arme aus dem Rumpf. Und pack auch die Jungen nicht an den Vorderläufen! Sie haben bereits Zähne und wissen sich zu wehren.«

Antje geht in Position. Ich streue Mais vor ihr Versteck, und irgendwann tauchen die Schweine auf. Die Kleinen voran. Der Wind steht günstig. Er weht von den Schweinen auf Antje zu. Die Tiere wittern nichts. Quiekend stürzen sie sich über die Köder. Die Bache folgt ihren Kleinen auf dem Fuße und schmatzt sich ebenfalls durch den Mais.

Antje liegt mucksmäuschenstill und wartet. Ich beobachte alles durchs Teleobjektiv. Das Muttertier schnaubt

und wühlt inzwischen einen Meter weiter. Die Kleinen sind allein und zum Greifen nahe. Aber sie stehen genau mit den Vorderläufen vor Antje. Sie übt sich in Geduld. Doch die Kleinen denken gar nicht daran, ihr das empfindlichere Hinterteil zuzudrehen.

Da will einer der »Überläufer« (so heißen in der Jägersprache die Halbstarken) ihr an den Kopfschmuck und das tarnende Gras vernaschen. Antje reißt der Geduldsfaden. Jetzt oder nie! Ihre Hand schnellt heraus, greift die Vorderläufe, begrüßt das Schweinchen. Das schaut ganz überrascht. Es scheint zu grinsen, als wolle es sagen »Ach, wieder mal Rüdiger mit einer neuen Trainingstruppe.«

Dann macht es einen Satz rückwärts, zieht Antje mühelos aus dem Sog des Loches. Antje hat Hunger. Antje hält fest. Da beißt das Schweinderl. Antje muss loslassen. Der Traum vom Schweinefilet ist ausgeträumt. Es wird wieder Fisch geben oder Kartoffelpuffer.

Da steht sie nun mit blutendem Handgelenk, schaut es unverwandt an und kann alles noch gar nicht so recht begreifen. Ich erwarte einen Spruch wie »Rufst du den Unfallwagen« oder »Bist du eigentlich versichert?«.

Stattdessen betrachtet sie weiterhin ihr Gelenk, lässt es bluten. Stolz schaut sie zu mir herüber. Sie lacht aus vollem Halse. Dann platzt sie raus mit der Sprache.

»Rüdiger! Das war in meinem Leben das Allerobergeilste!«

Für mich auch. Denn Antje lehrt mich, wie einfach es ist, eine Frau restlos zufriedenzustellen. Danke, Antje!

Die Aufnahmeprüfung

1955. Ich arbeite als Konditor auf der »Nea Hellas«, einem griechischen Passagierschiff mit viel deutscher Besatzung. Wir liegen im Hafen von Messina, Sizilien.

»Kommst du mit? Wir wollen in die Stadt gehen. Mark Malek muss seine Aufnahmeprüfung ablegen.« Mein Kollege grinst, als wären Prüfungen die nebensächlichste Sache der Welt.

»Was für 'ne Aufnahmeprüfung? Ich denke, er ist fest eingestellt.«

Ich kenne Mark. Er hat das Abitur, ist etwa 20 Jahre alt und vor wenigen Tagen in Athen als Offiziersanwärter zu uns gekommen. Wenn ich mich recht erinnere, hat er sich bei seinem Aufnahmetest gegen fünf andere Anwärter mit der Note »Sehr gut« durchgesetzt. Er war mit Abstand der beste Bewerber. Geistig also top, körperlich eher ein schmächtiges Bürschchen und noch recht schüchtern. Erst in seiner schicken Marineuniform macht er etwas her. Sie zaubert aus ihm nicht nur eine Amts- und Respektsperson. Sie täuscht auch Muskeln und einen traumhaften Body vor.

»Das stimmt. Von der Reederei. Aber heute muss er vor den Offizieren seine Eignungsprüfung ablegen.«

Aha, denke ich. Mark muss einen ausgeben. Oder sie wollen ihn kielholen. Das heißt, dann muss er im Hafen unterm Schiff hindurchtauchen. Irgend so etwas wird es wohl sein, denn mein Kollege kann seine Vorfreude kaum noch bändigen. Er macht mich neugierig.

»Okay, da komme ich gerne mit«, sage ich, frage aber nicht weiter nach und stelle mich wissend. Es macht sich nicht gut, keine Ahnung zu haben.

Wir hüpfen die Gangway hinunter zu den Pferdedroschken. Sie sind die Taxen für den Nahbereich.

»Diciassette! Siebzehn!«, sagt mein Kollege zum Kutscher. Keine Straße, kein Platz. Einfach Nummer siebzehn. Scheint offenbar jeder hier zu kennen. Auch der Kutscher. Er fährt ohne weitere Fragen los .

Es dauert nicht sehr lange, vielleicht 15 Minuten, da halten wir vor einem Haus. Es unterscheidet sich von den anderen, eher unscheinbaren durch zwei rote Positionslampen links und rechts neben der schweren Holztür. Sie sind aus Messing und blitzblank geputzt. So wie man sie von Schiffen kennt, um Backbord anzuzeigen. Aber *zweimal* Backbord – das machte den Laden zumindest auffällig.

»Il casino, Signori!«, höre ich den Kutschmann sagen, während er die Bremse festdreht. Mein Kollege zahlt. Wir springen auf den Gehweg. Auch andere Kutschen fahren vor und spucken weitere Kollegen aus. Manche von ihnen kenne ich schon. Sie sind alle in gehobener Stimmung.

Ich selbst bin enttäuscht. Ein Spielcasino ist wirklich das Letzte, das ich erwartet hätte, um eine Aufnahmeprüfung abzulegen. Glücksspiel ist einfach nicht mein Ding, war es noch nie. Weder Würfelspiel noch Kartenspiel. Und schon gar nicht Roulette. Wenn schon Spiele, dann solche ehrlichen wie Schach und Billard, wo es ausschließlich auf Leistung ankommt.

Ich überlege, ob ich mich noch ganz schnell davonstehlen sollte, bevor ich mir den Abend versaue. Da wäre eine Nacht mit Tintenfischfischern bestimmt interessanter. Aber noch ehe ich den Gedanken zu Ende denke, werde ich vom Strom der Männer mitgerissen und in das Etablissement hineingedrängt.

181

Sofort wird mir klar, dass ich mein Vokabular schlecht gelernt habe. Casino heißt Bordell, und casinò – Betonung auf der letzten Silbe – ist das Spielkasino. Hier sind wir also im Bordell. Die roten Positionslampen bekommen plötzlich einen Sinn. Schlagartig bin ich hellwach und neugierig. Das scheint ja eine interessante Aufnahmeprüfung zu werden.

Es scheint eine geschlossene Gesellschaft zu sein. Der ganze Empfangsraum ist vollgestopft mit deutschen Seeleuten, vor allem den Offizieren. Wir gemeine Mannschaft machen mal gerade fünf Personen aus.

Eine überschminkte und gewichtige Empfangsdame fährt zwei Holzwände auf leisen Rollen beiseite und öffnet so den Zugang zu einem weiteren Saal. Jetzt ist reichlich Platz für alle. Gemütliche Sessel laden zum Sitzen ein. Es wird Sekt gereicht. Da er nichts kostet, greifen wir zu. »Mark bezahlt alles«, ermutigt man mich.

Plötzlich öffnet sich ein Vorhang und gibt den Blick auf mehrere Frauen frei. Sie sind fast unbekleidet und stehen in diffusem Rotlicht und Tabakqualm. Eine blaue Leuchtstoffröhre lässt die Hemden der Offiziere blütenweiß erscheinen. Bei den Frauen reflektieren vor allem die weißen Zähne.

Als leise Musik einsetzt, beginnen sie sich teils anmutig, verführerisch und rhythmisch, teils gelangweilt, plump und müde zu bewegen. Ihre Blicke fixieren vor allem einen Sessel. Er steht direkt vor der Bühne. Ich schaue genauer hin und entdecke darin Mark. Er kauert sich ganz klein zusammen.

Das Ehrentänzchen ist für ihn. Er schaut zu den Frauen, blickt zaghaft in die Runde. Einige Offiziere klatschen. Mark nicht. Irgendwie scheint er des Lebens nicht recht froh. Er, der ja ohnehin nicht sehr groß von Statur ist, windet sich beklommen in seinem Polster, scheint sich förmlich darin zu verkriechen. Selbst seine schnieke dunkelblaue Uniform schafft es bald nicht mehr, ihn vor dem Staturverlust zu bewahren.

Je kleiner Mark zusammenschrumpft, desto größer wachsen die anderen Besucher über sich hinaus. Der Sekt ist ihnen dabei eine spürbare Hilfe. Stimmung und Qualm nehmen zu. Sie grölen, klatschen, stampfen und versuchen ihn zu ermutigen. »Na los, du Feigling!«

Aha. Soll er mit einer von ihnen tanzen? Muss er zum Einstand einen Ehrentanz hinlegen?

Mein Kollege klärt mich auf. »Er muss 'ne Schaunummer machen.« Jetzt bin ich hellwach.

Eine recht attraktive Frau setzt sich auf Marks Sesselkante, kuschelt sich an ihn, prostet ihm mit ihrem Mineralwasser zu. Sie hat einen tiefbraunen Teint. Ihre Gesichtszüge sind fein und edel. Sie wirkt exotisch, vielleicht indisch, ist jedenfalls keine Italienerin.

Wie zufällig legt sie ihre freie Hand auf seinen uniformierten Oberschenkel. Wegen der braunen Hautfarbe fällt das kaum auf, wären da nicht ihre perlmuttfarbenen, gepflegten Fingernägel. Sie heben sich deutlich auf dem dunklen Tuch ab. Sie wirken wie fünf silberne Uniformknöpfe, die an der falschen Stelle angenäht wurden.

»Schnapp sie dir!«, ermutigen ihn die Kollegen und wollen sich ausschütten vor Lachen.

Mark scheint das nicht zu hören. Man spürt, er möchte lieber fliehen, als schnappen. Wie tot liegt er in seinem Sessel. Wir können die Zurückhaltung nicht recht verstehen. Jeder von uns würde die Zärtlichkeit erwidern, die schlanken Finger mit den silbernen Knöpfen in irgendeine gewünschte Richtung lenken. »Na los, Mark!«

Ganz tot ist er offenbar doch nicht. In Zeitlupe bewegen sich seine Hände. Sie streicheln ihre langen schwarzen und seidigen Haare, die wie ein Vorhang sein Gesicht und den Oberkörper verdecken. So bekommt man nur schemenhaft mit, dass sie seine Krawatte lockert, das Hemd öffnet.

Mark erstarrt erneut. Seine Hände halten inne, während ihre Hand ganz langsam über seine haarlose Brust fährt. Er schwitzt. Der Sekt, kaum getrunken, tritt augenblicklich aus allen Poren seines Gesichts und lässt es glänzen. Die Hand wandert tiefer, unter seinem Gürtel hindurch. Bewegungslos versinkt Mark in der Tiefe des Polsters. Man könnte meinen, er genieße die Streicheleien, gäbe sich ganz dem Gefühl der Wonne hin, wenn da nicht die schreckensgeweiteten Augen wären. Erbarmungslos werden sie vom Blaulicht widergespiegelt. Vielleicht ist es das erste Mal, dass eine Frau ihn so berührt; vielleicht fürchtet er um seine Knabenschaft. Ich kann mir seine Passivität nicht erklären. Bestimmt hätte jeder von uns anders reagiert, hätte die Schöne an sich gezogen und ihr sein Verlangen mitgeteilt. Mark nicht.

»Gleich verschwindet er in der Sesselritze«, fürchtet einer der Umstehenden. Er hat recht. Kleiner kann sich niemand mehr zusammenfalten.

»Legt ihn auf die Bühne!«, schlägt da jemand vor. Und viele hilfreiche Seemannshände heben ihn augenblicklich aus dem Versteck mitten auf die Bühne. Das geht so schnell, dass die Schöne ihre Hand gar nicht so schnell aus der Hose bekommt und laut aufschreit.

Die anderen Frauen sind ebenso belustigt und legen nun auch Hand an Mark an. Zwei besonders korpulente setzen sich auf seine Beine. Mark ist hilflos wie im Schraubstock. Es sind nun fünf Frauen, die sich an ihm zu schaffen machen. Eine regelrechte Vergewaltigung.

Sie lösen seinen Gürtel, fummeln hier, fummeln da, suchen sein Gefühlszentrum, nehmen uns die Sicht mit ihren Leibern. Damit uns dennoch nichts entgeht, rufen sie Lageberichte in die Menge. Leider nur auf Italienisch. So verpassen wir wichtige Details.

»Troppo piccolo!«, ist das Einzige, das ich zu verstehen glaube. Das heißt entweder, dass man Mark einen »Tropfen Piccolo-Sekt« inhalieren möchte, oder es heißt »zu klein«, »da ist nichts zu finden, nichts, das man bearbeiten könnte«.

Die Zuschauer können sich kaum noch zurückhalten, drängeln zur Bühne, wollen das Nichts sehen, nehmen uns die Sicht. Wir steigen auf die Sessel. Mark ist kaum mehr zu erspähen.

Dann ein schriller Schrei. »Un medico, subito!« Schnell, einen Arzt!

Schlagartig leert sich die Bühne. Ein Offizier klatscht Mark auf die Wangen, spricht ihn mit Namen an. »Mark! Mark!«

Der kriegt nichts mit. Er hat Schaum vorm Mund, zuckt mit dem Kopf hin und her, strampelt mit den Beinen, liegt still. Die Puffmutter schreit etwas ins Telefon. Die schöne Braune hebt Marks Beine hoch. Der Offizier hatte ihr das mit Gesten klargemacht.

»Der ist nur ohnmächtig!«, diagnostiziert jemand in Deutsch.

Die Puffmutter bringt ein Fläschchen Parfum und betupft Marks Gesicht. Ganz langsam weicht der irre Blick, die Zuckungen lösen sich. Er entspannt. Schlaff liegt sein Körper auf den Brettern.

»Komm, mach kein' Scheiß, Mark! Bleib ganz ruhig liegen.«

Mark hebt seinen Kopf, will begreifen, was da eben geschehen ist. Wahrscheinlich weiß er noch gar nicht, dass die Aufregung und die Hektik um ihn herum allein ihm gelten.

Die Schöne lässt seine Beine sinken, rutscht neben ihn, beugt sich über sein Gesicht, streichelt ihn. Diesmal ganz anders als eben noch. Da ist nichts mehr von Verführung, nur noch Mitgefühl und Fürsorge.

Einige in der Menge erfassen die Situation noch nicht ganz. »Na los, Mark! Schnapp sie dir!«, hört man.

Mark schaut in die Gesichter über sich, hört die Rufe, in die nun auch andere einfallen. Da klammern sich seine Hände Hilfe suchend an die Uniformjacke seines Kameraden.

»Lasst mich zufrieden. Ich kann nicht.«

Kraftlos sinkt er zurück auf den Boden.

Psst, seid still, bedeutet der Offizier den Kollegen mit einer Geste.

»Mark kommt wieder zu sich. Er braucht Ruhe.«

Es ist totenstill. Nach kurzer Pause versucht der Offizier, Marks Oberkörper anzuheben, ihn in eine Sitzposition zu bringen. Die Frau hilft ihm dabei. Sie lassen ihm Zeit, sich zu erholen.

Die Lebensgeister kehren zurück. Mit müden Augen schaut er in die erwartungsvolle Menge. Dann entringen sich ihm die ersten Worte. Kaum einer hat sie verstanden. Nur die in der ersten Reihe, und die grölen es durch den ganzen Saal.

»Er kann nicht mit Frauen. Er ist schwul.«

Anglerglück

Wer Manaus nicht kennt, hat zumindest davon gehört. Es ist die größte Stadt in Nordbrasilien. Ausgangspunkt vieler Touristen- und Entdeckerreisen. Ein Moloch von Stadt, wuchernd wie der Regenwald, bunt, exotisch, aufregend, kriminell. Eine Stadt voller Elendsquartiere und Armut.

Täglich strömen neue Menschen hinein. Menschen, die an den Flüssen kein Auskommen mehr finden, die sich in der Stadt eine neue Zukunft erhoffen. Der Überlebenskampf ist hart und rücksichtslos. Die einen macht er lethargisch, die anderen kriminell und manche kreativ.

Zu den Kreativen zählt unbedingt Kapitän Alvaro Das Cintas. Er besitzt ein kleines Schifflein. Lange Zeit hat er damit auf den Flüssen Fische gefangen. Damit konnte er seine Familie zwar ernähren, aber reich wurde er nicht. Oft reichte das Geld nicht einmal für die nötigsten Reparaturen. Schließlich hatte er eine Idee. Der zunehmende Touristenstrom hat ihn dazu inspiriert. Er fing nicht mehr selbst. Er *ließ* fangen.

»Fangen Sie mit uns die blutrünstigste Bestie des Amazonas! Fangen Sie Ihre eigenen Piranhas!« So seine marktschreierische Werbung auf einem großen, handgeschriebenen Plakat. »Nur 5 Reais für den ganzen Nachmittag!« Das ist entschieden billiger, als den Nachmittag bei teuren Getränken im Hotel zu verbringen. Ein grellgelber Aufkleber verspricht zudem »Garantierter Fang!«. Nicht einmal eine Angel benötigt man. Sie und das Köderfleisch sind im Preis enthalten.

Wen wundert's da, dass Käpt'n Das Cintas' Fahrten nicht nur ausgebucht, sondern sogar stets *überbucht* sind. Neidischen Kollegen bescheidet er: »Die Menge macht den Gewinn!« Grinst und legt ab. Tag für Tag.

Irgendwo wirft man den Anker. »Hier wimmelt es von Piranhas. Bitte fassen Sie ab jetzt nie mehr mit der Hand ins Wasser!«, warnt er und verteilt die Angeln. Sie alle haben einen sehr starken Haken, der mit einem kräftigen Draht gesichert ist.

»Die Piranhas beißen locker jedes Seil durch. Deshalb dieser Draht. Die Kraft und Schärfe ihrer Kiefer und Zähne ist unvorstellbar. Also seien Sie bitte besonders vorsichtig!«

Unter den Touristen große Aufregung. Die Haken werden mit Fischabfällen bestückt. Kaum sind sie im Wasser verschwunden, beißen die Piranhas zu.

»Ich hab einen!«, schreien alle fast wie im Chor, reißen die hin- und herpeitschenden Angeln aus dem Wasser. Viele Leinen verheddern sich dabei zu einem amazonischen Knoten, und irgendwie zerrt man schließlich den Wirrwarr voller zappelnder Piranhas an Deck.

»Vorsicht! Die beißen auch noch an Deck!«, warnt der Kapitän. »Eure Turnschuhe sind kein Hindernis für die Fische.«

Kapitän Das Cintas weiß sehr genau, wie man Spannung unter den Touristen aufbaut. Die hüpfen erwartungsgemäß wie wild mit den Piranhas um die Wette. »Samba Piranha« nennt er das. Dazu das Riesengeschrei, wenn wieder jemand einen Fang aus dem Wasser gezogen hat.

So geht das über Stunden.

»Ich glaube, nun haben wir alle genug gefangen. Ich sehe soeben, es ist schon wieder 17 Uhr, Zeit, nach Hause zu fahren, damit Sie alle noch bei Helligkeit Ihre Hotels erreichen.«

Die Touristen sind einverstanden. Auch Piranhafangen wird irgendwann langweilig. Längst hat jeder große Mengen gefangen, seinen Jagdtrieb vollauf befriedigt. Der Kapitän hatte nicht zu viel versprochen. Es war ein gelungener Nachmittag gewesen. Kleine rötliche und große schwarze Piranhas füllen bereits mehrere Kisten. Und alle haben sie dieses Respekt gebietende Gebiss.

Der Steuermann wirft den Motor an, lichtet den Anker. Die »Esmeralda IV« setzt sich in Bewegung, tuckert gemächlich flussabwärts nach Manaus. Die Touristen suchen sich ein Plätzchen zum Ausruhen und diskutieren angeregt ihre Erlebnisse. Der eine will, klar doch, daheim einen Diavortrag halten, ein anderer ein Buch schreiben, der dritte sein Filmchen, das die Ehefrau gedreht hat, beim Filmfestival einreichen.

Mitten in diese Aufregung hinein stockt der Motor. Es macht nur noch blubb-blubb. Dann keinen Mucksen mehr. Das Schiff verliert sofort an Tempo, legt sich ein wenig quer, treibt still den Strom hinunter.

»Was ist los?,« schreit der Kapitän in die plötzliche Ruhe. »Hast du Arschloch wieder keine Wartung durchgeführt?« Mit Arschloch meint er den Steuermann.

»Doch, doch, Capitão. Ich weiß auch nicht, woran es liegt.« Der Steuermann ist nervös, schweißgebadet, fürchtet um seinen Job. Der Kapitän schreit weiter.

Der Mann am Steuer tut den Touristen leid. »Kapitän«, wollen sie vermitteln, »lass ihn in aller Ruhe den Fehler suchen. Uns ist es egal, ob wir früher oder später nach Hause kommen.«

Der Kapitän ist fassungslos. »Darum geht es doch gar nicht. Seid ihr denn blind? Schaut mal, wo wir hintreiben!«

Aufgeregt weist er nach vorn. »Seht ihr den Baum dort? Wenn wir dagegentreiben, werden wir kentern. Und dann gnade uns Gott. Ihr habt ja selbst erlebt, was hier im Was-

ser los ist. Das wird niemand überleben.« Schnell bekreuzigt er sich.

Die Touristen erstarren vor Schreck. »Was können wir denn machen?«

»Schnappt euch irgendetwas und paddelt, damit das Schiff wieder in Längsrichtung liegt und wir daran vorbeikommen. Nehmt den Besen, das Brett, eure Schuhe …!«

Er scheint sichtlich nervös. Bloß kein Unfall, sonst ist das Geschäft ruiniert. Der Kapitän muss sich nicht wiederholen. Jeder greift sich sofort das Nächstbeste und peitscht wie wild auf das Wasser ein. Das Schiff interessiert das gar nicht. Es verharrt in seiner Diagonallage. Die Kollision mit dem Baum ist nur noch eine Frage der Zeit.

Da meldet sich der Schiffsjunge zu Wort. Ein kleiner Knirps von etwa sieben Jahren. Bisher war er den Menschen nur wegen seiner Niedlichkeit und der unendlich langen Wimpern aufgefallen. Wenn er einen anschaute und die Augen kurz schloss, glaubte man den Windzug zu spüren, den sie verursachten: pffft-pffft.

»Kapitän, kann ich mal den großen Schraubenzieher haben?«

Der Kapitän meint, sich verhört zu haben. Er schreit den Jungen an. »Was willst du mit dem Schraubenzieher? Willst du Idiot etwa damit paddeln? Nimm dir ein Brett von der Fischkiste da vorne!«

Der Knirps lässt sich nicht aus der Ruhe bringen. Er greift in die Werkzeugkiste, holt einen gewaltigen Schraubenzieher hervor und springt kopfüber ins Wasser!

Den Touristen stockt der Atem. Alle stürzen zu der Seite, von der der Junge gesprungen ist. Das Schiff bekommt erhebliche Schlagseite und droht bereits jetzt zu kentern, noch bevor der im Wasser liegende Stamm erreicht ist. Geistesgegenwärtig springen einige zurück. Nur drei Männer lassen sich nicht von ihrer Position abbringen. Sie legen hastig neue Farbfilme ein und harren der Dinge, die da kommen werden. Jedem ist klar, dass sich das Wasser gleich rot färben wird. Blutrot. Niemand von ihnen weiß, dass Piranhas gesunden Lebewesen nichts antun. Ihr Zuständigkeitsbereich beschränkt sich auf kleine Fische und frisch Verletztes.

Statt irgendwelcher Turbulenzen unter Wasser und einem Kampf auf Leben und Tod vernimmt man ein lautes Klopfen. Deutlich macht sich der Junge da unten zu schaffen. Er hämmert gegen das Schiff.

Der Kapitän läuft rum wie von Sinnen, erklärt den »Bengel« zum x-ten Male für »verrückt«, bekreuzigt sich wieder und wieder, mimt den Superchristen.

Nach einer Minute taucht der Junge auf. Gierig saugt er Luft ein und lässt sich von mehreren kräftigen Händen an Deck hieven. Stolz präsentiert er einen dicken, von der Schiffsschraube durchgeknautschten Ast. »Ka, Ka, Kapitän«, jappst er, »das war in der Schraube!«

Tatsächlich! Der Motor springt problemlos an, das Schiff gewinnt Fahrt und passiert das tödliche Hindernis. Die Touristen atmen auf und jubeln laut vor Glück und Bewunderung. Jeder versucht, den kleinen Bengel zu umarmen und abzuknutschen. Auch der Kapitän ist glücklich.

»Mein Junge, du bis ein richtiger Held. Wir alle danken dir.«

Der Kleine gibt sich bescheiden, kokettiert. »Das war doch selbstverständlich, Kapitän. Das hätte doch jeder gemacht.«

»Das glaube ich nun ganz und gar nicht. Wer von uns hätte das je gewagt? Ich jedenfalls nicht.« Er schaut in die Runde. Die Touristen blicken beschämt irgendwo auf die Weite des Stromes, um nicht antworten zu müssen. Sie hätten es auch nicht getan.

»Mein Junge, ich weiß, wie ich dir danken kann!«, ruft der Kapitän plötzlich. Aller Blicke wenden sich ihm zu. Umständlich kramt er in seiner Hosentasche. Schließlich findet er eine verknautschte Geldbörse, fingert einen 50-Dollar-Schein hervor. Er hält ihn hoch, damit alle seine Großzügigkeit sehen.

»Den gebe ich dir als Belohnung dafür, dass du uns allen das Leben gerettet hast.«

»Aber das kann ich doch nicht annehmen, Kapitän. Das war doch selbstverständlich.« Der Kleine, pfft-pfft, wieder ganz bescheiden.

Jetzt wird Das Cintas böse. »Natürlich kannst du das annehmen. Oder willst du mich beleidigen? Ich weiß doch, wie es bei euch zu Hause aussieht! Dein Vater ist tot, deine Mutter liegt schwer krank im Bett, du hast elf Geschwister und bist der Einzige, der Geld verdient! Mein Junge, nimm das Geld, und esst euch einmal alle richtig satt.«

Die Touristen denken, sie hätten nicht richtig gehört. Aber Dolmetscher bestätigen die Worte. Dieser kleine, niedliche Kerl hat keinen Papi mehr, die Mami liegt im Sterben, und der niedliche Knirps muss die ganze Riesenfamilie ernähren! Das darf ja wohl nicht wahr sein! Sie können es gar nicht fassen. Und niemand will sich lumpen lassen. Jeder greift in die Tasche, und keiner wagt, unter 50 Dollar zu geben. Der Kleine ist der reichste Mann an Bord. Kaum vermögen seine Taschen das Geld zu fassen.

Endlich legt das Schiff im Hafen an. Die Menschen verabschieden sich und verschwinden in der Dunkelheit. War das ein spannender, ein herrlicher Tag!

Als alle fort sind, drückt der Kapitän den Jungen an sein Herz. »Daniel, du warst wieder großartig. Bevor wir nun zu Mami nach Hause gehen, spring noch schnell in den Fluss und binde den Stock wieder an für die nächsten Touristen.«

Mein eineiiger Zwilling

»Ich habe eben Ihren Film ›Feldzug gegen ein Tabu‹ im ZDF gesehen. Da hat es mich fast aus dem Sessel gehauen!« Der Anrufer scheint völlig aus dem Häuschen. »Toll, dass ich Sie gleich selbst am Apparat habe. Das hatte ich gar nicht erwartet. Ich wollte Ihnen meine Komplimente eigentlich aufs Band sprechen. Aber da Sie nun einmal dran sind, können wir ja auch gleich alles persönlich besprechen.«

Hätte Annette doch bloß nicht abgenommen! Der Mann war nicht mehr zu bremsen. Er sprudelte über vor Mitteilungsdrang. Und das mitten in der Nacht. Es war ein Uhr. Sie hatte einen Anruf ihrer Mutter erwartet und nicht irgendeinen Begeisterten, der nachts nicht schlafen konnte. Aber sie gab sich gelassen und ihm eine Minute.

»Kann ich Rüdiger mal eben selbst sprechen?«

»Der ist auf Vortragsreise. Sie müssen schon mit mir vorliebnehmen. Um was geht es denn?«

»Also: Ich bin begeistert! Ihr Film eben – einfach großartig. Ich meine nicht den Film als solchen. Da hätte man bestimmt manches verbessern können. Das können wir gern ein andermal besprechen. Ich meine Rüdigers Lebensstil. Ich habe ja auch schon ein Buch von Rüdiger gelesen. Das über die Yanomami-Indianer. Und als ich jetzt eben den Film sah, dachte ich: Der Nehberg ist haargenau wie mein Sohn!«

Annette konnte gerade ein »Aha« dazwischenstreuen. Da ging's schon weiter:

»Ja, das war wie ein Spiegelbild. Rüdiger und unser André. Ich hab sofort zu meiner Frau gesagt, da werden wir Mitglied! Wir werden Mitglied in Rüdigers Förderkreis gegen die Mädchenverstümmelung. Unser André, der ist ja auch gegen alle Ungerechtigkeiten. Ein richtiger Menschenrechtler. Er ist begeisterter Naturschützer und engagiert sich für die Rechte der Indianer. Ich sag's ja: genau wie Rüdiger. Allerdings nordamerikanische Indianer. Aber das ist ja auch egal. Die beiden müssten mal was zusammen machen. Wissen Sie was, Annette – darf ich doch sagen, gell? –, wir werden nicht nur 15 Euro Jahresbeitrag einzahlen, sondern 100 Prozent mehr: 30! Und wir sollten gleich eine Werbegemeinschaft gründen. Wissen Sie, was super wäre? Wenn Rüdiger André für die 30 Euro einen Brief schreiben würde. Das würde unseren Andi noch beflügeln. Der startet jetzt nämlich zu einer Weltreise. Da wäre ein entsprechender Brief bestimmt motivierend. Etwa so, dass er sein Engagement super findet, vor allem den Kampf für die Indianer. Wir würden den Brief dann auch gleich auf unsere Homepage setzen. Natürlich mit 'nem Link zu Ihnen. Sitzen Sie gerade am PC? Dann könnten Sie ja eben Ihr Banner rübermailen …«

Annette hielt es für angebracht, den Mann zu bremsen. Die ihm zugebilligte Minute kostbarer Nachtzeit war überschritten und überstrapaziert.

»Wir vergeben keine Banner. Dazu müssten wir genau wissen, wer Sie sind, was Sie machen, auf welche Homepage wir damit kommen …«

»Kein Problem. Die kann ich Ihnen gern nennen.« Und das tat er augenblicklich. Annette gab sie ein, und vor ihr erschien geradezu das »Prachtstück« einer Homepage. Ein Link erstickte den anderen. Werbung von allen Seiten. »Willkommen auf Andrés Homepage! Tragen Sie sich gleich ein in unserem Gästebuch. Sie sind heute der 891.

Besucher. Haben Sie die neue Flatrate schon gebucht? Wollen Sie mitchatten?«

Annette brauchte keine zwei Sekunden, um abzusagen.

»Ich habe Ihre Seite hier vor mir und kann Ihnen gleich sagen, dass wir auf gar keinen Fall mitmachen.«

Erstmals war es still am anderen Ende der Leitung. »Jetzt bin ich sprachlos. Und Sie wollen Rüdiger Nehbergs Managerin sein? So gehen Sie mit Spendengeldern um? Sie weisen meine 30 Euro zurück? Ich bin sicher, wenn Herr Nehberg das erführe, wäre er bestimmt nicht einverstanden mit Ihrer Art, eine Menschenrechtsorganisation zu führen. Wenn ich nur den normalen Jahresbeitrag von 15 Euro angeboten hätte, könnte ich das vielleicht noch verstehen. Aber ich wollte das Doppelte zahlen. Das Doppelte für ein paar Zeilen von Herrn Nehberg an André! Als Motivationsschub für die Weltreise. Aber das zeigt mir wieder einmal den Unterschied zwischen Auftritten im Fernsehen und der nüchternen Wirklichkeit. Deshalb möchte ich Sie bitten, mir die Handynummer von Herrn Nehberg zu geben. Dann klären wir das alles im Handumdrehen unter Männern.«

Annette blieb geduldig. »Das können Sie bewerten, wie Sie wollen. Aber eine letzte Frage habe ich dennoch: Wenn Ihr Sohn ein solcher Menschenrechtskämpfer ist, genau wie Herr Nehberg voller Aktivitäten und Ideen steckt und schon so viel geleistet hat, wie Sie behaupten, dann frage ich mich, warum habe ich dann noch nichts von ihm gehört? Tritt er unter einem Künstlernamen auf? Heißt er vielleicht Al Gore? Hier auf Ihrer Homepage kann ich jedenfalls nichts finden.«

»Ja nun, bei aller Liebe! Was erwarten Sie denn? Unser Andi ist doch gerade erst drei geworden!«

Schwein gehabt!

Irgendwie hatte ich den Weg verloren. Das konnte schnell gehen. Vor allem dann, wenn der »Weg« nur aus Andeutungen von vor längerer Zeit flach getrampeltem Laub bestand. Vor einer Woche war ich hierhergekommen. Immer wieder meinte ich, meine Spur wiederzuerkennen. Bis dort, wo ich gestern den Fluss überquert hatte, war alles in Ordnung gewesen. Dann hatte mich die Strömung ziemlich weit abgetrieben. Statt am neuen Ufer zurückzulaufen bis zu der Stelle, an der ich landen wollte und wo ich den Fluss vor einer Woche überquert hatte, wollte ich eine Abkürzung versuchen. Einfach diagonal durch den Wald. Das war falsch und leichtsinnig zugleich gewesen. Einen weiteren Fehler durfte ich mir nicht erlauben.

Ich befand mich auf dem Rückweg von einem Indianerdorf zum andern im brasilianischen Regenwald. Distanz: fünf bis sechs Tagesmärsche. Ich war allein, meine Walderfahrung noch recht gering. Nun musste ich sehen, wie ich den Fehler wettmachte. Zu sehr hatte ich mich überschätzt, meinem Glück vertraut. Jetzt schien es mich verlassen zu haben. *War ich schneller gegangen, als mein Schutzengel fliegen konnte? Hatte ich sein Gefieder schlecht gepflegt?* Ich war leicht beunruhigt. Zwar wusste ich, dass ich nach spätestens drei Wochen den Rio Negro erreichen konnte, sofern ich immer nach Süden ging, aber ich sehnte mich nach der Geborgenheit des Dorfes von Häuptling Arakeen, einem Yanomami-Indianer, und nach seiner unvergleichlichen Bananensuppe.

Schon auf dem Hinweg hatte sich mein Körper mangels Nahrung selbst versorgt. Er hatte das Fett abgebaut. Ich war dürr wie ein Windhund, aber ich fühlte mich wohl, befreit von unnötigem Ballast.

Inzwischen hatte der Körper auch die Muskulatur dezimiert. Wo früher solides Muskelfleisch meine Schenkel dekoriert hatte, schauten nun die Knochen hervor, um die herum Hautlappen flatterten. Wie Fahnen an der Fahnenstange. Dazu muss man wissen, dass ich damals noch nicht die Survivalerfahrung von heute besaß. Sonst hätte ich mehr Gelassenheit an den Tag gelegt, mir Pausen zur Nahrungsbeschaffung gegönnt und einfach mehr unter den Insekten aufgeräumt, die es zu Milliarden gab. Aber damals war es mir wichtiger, das Dorf schnell zu erreichen. Dort wollte ich auftanken. Ich träumte von Bananensuppe und nicht von Dasselfliegensteaks.

Aber immerhin hatte ich bereits meinen Optimismus und die Erfahrung des Deutschlandmarsches ohne Nahrung von Hamburg nach Oberstdorf (siehe das letzte Kapitel).

Tausend Kilometer, so hatte mich das Experiment gelehrt, waren grundsätzlich kein Problem, wenn man ökonomisch marschierte. Man durfte nur nicht in Panik geraten und hektisch werden. Man musste sich den Befehlen des Körpers fügen. Wenn er sich schlapp fühlte, gönnte man ihm eine Pause, damit er die erforderliche Zeit hatte, sich weitere Nahrung abzubauen. Muskelfleisch, aus dem er dann Wärme und Kraft produzierte. Das machte er zuverlässig und vor allem sehr gründlich. Stuhlgang hatte ich schon seit Tagen nicht mehr. Alles wurde restlos verarbeitet. Die Vokabel »Stuhlgang« konnte ich in meinem Vokabular streichen.

Ich brauchte jetzt vor allem Kraft, denn Wärme lieferte die Natur kostenlos. Zwar keine 37° Celsius, aber bestimmt 30. Auch nachts war mir nie kalt.

Nach solchen Pausen fühlte ich mich jedes Mal gestärkt. Ich musste nur den Willen aufbringen, nicht einfach durchzuschlafen, mich nach 30 Minuten wieder zu erheben und weiterzugehen. Und zwar langsam! Machte ich das zu schnell, kippte ich sofort wieder um: Kreislaufschwäche.

Längst war mir klar, dass ich das angepeilte Dorf nicht erreichen würde. Nicht die Spur eines Trampelpfades hatte ich bisher entdeckt. Nicht einmal an den Ufern der kleinen Flüsse, die meinen Weg kreuzten. Normalerweise sieht man dort immer irgendwelche Hinweise auf Menschen. Hier kam so gut wie niemand vorbei. Unberührtes Brasilien.

Das erstorbene Hungergefühl täuschte mich über meine tatsächliche Kondition hinweg. Ich war schlapper, als ich mir eingestehen wollte, die Füße hatten sich entzündet, weil die Sandflöhe an meine Tierliebe appelliert und sie zu ihren Lieblingsbrutstätten erkoren hatten. Sie waren nicht nur entzündet, sie waren auch geschwollen.

Die Turnschuhe waren noch immer erstaunlich gut erhalten, aber infolge der ununterbrochenen Wärme und Feuchtigkeit waren sie zum Eldorado für Fußpilze aller Art geworden. Sie stanken erbärmlich. Da half auch kein Räuchern, kein starkes Erhitzen. Der Gestank blieb. Es schien mir, als verfaulte ich und nicht die Schuhe. Aber ich wagte nicht, ohne die Stinklatschen zu laufen. Zu schnell trat man sich einen Splitter ins Fleisch.

Die Insektenstiche juckten, ich kratze mich blutig. Die Schienbeine waren vom Gestrüpp aufgerissen. Die Nuss einer Cajúfrucht hatte mir Zunge, Rachen und Mundwinkel böse verätzt. Kaum konnte ich noch sprechen. Roh – das wusste ich damals noch nicht – sind Cajúkerne wie in Tablettenform. Erst geröstet werden sie zu leckeren Cashewnüssen.

Zum Glück war ich allein, und Diskussionen erübrigten sich. Allerdings konnte ich nun nicht einmal Selbstgespräche führen.

Die Pausen wurden häufiger und dauerten länger. Ich schluckte Schmerztabletten mit Koffein. Sie täuschten mich über meinen wahren Zustand hinweg. Die geschwollenen Füße taten nun nicht mehr weh, ich fühlte mich fit wie die Stinkturnschuhe, als sie die Herstellerfabrik verlassen hatten. Ich konnte sogar ein paar Stunden lang mit dem ganzen Fuß auftreten und kam gut voran. Ich war heiter und gelöst, liebte den Wald, der mich so schindete, und war in Gedanken daheim in Deutschland. Ich marschierte und träumte vor mich hin.

Urplötzlich und ohne jede Vorwarnung tat sich vor mir die Erde auf. Gerade hatte ich einen sanften Hügel überquert, hinter dem eine Mulde lag. Was gerade noch normal und absolut harmlos ausgesehen hatte, vielleicht wie ein riesiger Haufen fahles Laub, barst unversehens auseinander. Wohl an die siebzig Pekaris, Wildschweine, hatten dort gedöst. Ich hatte sie aufgeschreckt. Zorniges Quieken. In Panik stoben sie auseinander. In alle Richtungen. Die Erde dröhnte. Einige galoppierten auf mich zu. Ich reagierte ganz instinktiv. Ich sprang an den nächststehenden Baumstamm. So hoch ich konnte.

Das hört sich so einfach an. Aber wenn man keine Kraftreserven mehr hat, ist es schwer, sich an den glatten, feuchten Stämmen festzuhalten. Ein Verzweiflungsakt.

Die meisten Schweine waren davongelaufen. Vor allem die Bachen mit ihren Frischlingen. Aber eine Gruppe entschlossener Einzelkämpfer hatte Angriff und Verteidigung der Flucht vorgezogen.

Dazu muss man wissen, dass Indianer diese Pekaris mehr fürchten als den Jaguar. Es sind regelrechte Kampfschweine, immer zu einem Streit, Kampf und einer Beißerei aufgelegt. Drei Pekaris haben keine Probleme, einen unbewaffneten Menschen zu töten und zu vertilgen. Und wenn sie erst einmal Beute zwischen den Zähnen haben, lassen sie so schnell nicht mehr los. Indianer, die von

Pekaris gebissen und gerettet werden, sterben meist an den Folgen der schlimmen Verletzungen und Blutvergiftung. Sie haben eine Heidenangst und Riesenrespekt vor ihnen. Sie brauchen nur das Quieken zu hören, da lassen sie alles liegen und fallen und springen auf die Bäume, bis die Schweine sich irgendwann trollen. Ich hatte das zweimal erlebt und den Respekt vor den Schweinen übernommen.

Ich umklammerte den glitschigen Stamm. Mit Armen und Beinen. Unter mir etwa acht Pekaris. Zwei standen auf den Hinterläufen, die Vorderbeine gegen den Stamm gestemmt. Im Eifer des Gefechts wurden sie immer wieder von den zornigen Kollegen beiseitegeschubst, die dann ihrerseits »Männchen« machten.

Das alles nahm ich, zu Tode erschrocken und plötzlich hellwach, zur Kenntnis. Aber auch, dass ich unaufhaltsam in Zeitlupe den Stamm hinabrutschte. Ich hatte ihn höher hinaufklettern wollen, jetzt vermochte ich mich nicht einmal zu halten.

Schließlich waren es nur noch schlappe 20 Zentimeter, die mich von den Rüsselnasen und Häckselgebissen trennten. Würde eins der Tiere einen besonders gelungenen Sprung wagen, könnte es mich schon jetzt fassen. Darauf wollte ich es nicht ankommen lassen. Ich reagierte in der einzig noch möglichen Weise. Ich löste mich vom Stamm, sprang mitten zwischen die Schweineleiber, schrie wie ein Irrer, fuchtelte und trat wie wild um mich – und hatte Glück. Die Tiere wichen vor Überraschung ein paar Schritte zurück. Diese Schrecksekunde nutzte ich, um erneut und so hoch es ging an den Stamm zu springen.

Im ersten Moment hing ich gut fest. Die Angst verlieh mir die Kraft, mich mit den Armen und Schenkeln rutschfest zu verankern. Mir war aber auch klar, dass diese sichere Position nur Augenblicke halten würde. Die Schweine auf dem Boden hatten Zeit. Ich nicht. Diese letzte Chance vorm erneuten Abrutschen nutzte ich. Ich schloss die Beine mit größtmöglicher Kraft, löste den rechten Arm, zog den Revolver und schoss wahllos auf die Schweine. Alle sechs Schuss. Knall, knall, knall. Dann ließ ich den Revolver einfach fallen und krallte mich wieder fest.

Die Wirkung auf die Schweinebande war beeindruckender, als ich gehofft hatte. Mit frenetischem Gequieke stieben sie auseinander und verschwanden hinter den anderen im Wald.

Ausgepumpt, keiner Reserveleistung mehr fähig, rutschte ich vom Stamm und blieb am Boden sitzen. Pfff …

Jetzt kehrte der Verstand zurück, der dem Instinkt gewichen war. Da hatte ich siebzig Schweinen gegenübergestanden, hatte aus nächster Distanz geschossen und keins getötet! Mein Gott, war ich eine Pfeife! Um mich vor mir selbst zu rehabilitieren, redete ich mir ein, dass es in erster Linie darum gegangen war, die Gefahr abzuwenden. Mit keinem einzigen Knurrer meines Magens hatte ich dabei ans Essen gedacht. Doch nun, da das Problem überstanden war, dachte ich sehr wohl ans Essen. Bei dem Gedanken an ein Schweinefilet lief mir sogar das Wasser im Munde zusammen, obwohl ich nicht einmal Salz besaß, um es zu würzen. Die Röststoffe wären das einzige Gewürz gewesen.

Nach einer halben Stunde war die Erschöpfung der Erholung gewichen. Ich rappelte mich hoch, nahm mein Gepäck und setzte mich wieder in Gang. Wie ein überladenes Auto. Zunächst ganz langsam, dann ein wenig schneller und dann langsam weiter. Fuß vor Fuß. Immer nach Süden. Wenigstens war diese Begegnung glimpflich verlaufen. *Schwein gehabt!*, dachte ich gerade noch, als der Slogan Wahrheit wurde: Vor meinen Füßen lag ein totes Schwein! Da hatte ich also doch eins getroffen, das hier zusammengebrochen war!

Abendbrot gesichert. Mein Freudensprung glich jenem auf den besagten Baum. Ich hatte zu essen. Wie im

Schlaraffenland bräuchte ich nur noch zu kauen und zu verdauen.

Das Tier sonst wie weit zu schleppen schied aus. Ich hatte die Kraft nicht. Wohl konnte ich es hinter mir herziehen. Ich brauchte einen Bach, einen Fluss. Dort wollte ich dann lagern. Das Gelände war abschüssig. Wenn ich dem Gefälle folgte, musste ich zwangsläufig Wasser finden.

Nach nur einem Kilometer stand ich vor einem Fluss. Hier hatte ich nicht nur Wasser und damit Sauberkeit, sondern auch Licht und Ausblick aus der Beengung des Urwalds.

Als Erstes gönnte ich mir die Leber. Sie war schneller zubereitet als das Fleisch, war besonders zart und delikat. Dann gab es Filet und als Letztes an diesem Nachmittag Bouillon. In Ermangelung eines Topfes musste die Schwarte herhalten. Ich legte sie mit den Haaren nach unten in eine topfähnliche Mulde, gab Wasser, Algen und Schweinefett hinein. Etwas Asche ersetzte das Salz. Drei Steine, die ich im Feuer »glühend« gemacht hatte, wurden nacheinander mithilfe einer Astgabel hineingerollt und nach dem Auskühlen erneut erwärmt. Zischend tauchten sie ins Wasser und erhitzten es in wenigen Minuten. Das Fett löste sich, die Algen wurden weich wie Spinat. Die Suppe mundete vorzüglich. Ich verlieh dem Gericht fünf Urwaldehrensterne. Wahrscheinlich hätte man mich woanders beim Anbieten dieser Suppe wegen Mordversuchs hingerichtet.

Mit rundem Bauch wälzte ich mich schließlich in die Hängematte, für die ich einen idyllischen Platz gefunden hatte: unter einem mächtigen Ast, der über den Fluss ragte. Er wirkte wie ein Dach und würde mir möglicherweise sogar Schutz gegen Regen bieten. Das hatte ich bitter nötig, denn zum Bau eines Daches hatte ich keine Zeit mehr. Mir wurde speiübel. Schweiß brach mir aus allen Poren aus. Meine Beine zitterten, als hätte ich einen Malariaanfall, ich erbrach mein gesamtes, mühsam erarbeitetes Abendbrot. Totale Überfressung.

Dass ich daran auch nicht gedacht hatte! Dabei wusste ich noch von meinem Deutschlandmarsch: »Fasten kann jeder Narr, aufbauen nur der Weise.« Nun hatte ich das Dilemma. Ich hatte total vergessen, dass ich seit Tagen auf Diät lebte.

Völlig ermattet, fiebrig heiß und zugleich frostgeschüttelt, krümmte ich mich in der Hängematte. Die Fische schnappten sich gierig mein Erbrochenes. Würde ich eine Angel ins Wasser halten – dessen war ich sicher, denn es ist ein unbegreifliches Naturgesetz –, würde keiner danach schnappen.

Und dann hatte ich den totalen Blackout.

Später erinnerte ich mich an Regen, der mich kurz weckte, an erneute Revolten meines Verdauungstraktes, an große Schwäche und nur einen einzigen Wunsch: schlafen.

Aber ganz plötzlich erwachte ich, fühlte mich ausgeruht, gestärkt. Sogar der Unternehmungsgeist war zurückgekehrt. Und ein gemäßigter Appetit.

Ich entwand mich meiner Hängematte, stakste weichbeinig durch das flache Wasser ans Ufer, gedachte, das Feuer neu zu entfachen und ein weiteres Stück Fleisch zuzubereiten. Aber diesmal nur ganz, ganz wenig. Ich würde mich kein zweites Mal überfressen. Lieber hier zwei Tage verweilen, häppchenweise weiteressen, Trockenfleisch präparieren und dann erst weiterziehen. Zeit hatte ich schließlich ohne Ende.

Plötzlich durchfuhr mich ein Schreck. Das Schwein hatte sich bewegt! Es war einer dieser Momente, wo man millisekundenlang glaubt, den Verstand verloren zu haben. Wie konnte das Schwein leben, wo ich es doch getötet und ihm einiges seiner Substanz entwendet, verzehrt und wieder ausgespien hatte?! Aber ich hatte es soeben selbst gesehen. Es hatte geatmet. Die Bauchdecke hatte sich deutlich bewegt! Das hatte ich gesehen, als ich beim An-Land-Wanken aus irgendeinem Blickwinkel heraus das Schwein und die Feuerstelle angepeilt hatte. Vor Schreck wäre ich fast zurück ins Wasser gefallen.

Dann schlug mir der Gestank entgegen! Ekelerregend. Fäulnis im fortgeschrittenen Stadium. Der Kadaver lag, wo ich ihn verlassen hatte. Aber er bewegte sich tatsächlich. Nur dass es nicht das Schwein war, was da so putzmunter war. Es waren Abertausende weiße Fliegenmaden und Ameisen, die sich an dem Fleisch zu schaffen machten. Es waberte, krabbelte, wimmelte.

Mit gebührendem Abstand blieb ich stehen. Wie konnte das Fleisch so schnell in Verwesung übergehen? Hatte ich etwa doch länger in der Hängematte gelegen als nur ein paar Stunden, eine Nacht? Ich schaute auf meine Armbanduhr. Und da löste sich das Rätsel sehr schnell: Ich hatte zwei Nächte und anderthalb Tage geschlafen.

Erneut musste ich denken: *Schwein gehabt!*

Die Anakonda

Für einen Schlangenfreund wie mich einer dieser Glücks-
tage. Leider so selten. Aber dafür umso nachhaltiger.

Da liegt, nur wenige Meter von mir entfernt, eine große
Anakonda! Der Leib so stark wie meine Oberschenkel zu
Beginn der Reise in den brasilianischen Regenwald. Sie hat
mich wahrgenommen. Ich bin fasziniert und aufgeregt zugleich. Fasziniert, weil solche Begegnungen so ausgesprochen selten geworden sind, denn große Schlangen sind rar.
Kleine können sich schon eher mal verstecken, größere
haben es erheblich schwerer. Und erschrocken bin ich
gleichzeitig, weil ich mir meiner Schwäche und der unzu-
reichenden Ausrüstung bewusst bin. Denn ich möchte sie
fangen. Ich brauche ein Erinnerungsfoto an diese Begegnung. Sonst glaubt es mir wieder keiner.

Der Moment der Begegnung ist denkbar ungünstig. Sie
liegt nur fünf Meter vom Wasser entfernt, sie hat mich
bemerkt, und es ist noch eine Frage von Augenblicken, bis
sie ins Wasser gleiten und auf Nimmerwiedersehen abtau-
chen wird. Keine Zeit also, eine ausreichend starke Astgabel zu suchen, um ihr damit den Kopf zu Boden zu drücken und sie gefahrlos aufheben zu können. Sechs Meter
Kompaktmuskel »gegen« mich, den Ausgemergelten.

Um keine Sekunde zu verlieren, springe ich zwischen
sie und das Wasser. Der Fluchtweg ist ihr damit zumindest
erschwert. Aber da stehe ich und weiß den nächsten
Schritt noch gar nicht, denn mit der bloßen Hand mag ich
sie nicht hinterm Kopf greifen. Mühelos könnte sie zwei

Meter vorschnellen. Das wird sie auch tun, sobald ich ihren Sicherheitsbereich überschreite. Und niemals würde es mir gelingen, sie im Zubeißen ausgerechnet genau hinter dem Kopf zu fassen. Wenn ich sie tiefer am Hals erwischte und ihr blieben vier, fünf Halswirbel Freiheit, könnte sie ihren Kopf drehen und mich packen. Und dann ginge es blitzschnell. Wie ein Peitschenhieb würde sie ihre Schlingen um mich werfen und zudrücken. Dass ich dann keine Chancen mehr hätte, ist mir klar. Ich weiß das aus Erfahrung, nachdem ich mit einem ähnlich großen Tier daheim bei mir in Hamburg einmal ein Probewürgen veranstaltet hatte (nachzulesen in »Echt verrückt«) und hoffnungslos unterlegen war. Schon nach nur 60 Sekunden musste ich aufgeben. Anakondas sind skrupellose Erpresser.

Im Grunde ist dies die gleiche Situation. Nur, dass ich diesmal niemanden bei mir habe, der die Schlange erforderlichenfalls vom Schwanz her von mir abwickelt. Ich bin allein. Unter keinen Umständen darf sie meine Arme umschlingen. Sonst habe ich verloren.

Sie will nach links. Ich springe ihr in den Weg. Sie zuckt zurück.

Sie will nach rechts. Ich springe erneut zwischen sie und das Wasser. Aufgeregt wirbelt sie ihre Körperringe durcheinander. Vielleicht verheddert sie sich jetzt zu einem Knoten, den sie nicht mehr lösen kann, muss ich denken und habe sogar Zeit, über diesen Blödsinn zu schmunzeln.

Ihre Halspartie schwebt S-förmig aufgeregt und schützend über dem Rest ihres Körpers. Wie Autoreifen liegen die Windungen übereinander und rotieren in verschiedenen Richtungen. Angriffsstellung. Höchste Alarmbereitschaft. Sowohl bei ihr als auch bei mir. Wir sind beide extrem aufgeregt. Sie züngelt, um mich zu riechen, einzuschätzen. Als Mensch bin ich nicht grundsätzlich ihr Futtertyp. Mich nähme sie nur in der Hungersnot oder in

Notwehr. So wie jetzt. Normalerweise sind Fische, Säugetiere und Vögel ihre Nahrung. Manchmal ein Kaiman. Aber keine Menschen, schon gar keine Deutschen.

Da habe ich eine Idee! Es gelingt mir, von einem Strauch einen etwa zwei Meter langen, belaubten Ast abzubrechen. Er ist besenstielstark und biegsam. Also nichts, um das Tier damit zu bändigen. Aber immerhin kann ich ihr damit vorm Gesicht herumfuchteln. Sie schnappt nach den Blättern. Die reißen ab. Währenddessen habe ich meine Badehose ausgezogen. Ich hänge sie vorn auf den schwankenden Ast, und ehe sich das Tier versieht, stülpe ich sie ihr über den Kopf. Im selben Moment hat sie sich darin verbissen. Der Leib peitscht um sich, erwischt den Stock, wirbelt augenblicklich die erste Schlinge drum herum, lässt andere Schlingen folgen, sucht etwas, das man erwürgen kann, gibt sich in Ermangelung des Ersehnten dann doch zufrieden mit Hose und Stock, verharrt in

dieser Position. Kopf und Hose mitten im Schlangenknäuel. Eigentlich hätte ich den Stock loslassen können. Das Tier ist mit sich selbst beschäftigt. Es hat sich selbst gefangen. Sobald die Schlange keinen Widerstand seitens des Gegners, in diesem Falle des Stockes, wahrnimmt, wird sie sich als Sieger sehen, wie sie es in ihrem bisherigen Leben gewöhnt war, die Windungen langsam lösen und – den Betrug merken.

Um das zu verhindern, ziehe ich von Zeit zu Zeit mit unterschiedlicher Heftigkeit am Stock. Ich täusche Restleben vor, zuckende Nerven. Ich weiß, das Tier wird die Schlingen nicht lösen, bis minutenlang alles restlos erstorben ist. Jede Stockbewegung löst bei ihm eine Reaktion aus. Die Schlingen verändern sich, drücken nach.

Doch wie komme ich jetzt zu meinem Fotoapparat? Das Lager ist fast 100 Meter entfernt. Ehe ich hin- und hergelaufen bin, kann die Anakonda dem Schwindel auf die

Spur kommen und entwischen. Die fünf Meter bis zum Wasser sind für sie weniger als ihre Körperlänge. Eine Lachnummer von fünf Sekunden Dauer.

Ihr kugelig um den Stock gewickelter Körper bietet die Lösung von selbst an: Ich nutze sie als Kugel und rolle sie vor mir her! Das mache ich ganz vorsichtig. Etwa so, dass sie denken muss, ihr Opfer leiste Widerstand. Gleichzeitig passe ich höllisch auf, dass sie nicht irgendwo mit ihrem Kopf hervorschießt und mich zu fassen kriegt. Anakondas haben Unmengen feiner spitzer Zähne und kräftige Hydraulikkiefer.

So gelange ich mit ihr auf etwa 20 Meter an den Fotokanister und meine Machete heran. Dann lasse ich sie los. In aller Ruhe kann ich mir einen zweiten, viel dickeren und gegabelten Ast abschlagen.

Als sie den Irrtum bemerkt und sich entrollen und entkommen will, ist es nun geradezu eine Kleinigkeit, sie zu beherrschen. Ich kann mir die Hose zurückangeln und in aller Ruhe wieder anziehen, ich kann sie immer dann, wenn sie zum Wasser strebt, erneut hinterm Kopf zu Boden drücken und beinahe mühelos manipulieren. Irgendwie scheint ihr Widerstand gebrochen.

So bleibt mir vor allem Zeit, den Fotoapparat mit dem Schraubstativ an einem weiteren abgeschlagenen und in den Boden gesteckten Ast zu montieren und Fotos zu machen.

Dann bin auch ich erschöpft und entlasse sie zurück in die Freiheit.

Der Jaguar

Als ich seine Laute zum ersten Mal höre, bin ich nur irritiert. Oder neugierig. Ich kann sie nicht einordnen. Mir fehlt praktische Urwalderfahrung. Ich bin Theoretiker. Ich bin allein, und es ist die erste Nacht, die ich auf meinem Weg zu den Yanomami-Indianern im Urwald verbringe. Ein Fischerboot hat mich den Rio Aracá, einen Nebenfluss des Rio Deminí, hinaufgefahren und hier abgesetzt. Die beiden Männer wollten in der Nähe einen Besuch bei einem befreundeten Siedler machen. Ich wollte diese Gelegenheit lieber nutzen, um mich mit dem Wald vertraut zu machen. Sie gaben mir ein Stück Pacafleisch. »Dann musst du nicht gleich am ersten Tag Fisch essen. Davon wirst du noch genug kriegen.« Lachend waren sie davongetuckert.

Das war gegen drei Uhr gewesen. Ich steckte voller Unternehmungslust. Es war der Moment, dem ich seit Monaten entgegengefiebert hatte. Morgen endlich würden wir die Stelle erreichen, an der sie nicht mehr weiterfahren konnten. Wo das Wasser zu flach wurde. Dort würden sie mich aussetzen. Dann wollte ich losmarschieren. Immer nach Norden, immer auf einer Mundharmonika musizierend, um die Yanomami damit anzulocken und gleich positiv zu stimmen. Das war wichtig, denn mit Weißen hatten die Indianer sehr schlechte Erfahrungen gemacht. Tausende von illegalen Goldsuchern waren über ihr Land von der Größe der Schweiz hergefallen und drangen unaufhörlich vorwärts, eine Spur der Verwüstung hinterlassend.

Ich betrachte den ersten Tag allein im Wald als meine Generalprobe. Da es gegen halb sechs im Wald schon dunkel wird, beginne ich, mir mein Lager zu bereiten. Mit dem Haumesser befreie ich den Boden von jungen Baumschösslingen. Der Lagerplatz muss übersichtlich sein. Ich spanne die Hängematte, das Regendach, das Moskitonetz. Dann sammle ich Holz für das nächtliche Feuer. Ich brauche dickes Stammholz, damit das Feuer über Nacht nicht ausgeht. Da ich ungeübt bin, dauert alles viel länger. Ich nehme ein Bad, wasche das Fleisch. Sofort sind viele winzige Fischlein zur Stelle und schnappen sich die abgespülten Fleischfasern.

Inzwischen dämmert es. Gerade will ich das Feuer entfachen, da höre ich einen Tierlaut. Er klingt wie ein Grollen. Wie sehr entfernter Donner. Vielleicht ist es ja tatsächlich ein Donner, und Regen zieht herauf. Das ist im Wald schlecht auszumachen. Es ist immer halb dunkel, und Weitblick bieten allenfalls Flusslichtungen. Aber egal, ob er kommt oder vorbeizieht – ich bin gewappnet. Im Regenwald muss man jederzeit auf Regen eingestellt sein.

Der Laut wiederholt sich. Nein. Donner ist das keinesfalls. Dessen bin ich mir nun sicher. Es könnte ein Brüllaffe sein. Wie ich darauf komme, weiß ich nicht. Ich hatte mal einen im Zoo von Manaus gehört. Aber das liegt schon länger zurück, und allenfalls unbewusst hatte ich mir den Laut gemerkt. Meine Zoo-Begleiter damals sagten, normalerweise zögen Brüllaffen in großen Familien durch den Wald, und ihr Gebrüll erinnere an einen vorbeirasenden Schnellzug. Davon kann hier nicht die Rede sein. Nur immer wieder dieser undefinierbare Ton. Was ich herausfinde, ist, dass er näher kommt. Sehr langsam, aber sicher.

Vielleicht ist es ja tatsächlich ein Brüllaffe. Vielleicht durchquert er mein Lager, und wenn ich Glück habe, kann ich ein Foto machen, denke ich. Der Gedanke fasziniert mich. Den Überlebensgürtel umgeschnallt, schnappe ich mir den Fotokanister und suche einen geeigneten Baum. Der ist bald gefunden. Bäume gibt es hier reichlich. Mehrere gewähren einen guten Ausblick aufs Lager. Einer scheint mir besonders passend. Er ist zwar dick, glitschig, glatt und voller ätzender Flechten und Moose. Aber eine dicke Liane windet sich seinen Stamm hinauf. Sie nutze ich wie eine Wendeltreppe. Mehrere andere frei hängende Lianen dienen als Geländer. An einer nur fingerdicken befestige ich den Kanister. Später ziehe ich ihn zu mir hinauf. In etwa sieben Metern Höhe der erste dicke Querast. Wie eine Sitzbank. Ich nehme Platz, reinige die geschundene Haut. Viel hilft das nicht, denn die reinigenden Hände sind ebenfalls moosverschmiert und ätzend. Der penetrante Juckreiz bleibt.

Ich verhake den Kanister an einem Aststummel, die beiden Fotoapparate hänge ich mir um den Hals. Ich bin ganz still.

Da höre ich den Laut von sehr nah. Ich erstarre vor Schreck. Das ist kein Brüllaffe, sondern erinnert mich an das leise Grollen eines Löwen, welches er von sich gibt, wenn er unzufrieden oder erregt ist.

Das ist ein Jaguar!

Vor Schreck bin ich einen Moment lang so steif wie der Ast, auf dem ich sitze. Wenn es wirklich ein Jaguar ist und der mich bemerkt, ist es für ihn ein Katzensprung, und er kriegt mich zu fassen. Hundertfach behänder als ich, würde er den Stamm erklimmen, mich wegputzen wie ein kleines Dessert, und ich würde mich als die leichteste Beute seines Lebens in sein Gehirn einprägen.

Es ist dunkel. Meine Erstarrung ist der Lockerung gewichen. Wenn er wirklich hochkäme, müsste ich schießen. Ich würde einen Warnschuss abgeben. Wahrscheinlich würde er dann fliehen. Die meisten Tiere kennen die Gefahr, die von Schüssen ausgeht. Den zweiten bis sechsten Schuss aber würde ich zu meiner Verteidigung nutzen.

Der Revolver steckt im Überlebensgürtel. Ich mache die Dynamotaschenlampe klar.

Mir wird bewusst, welch ein wundervoller Moment das in meinem Leben ist. Eine Mischung aus Faszination und Angst. *Wer von all den Milliarden Menschen durfte so etwas Großartiges jemals erleben?*, frage ich mich.

Das Grollen ist verstummt. Mein Zittern auch. Ich höre Geräusche von unten. Das war soeben der Hall meines Kanisters. Jemand muss ihn berührt haben. Ich wage erstmals, meine Dynamotaschenlampe in Gang zu setzen. Der Lichtschein ist schwach, der Lichtkegel klein. Ich suche mein Pakafleisch. Wahrscheinlich ist es das, was ihn angelockt hat. Im tiefen Wald, wo es keinen Windhauch gibt, hätte er den Happen sicher nicht wahrgenommen. Aber hier am Fluss weht eine sanfte Brise. Vielleicht hat sie ihm den Fundort verraten.

Da sehe ich sein Fell! Vor Schreck fällt mir die Lampe fast aus der Hand. Ein großes, ein wunderschönes Tier! Es macht sich am Paka zu schaffen.

Jetzt gilt es zu fotografieren. Möglichst leise und möglichst schnell, ehe er den kleinen Happen verspeist hat und weiterzieht. Ich schieße Blitz auf Blitz ab, ohne durch die Kamera zu schauen. Einfach auf gut Glück. Nur die Meter variiere ich. Fünf, sechs, sieben, acht Meter. Blende acht, fünf-sechs, vier. Hauptsache, wenigstens ein einziges Bild wird scharf. Blitze, das weiß ich, irritieren Tiere nicht. Sie kennen das von Gewittern.

Längst muss er das wenige Fleisch verzehrt haben. Aber noch immer steht er mitten im Camp. Jetzt leckt er meinen Kanister ab. Richtig, fällt mir ein, da hatte ich meine schmierigen Hände dran abgewischt.

Als es still wird unter mir, leuchte ich erneut. Vielleicht ist er weitergezogen. Weit gefehlt! Ich glaube, meinen Augen nicht mehr trauen zu können. Er hat sich ausgestreckt und will nun ruhen.

Das kann ja heiter werden, schießt es mir durch den Kopf. Denn jetzt, wo ich mich längst sicher fühle, merke ich, wie der Ast, auf dem ich sitze, meine Blutzirkulation abschnürt. Außerdem muss ich wohl auf der Straße einer Ameisensippe sitzen. Sie beißen mich. Es ist kaum noch zum Aushalten. Mit dem Gasfeuerzeug bemühe ich mich, den Ast seitwärts von mir anzubrennen, um die Tiere durch den Brandgeruch fernzuhalten. Einige kehren um. Aber es bleiben genügend Mutige, die die Demarkationslinie überschreiten.

Der Jaguar schläft den Schlaf des Gerechten, während ich mit den Tücken meines Sitzplatzes kämpfe. Mit Bindfaden knote ich eine kreisartige Schlaufe um den Ast. In ihr kann ich meine Füße abstellen. Das lässt die Zirkulation wieder funktionieren. Ich weiß nicht, was ich ohne den Einfall getan hätte.

Der Jaguar liegt immer noch da unten. Er denkt gar

nicht ans Weitergehen. Ich werde spürbar müde. Zweimal ertappe ich mich, wie ich nach vornüber wippe. Ich muss mich immer krampfhafter am Stamm festhalten. Schließlich binde ich mich an der dicken Wendeltreppenliane fest.

Als ich wieder einmal hochschrecke, ist es bereits sechs Uhr morgens. Ich bin völlig gerädert. Als Erstes leuchte ich hinab. Der Jaguar ist weg. Ich leuchte, so weit mein Lichtschein reicht. Er ist tatsächlich fort. Von Kälte und Müdigkeit benommen, warte ich dennoch die paar Minuten, bis es deutlich heller wird. Vorsichtshalber gebe ich einen Schuss ab. Totenstille.

Ich versuche eine Art Gymnastik, um meine Gefühle zu reaktivieren. Dann schreie ich laut und ausgelassen »Hey, wo bist du?«. Auch jetzt keinerlei Geräusch.

Unbeholfen klettere ich zu Boden. Ich poltere durchs Lager, klopfe gegen Stämme, auf meinen Kanister, um den Jaguar, sollte er doch noch in der Nähe sein, endgültig zu vertreiben. Dann lasse ich das Lagerfeuer prasseln, schmeiße das dicke Holz drauf und plumpse erschöpft in die Hängematte.

Als ich erwache, ziehe ich Bilanz. Das Fleisch ist verzehrt, der Kanister weist tiefe Bissspuren auf. Zum Durchqueren der Flüsse ist er nur noch bedingt einsatzfähig. Aber was macht das schon? Jetzt, wo alles überstanden ist, zählt einzig das Besondere des Erlebnisses. Hauptsache, die Bilder sind etwas geworden.

Als ich die Filme später aus der Entwicklung abhole, trifft mich schier der Schlag: Erst da sehe ich, dass es nicht ein, sondern zwei Jaguare gewesen sind! Im kleinen Lichtkegel meiner Lampe habe ich immer nur ein Tier gesehen.

Rekord!

Eine Zeit lang zog ich mit einem Diavortrag zum Thema »Danakilwüste« durch die Lande. Ein Bericht über eine meiner spannendsten Reisen. Eine Sequenz in dieser Bildfolge zeigte Aufnahmen aus dem Krieg Eritrea gegen Äthiopien. Aufnahmen von Toten, Verwundeten, Operationen. Er war streckenweise ein wenig hart, aber letztlich realistisch. Wenn die »schlimmeren« Bilder kamen, warnte ich vor. Sensiblere Zuschauer konnten dann wegschauen. Die meisten wurden durch die Warnung erst recht hellhörig und ließen sich nichts entgehen. Gutmenschmäßig – »Krieg ist schrecklich!« – bedeckten sie zwar ihre Augen, aber zwischen den Fingern schielten sie diskret hindurch, damit ihnen ja nichts entging. Nur sehr wenige schauten wirklich weg. Das kann man als Vortragender gut beobachten, weil der Lichtreflex von der Leinwand für ausreichend Helligkeit sorgt.

Ich baue den Projektor auf. Ein kleiner Junge, etwa zwölf Jahre alt, schaut mir zu. »Wo sind denn die Kerben, die du nach jeder Ohnmacht in den Projektor kratzt?«

O Gott! Irgendwo hatte ich geschrieben, dass ich das täte. Es war als Gag gedacht. Zum Glück fällt mir eine Ausrede ein.

»Ausgerechnet heute habe ich einen neuen Projektor mitgenommen. Den alten musste ich ausrangieren, weil er voll war mit Kerben. Da hatte keine einzige mehr Platz.«

»Schade!« Er ist sichtbar enttäuscht. Vielleicht misstraut er mir auch. Das muss ich vermeiden.

»Wenn heute wieder jemand umfällt, darfst du die Kerbe selbst machen. Okay?«

Glücklich trollt er sich. Der Vortrag beginnt. Ich vergesse ihn.

An diesem Tag ist es tropisch heiß, der Raum in der Sparkasse eng und stickig. So wirkt die Wärme doppelt. Es ist zum Ersticken. Plötzlich macht es »Bumm!«. Es folgt eine gewisse Unruhe. Dann weiß ich immer, was los ist: Es ist wieder jemandem schlecht geworden. Prompt folgt der Zuruf: »Können wir mal Licht machen? Hier ist jemand ohnmächtig geworden.« Das Licht geht an. Ein 18-jähriger Mann wird zur Tür hinausgetragen. Gut, dass zufällig Helfer in seiner Nähe gesessen haben. Sie kümmern sich um ihn.

Ich kann weitermachen.

»Bumm!« Der Nächste. Nein, *die* Nächste. Eine alte Dame. Ein Mann und eine Frau bringen sie vor die Tür an die frische Luft.

Ich kann fortfahren.

Die beiden haben sich offensichtlich erholt. Ich nehme aus den Augenwinkeln das mehrmalige Öffnen und Schließen der Tür wahr.

Und dann zum dritten Mal: Bumm! Licht an, Patient raus, Licht aus.

Weiter.

Normalerweise bin ich bemüht, in der Zeit zu bleiben. 90 Minuten und nicht länger. Nicht überziehen, aber auf Wunsch danach noch Fragen beantworten. Ich will nicht zu den Referenten gehören, die kein Ende finden. Doch die drei Zwischenfälle haben bestimmt acht Minuten geraubt. Deshalb habe ich die Ohnmachten längst »rationalisiert«. Sonst würden die Unterbrechungen noch länger dauern. Ich verharre nur noch kurz im Text und rufe: »Bitte die Beine hochlegen, Kragen öffnen, Luft zufächeln!« Dann fahre ich fort.

Nach einer Stunde und 40 Minuten ist Schluss. Fragen. Ein Herr meldet sich. »Finden Sie nicht, dass Ihre Bilder teilweise sehr hart sind? Drei Ohnmachten sind wohl ein eindeutiger Beweis.«

»Ich weiß nicht, ob es unbedingt an den Bildern liegt. Ich führe die Ohnmachten vor allem auf die schlechte Luft zurück«, versuche ich den Verdacht zu entkräften und die Schuld dem Klima zu geben. Man will ja schließlich nicht für einen Sadisten gehalten werden. Dabei weiß ich genau, dass es sehr wohl an den Bildern lag. Denn es passiert immer an dieser Stelle, und ich habe die Bilder bewusst im Programm belassen. Ich will schließlich von meinen Reisen durch Afrika erzählen und nicht von einer Fotosafari durchs heutige Ostpreußen. Ich möchte den Menschen zeigen, wie es ist, wenn machtbesessene, skrupellose Politiker ihre Bevölkerung brutal verheizen, und welches Glück wir haben, in genau dieser Epoche der Menschheit in Deutschland leben zu dürfen. Demokratie, Wohlstand, Frieden seit Jahrzehnten. Noch nie in der gesamten Menschheitsgeschichte hatten die Deutschen ein vergleichbares Glück. Vielleicht weiß ich dieses Glück doppelt zu schätzen, weil ich die Willkür der Nazizeit noch erlebt habe. Als der Krieg zu Ende war, war ich zehn Jahre alt.

»Eigentlich spricht das ja *für* den Vortrag. Er beeindruckt demnach, und ich werte die Ohnmachten eher als Kompliment.« Ich kann mir diese Äußerung nicht verkneifen.

Gelächter. Das heißt Zustimmung. »Aber ich gebe zu: *Drei* Ohnmachten sind ein neuer Rekord. Bisher lag er bei zwei.« Erneute Heiterkeit. Da hebt sich eine dürre Hand.

»Ja, bitte!« Der Hand folgt eine ebenso dürre, ältere Dame.

»Das ist *kein* neuer Rekord!«, dämpft sie meinen Stolz. »Ich bin *zweimal* hingefallen!« Schon sitzt sie wieder. Das

219

Publikum ehrt ihr Durchhaltevermögen mit tosendem Applaus.

Als fast alle Zuschauer gegangen sind, kommt eine junge Frau an meinen Büchertisch. »Entschuldigen Sie, dass ich Sie anspreche. Ich bin Krankenschwester. Ich saß zufällig neben der alten Dame, und ich war es, die geholfen hat, sie rauszubringen. Ich hatte ihr kaum etwas frische Luft zugefächelt, als sie schon wieder die Augen aufschlug und aufgeregt bat: ›Schnell zurück! Der soll nicht ohne mich weitermachen. Das will ich sehen.‹ Ich geleitete sie zur ihrem Platz, sie schaute zur Leinwand und – bautz! – lag sie schon wieder flach.«

Als auch die Krankenschwester gegangen ist, steht da noch mein kleiner Leser. Ich hatte ihn glatt übersehen. In der Hand das gezückte Messer.

»Wo darf ich die Kerben einritzen?«

Seitdem zieren meinen Projektor zwei dicke Kratzer.

Man will ja glaubwürdig bleiben.

Zickenalarm

Der Unfall geschah völlig unerwartet. Gerade hatte die kleine Ziegenherde noch am Straßenrand gewartet, da war eins der Tiere plötzlich vorgesprungen. Genau vors Auto. Es machte rumms. Nun ist es tot.

Vollbremsung. Großes Geschrei.

Das Auto ist sofort umringt von zeternden Menschen. Einige versuchen, die Leiche unter dem Auto hervorzuzerren. Fahrerflucht unmöglich.

»Um Himmels willen!« Die Beifahrerin befürchtet das Schlimmste. Ihr Mann ebenfalls. Denn alle Männer da draußen sind mit Maschinenpistolen bewaffnet. Sie würden das Auto mühelos in ein Sieb verwandeln, wenn die beiden auch nur den Versuch wagten, entkommen zu wollen. Also spontan reagieren. Aussteigen, sich entschuldigen. Das Beste draus machen. Retten, was zu retten ist. Zum Glück war es kein Kind! »Nur« eine Ziege.

Das Problem: Keine Partei versteht die andere. Kein einziges Wort kann der Fahrer aus dem Wortschwall herausfiltern, der ihm entgegentost. Die Menschen sprechen Afaraf, die Landessprache der Afar in der Danakilwüste Äthiopiens, er und seine Frau Deutsch und Englisch. Sie sind Touristen auf dem Weg von Addis Abeba nach Dschibuti. Immerhin fällt dem Mann das vielleicht wichtigste Wort hier im Grenzgebiet ein. »Salaam, salaam, Frieden«, ruft er, sucht mit den Augen den Ältesten, findet ihn, geht auf ihn zu, streckt ihm die Hand entgegen.

221

Der Alte murmelt ihm ein gedehntes »Wa aleikum assalaam« zurück, aber wirklich friedensmäßig freundlich wirkt das nicht. Zwei Männer schleppen das blutige Opfer von der Straße hinters Haus. Einer der Umstehenden ist besonders wütend. Der Wortführer, offenbar Eigentümer des Tieres. Klar, er will Geld, denkt sich der Fahrer. Demonstrativ zückt er seine Geldbörse, um Entgegenkommen zu demonstrieren, um eine Eskalation zu verhindern, um die Aufregung zu dämpfen. Er sucht einen Schein, ohne seine gesamte Barschaft präsentieren zu müssen. Heimlich lässt sich das in dem Tumult nicht arrangieren. 100 Augen fixieren das Portemonnaie, versuchen, das Geld zu zählen, den Reichtum des Touristen abzuschätzen. Schließlich hat er 500 Birr erwischt. Das entspricht 50 Euro. In dieser Gegend eine korrekte Bezahlung. Sogar mehr als korrekt.

Erstaunt tauschen die Afar kurze Blicke untereinander aus. Macht der Fremde einen Witz? 500 Birr?

Niemand nimmt sie entgegen. Die Hand des Schreiers greift in Richtung ausländischer Geldbeutel, deutet mit Gesten an, der Fremde solle seinen Barbestand ausschütten. Der weigert sich, klar, steckt das Geld schleunigst in die Hosenseitentasche und verschließt sie mit dem Klettverschluss. Niemand wird ihm das Geld unbemerkt aus der Tasche ziehen.

Wahrscheinlich sind ihnen 500 Birr zu wenig. Dann eben nicht, denkt er. Er öffnet die Wagentür, will einsteigen. Da werden sie handgreiflich. Reißen ihn weg vom Wagen. Seiner Frau wird himmelangst. Sie verriegelt die Türen.

Was tun?

Da deutet sich Rettung an. »May I help you?«

War das Englisch? Oder hatte er sich in der Aufregung verhört?

Noch einmal dieselbe Frage. Ein in die Luft gereckter Arm signalisiert, woher die Worte kommen. Von einem hochgewachsenen Mann in landesüblichem Gewand. Wickelrock bis unterhalb der Knie und ein über die Schulter geworfenes weißes Baumwolltuch. Auffallend sauber. Keine Maschinenpistole. Nur eine Gille, das traditionelle Afar-Krummschwert. Das hat nicht unbedingt etwas Kämpferisches oder gar Kriegerisches zu bedeuten. Niemand ist hier ohne ein Schwert unterwegs.

Mehrere Augenpaare wenden sich dem Sprecher zu. Sein Wort scheint Gewicht zu haben. Die anderen verstummen. Er schiebt sich auf den Deutschen zu, reicht ihm die Hand. »My name is Hamid. I think you have got a big problem«, prophezeit er.

»Yes, indeed«, bestätigt der Deutsche.

»Sie haben eine Ziege überfahren. Die müssen Sie bezahlen.«

»Das wollte ich soeben. Aber man hat das Geld nicht genommen.«

Hamid schaut in die Menge, fragt etwas. Ein Wortschwall aus vielen Kehlen antwortet ihm.

»Das war ihnen zu wenig. Ich schlage vor, wir gehen ins Haus und besprechen den Fall«, rät der Afar.

»Kann meine Frau mitkommen?«

»Ja, natürlich.«

Die Frau ist glücklich, dem Brutofen Auto zu entkommen. Wortlos folgt sie den Männern ins schattige Haus. Sie nehmen Platz auf dem Boden, auf einem Plastikteppich. Ein leiser Durchzug sorgt für dringend erforderliche Kühlung.

»Leg noch 100 Birr drauf. Hauptsache, es geht schnell. Sonst kriege ich einen Hitzschlag«, raunt die Frau ihrem Mann zu.

Der Eigentümer der Ziege ist mit ins Haus gekommen. Die Übrigen tummeln sich in der prallen Mittagssonne vor und hinter dem Haus. Sie schauen durch Tür- und Fensteröffnungen, diskutieren erregt und gestikulieren wild.

Ihnen scheint die Hitze nichts auszumachen. Die Sensation lässt sie das Übel ertragen. Wann passiert hier schon mal was? Der Ort ist trostlos. Zwei Häuserreihen säumen die Straße. Ansonsten Steine, Akaziensträucher, Staub. Sonst nichts. Außer Hunderten von blauen Plastiktüten, die der Wind hin- und herwirbelt, bis er sie fein säuberlich an den Dornen der Akazien aufhängt.

Jemand bringt drei Gläser Tee herein. Na, immerhin. Auf jeden Fall ein positives Zeichen.

Der Dolmetscher diskutiert gestenreich mit dem Eigentümer. Irgendwann das Fazit.

»Ja, wie ich schon sagte, das Problem ist größer, als Sie vielleicht dachten.«

»Ich habe 500 Birr angeboten. Das war ihnen aber zu wenig. Ich dachte, das sei großzügig, denn ich weiß, dass Ziegen auf dem Markt von Addis Abeba zwischen 250 und 350 Birr kosten.«

»Ja«, Hamid lächelt. »Marktziegen sind das eine. Was Sie überfahren haben, ist das andere.«

»Hhh??«

»Was auf dem Markt angeboten wird, sind Böcke. Die sind billig. Die haben nur einen Schlacht- und Nahrungswert. Sie aber haben eine Geiß überfahren. Geißen werden niemals verkauft! Unter keinen Umständen. Die ernähren mit ihrem Nachwuchs eine ganze Familie. Sie haben eine solche Geiß überfahren. Die ist doppelt so teuer. Das wären mindestens 700 Birr.«

»Das habe ich nicht gewusst. Aber ich bin selbstverständlich bereit, das zu zahlen. Ich weiß, dass die Menschen hier arm sind und jedes Tier einen hohen Wert für sie darstellt.« Der Deutsche gibt sich menschlich.

Hamid gibt die Information an den Eigentümer weiter. Dessen erregte Antwort und abwehrende Handbewegung verraten, dass es mit 700 nicht getan ist, dass der Betrag geradezu lachhaft sein muss.

»Die Ziege war keine gewöhnliche Ziege«, erklärt Hamid. »Sie war schwanger. Und sie hatte drei weibliche Geißlein im Bauch. Die sind jetzt auch tot. Das sind für jedes Tier noch einmal 250 Birr. Macht zusammen 1450. Sie können sich die toten Zicklein anschauen.«

Die Frau mischt sich ein. »Bleib bloß hier. Das wird schon stimmen. Ich kann kein Blut sehen, und draußen ist es brüllend heiß.«

»Okay, wenn Sie es sagen«, antwortet ihr Mann, langsam sichtlich genervt. »Dann bekommt der Ziegenzüchter von mir 1450 Birr.«

Der Dolmetscher fragt zurück. Erneut erregte Diskussion.

»Nein, das reicht nicht. Weil die Zicklein Weibchen waren. In zwölf Wochen hätten die drei auch schon wieder schwanger werden können. Und gehen wir davon aus, dass auch die jede drei Junge bekommen würden, sind das noch mal 2250 weitere Birr. Macht 3700 Birr.«

Der Mann nimmt ein Stück Papier zuhilfe, um diese Summen ausrechnen zu können.

Der Deutsche wagt ein Widerwort. »Sofern alle Zicklein *Weibchen* geworden wären.«

»Ja. Da hast du recht. Deshalb kommt dir der Eigentümer entgegen. Er berechnet dir nur je zwei Weibchen und ein Böckchen. Macht also sechs Weibchen und drei Böckchen. Die Böckchen kosten nur 200.«

Er malt ganze Zahlenreihen auf das Papier. Man könnte denken, der Tourist habe sämtliche Ziegen des Dorfes vernichtet.

»Das wären dann 3550 Birr, wenn ich richtig gerechnet habe. Ein echter Sonderpreis, weil du ein freundlicher Mann bist.«

Der Deutsche zückt zum wiederholten Mal seine Geldtasche. Feilschen wäre zwecklos.

»Moment!«, unterbricht ihn der Eigentümer mit Gesten und legt beruhigend seine Hand auf den Arm des

Deutschen. Nebenbei redet er mit Nachdruck auf Hamid ein. Hamid übersetzt.

»Wir müssen noch über ein weiteres Problem reden. Da man auf keinem Markt eine ausgewachsene Geiß kaufen kann, nur Zicklein, geht der Familie drei Monate lang die tägliche Milch verloren, die die Geiß der Familie gegeben hätte. Mindestens zwei Liter pro Tag hätte man der Ziege wegnehmen können ohne Schaden für die Zicklein. Und das mindestens zwei Monate lang. Du musst wissen, die Frau des Eigentümers hat selbst vier Kinder. Die brauchen die Milch. Ich sagte es schon, eine Ziege ist das wichtigste Kapital für eine Familie in dieser Region. Der Mann sagt, für die entgangene Milch muss er noch einmal eine Entschädigung haben. Zwei Liter zu 2 Birr, das macht 4 Birr, mal 60 Tage … dann sind das noch einmal 240 Birr. Macht zusammen 3790 Birr.«

Kurz und gut: Dem Deutschen bleibt nichts übrig, als zu zahlen. Vierzig grüne Scheine wechseln die Eigentümer. Fast viertausend Birr. 400 Euro.

Der Züchter sucht nach Wechselgeld. Natürlich findet er nichts. Er fragt die Umstehenden. Auch die haben nichts; allenthalben Kopfschütteln und fassungslose Mienen. Als wollten sie sagen: »Wie kann man bei uns Geld vermuten?«

Der Dolmetscher ist auch pleite. Zehn mickrige Birr zaubert er aus den Falten seines Gewandes. »Wie du siehst, besitze ich nur die zehn Birr.«

»Lass es gut sein. Gib den kleinen Rest den Kindern der Frau als Baqschisch, als Trinkgeld. Sie sollen sich zum ersten Mal in ihrem Leben ein paar Bonbons kaufen.« Wer mag da nein sagen?

»Ich spreche es nicht gerne aus. Aber vielleicht magst du mir noch eine Anerkennung zahlen. Ohne mich hättest du hier echte Probleme bekommen. Die hätten dir das halbe Auto demontiert. Das wäre bestimmt viel teurer geworden. Ich würde mich freuen, wenn du mir ein kleines Geschenk von tausend Birr geben würdest.«

Freundlich streckt er die offene Hand hin. Tausend Birr wechseln die Besitzer.

Die Deutschen verabschieden sich und steigen in ihren Wagen. Genervt, schweißgebadet.

»Die Beule am vorderen rechten Kotflügel wird auch noch einmal viel Geld kosten«, meint die Frau.

»Nun hör auf zu jammern. Sei froh, dass wir davongekommen sind. Schau mal, wie sie alle lachen und winken. Und wie anders sah es vorhin noch aus, als sie ihre Kalaschnikows auf uns richteten.«

Mein Projektleiter Ali Mekla und ich begegnen den beiden Deutschen nur fünf Kilometer vom Unfallort entfernt. Sie haben unseren weißen Unimog gesehen und die Aufschrift »TARGET. *Mobile Hospital. Rüdiger Nehberg*« gelesen. Unsere fahrende Krankenstation, mit der wir im Afarland unterwegs sind.

Noch immer völlig aufgeregt, erzählen sie uns von ihrem Erlebnis. »Letztlich sind wir ja noch mal glimpflich davongekommen. Wenn man das Geld umrechnet, sind es 500 Euro. Wir werden es verschmerzen. Aber das war uns eine Lehre! In Zukunft fahren wir nur noch im Schneckentempo durch die Ortschaften.«

Wir versuchen, sie zu trösten. Offenbar trifft es keine Armen. Nach einer halben Stunde haben sie sich ausgequatscht. Erleichtert fahren sie davon. Im Schneckentempo.

»Aber was sie nicht wissen«, klärt Ali Mekla mich auf, »ist, dass das ein völlig üblicher Trick ist. Genau das kommt hier alle paar Tage vor. Ein Kind steht mit einigen Ziegen neben der Fahrbahn. Eins der Tiere liegt am Boden, so, als ruhe es sich aus. Dabei ist es ein totes Tier, das man zuvor geschlachtet hat. An seinen Vorderbeinen ist eine starke Angelsehne befestigt. In dem Moment, wo das Auto die Herde passiert, wird die tote Ziege von der anderen Straßenseite vor das Auto gezogen. Die anderen Ziegen preschen dann erregt in alle Richtungen. Ebenso schnell stürzen die Menschen herbei, machen sich an dem ›Opfer‹ zu schaffen, kappen die Angelsehne, schütten ein paar der beim Schlachten abgefallenen Innereien neben das Opfer und beginnen zu lamentieren. Dann kommt der Dolmetscher. Er gehört zu den Ganoven. Er ist einer von ihnen. Er bekommt einen festen Anteil vom verdienten Geld und das, was er als Provision direkt ergaunert hat.

Und der Clou bei alledem: Es war niemals eine *Geiß*! Es war ein *Bock*! Kein Mensch verkauft oder opfert hier geschlechtsreife Geißen.«

Der Deutschlandmarsch

Vorbemerkung

Im Leben eines jeden Menschen wird es Situationen geben, deren Bedeutung er falsch einschätzt. Situationen, in denen er falsch reagiert. Bei mir zählt dazu der Selbstversuch »Deutschlandmarsch ohne Nahrung und Ausrüstung« im Jahre 1981. Das ZDF berichtete darüber in einer 45-minütigen Dokumentation und erzielte eine Sehbeteiligung von 29 %! Eine Traumquote, noch bevor das Wort Quote fürs Fernsehen überhaupt erfunden schien. Das Experiment machte mich schlagartig bekannt, bekannter als den bunten Hund von der Straße. Als »Würmerfresser« überholte ich ihn sogar.

Ausschlaggebend für das unerwartete Interesse war die Nachvollziehbarkeit meines Marsches. Da ereignete sich etwas vor der eigenen Haustür: kurios, einmalig und außerdem noch preiswert. Ein Abenteuer von nebenan. Der Marsch hatte bewirkt, was mir mit den vorangegangenen aufwendigen Abenteuerreisen am fernen Blauen Nil oder in der Danakilwüste Äthiopiens nie gelungen war.

Diese unerwartete Aufmerksamkeit hätte ich nutzen und ein Buch darüber schreiben sollen. Eine Gebrauchsanweisung für all die vielen Interessierten, die sich ebenfalls einmal etwas Verrücktes gönnen wollten, das nichts außer Zeit kostete. Doch das war weder mir noch meinen damaligen Verlegern bewusst geworden. Ich beschränkte mich darauf, den Deutschlandmarsch in Kurzform in mein erstes Yanomami-Buch, »Yanonámi – Überleben im Urwald«, einfließen zu lassen. Als ein Vorbereitungstraining, das es ja auch war. Beim Marsch selbst habe ich jedoch stets nur von einer Survivalübung gesprochen. Niemand sollte die wahren Gründe erfahren. Sonst wäre mein Vorhaben in Brasilien schon im Voraus zum Scheitern verurteilt gewesen.

Heute liegt das Ereignis genau 27 Jahre zurück. Ohne es damals zu ahnen, schaffte ich mir damit nicht nur ein momentanes Erlebnis, sondern die Basis für ein lebenslänglich währendes Selbstvertrauen. Die neue Erfahrung wurde mein wichtigstes psychologisches »Ausrüstungsteil« und ermutigte mich zu vielen ähnlichen Experimenten. Zum Beispiel dem Wettmarsch gegen den Aborigine und den Ultramarathonläufer durch 700 Kilometer australisches Outback (dokumentiert in dem Buch »Mit dem Baumstamm über den Atlantik«). Oder dem Marsch durch den brasilianischen Regenwald, wo mich ein Hubschrauber ohne Ausrüstung ausgesetzt hatte (»Abenteuer Urwald«).

Der Deutschlandmarsch wurde Survivalgeschichte. Das wird mir immer wieder bewusst am Büchertisch nach meinem Diavortrag »Querschnitt durch ein aufregendes Leben«. Kein Abend ohne die Frage: »Gibt es eigentlich ein Buch über den Deutschlandmarsch?« Selbst junge Leute wollen das wissen, auch wenn sie damals noch gar nicht gelebt haben.

Und weil das betreffende Yanomami-Buch inzwischen nicht mehr lieferbar* und in »Echt verrückt!« lediglich eine kurze Episode des Deutschlandmarsches nachzulesen ist, will ich das Versäumte nun nachholen. Ungeachtet der verstrichenen 27 Jahre. Eben weil das Experiment zeitlos

---

* Die wichtigsten Ergebnisse sind in dem Buch »Die Yanomami-Indianer. Rettung für ein Volk« zusammengefasst.

bleibt. Es lässt sich heute genauso durchführen wie 1981 oder in 500 Jahren. Und zwar unabhängig von Alter, Geschlecht, Finanzen und Kondition. Man kann es allenfalls steigern. Zum Beispiel über längere Distanzen. Oder im Winter. Aber das überlasse ich meinen Lesern. Ich möchte nur die Anregung liefern.

In diesem Sinne wünsche ich viel Spaß beim Lesen und Inspirationen zum eigenen Versuch.

Die Vorgeschichte

»Das wirst du niemals überleben! Du wirst schon nach wenigen Tagen aufgeben.«

So die einhellige Meinung all derer, denen ich von meinem Vorhaben erzähle. Ich will zu den Yanomami-Indianern in Nordbrasilien. Auf legalem Wege ist das nicht möglich. Indianerfreunde und Journalisten sind den Behörden suspekt. Also wird jeder Versuch von vornherein abgeblockt. Die Argumentation klingt edel und erlaubt weder Widerspruch noch Ausnahme: »Seit der Entdeckung Amerikas sind bisher alle indianischen Völker von der Zivilisation zerstört oder ausgerottet worden. Die Yanomami sind das letzte große Volk. Bis heute konnte es sich seine Ursprünglichkeit bewahren. Und das soll so bleiben. Nicht nur deshalb wurde unsere Institution ins Leben gerufen.«

Der verschwitzte Bürokrat der sogenannten Indianerschutzbehörde FUNAI (Fundação Nacional Indígena) in Manaus (Rio Negro) gibt sich verantwortungsbewusst. Bei seinem Vorgesetzten bräuchte ich es gar nicht erst zu versuchen.

»Der wird Ihretwegen bestimmt nicht sein angesehenes Amt riskieren. Und außerdem ist er auf einer zweiwöchigen Konferenz in Brasília.«

Na, wer will schon so lange warten? Ich jedenfalls nicht.

Sichtlich angewidert ob meiner Nachfragerei, angelt er sich ein schmuddeliges Wischtuch aus der Ecke. Erschrocken stiebt ein Schwarm Fliegen in die Höhe. Er lässt sich aber sofort wieder beruhigt nieder, nachdem der Mann das matschige Textil zum Handtuch aufgewertet und es sich wie einen Staudamm gegen die Schweißbäche um seinen Hals gewunden hat. Dann verzieht der Neinsager sich hinter den Ventilator und täuscht Arbeit vor. Er und sein Tuch widern mich an. Und das will was heißen. Normalerweise liebe ich Fliegen.

Ich erzähle Padre Casimiro von den katholischen Salesianern von der Abfuhr. Er kennt die Yanomami. Am oberen Rio Padauiri, an der Peripherie des Yanomamilandes, hatte er vor einigen Jahren in einer der ersten Missionsstationen Kontakt mit ihnen und ihre Sprache gelernt.

Obwohl mir auch Missionare suspekt sind, glaube ich ihm mehr als jedem anderen. Vor allem mehr als dem Fliegen züchtenden FUNAI-Mann. Casimiro spricht perfekt Deutsch.

»Rüdiger, lassen Sie sich nichts vormachen. Da oben an der Grenze zu Venezuela braut sich ein Völkermord zusammen. Man hat Gold entdeckt, und über eine Luftbrücke werden von Boa Vista aus Tausende von Goldsuchern in das Gebiet geflogen. Sie machen alles nieder, was sich ihnen in den Weg stellt. Egal, ob Wald oder Mensch. Auch das letzte große Volk wird von der Vernichtung nicht verschont bleiben.« Er ist bedrückt. Ich überlege, ob die Ursache für seine Niedergeschlagenheit Menschlichkeit ist oder der Verlust potenzieller zu missionierender Seelen. Wie seit 1492.

Doch in dieser Sekunde steht für mich fest, dass ich mir ein eigenes Bild verschaffen werde. Zunächst noch prägen Abenteuerlust und Neugier meine Entscheidung. Ich ahne nicht, dass mein Leben damit eine entscheidende Wende erfährt. Fast zwei Jahrzehnte wird mich der Kampf gefangen nehmen. Die Konditorei wird immer mehr zur Nebensache werden. In dem bevorstehenden Engagement werde ich die Erfüllung meines Daseins finden. Ungeahnt werde ich Menschenrechtsaktivist werden. Schließlich werde ich die Konditorei verkaufen.

Wie oft hatte ich mich als alter Karl-May-Leser gefragt, wie *ich* mich wohl verhalten hätte, wenn ich zu Zeiten der Eroberung Nordamerikas gelebt hätte! Und natürlich war ich stets auf Seiten Winnetous und Old Shatterhands gewesen. Aber es war müßig, intensiver darüber nachzudenken. Die Zeiten waren längst Geschichte und meine Solidarisierung schlichte Hypothese. So dachte ich jedenfalls.

»Welche Chance habe ich, mir vor Ort, unter Umgehung der Behörden, einen eigenen Eindruck zu verschaffen?«, frage ich Casimiro.

»Das kann man nie verbindlich sagen. Der größte Fehler wäre, die Gefahren zu unterschätzen. Da ist zum einen die Urgewalt des Regenwaldes. Schlangen, Malaria, Knochenbruch, um nur einiges zu nennen. Außerdem gibt es an allen Flüssen Posten der FUNAI, und es gibt opportunistische Siedler, die Sie gern der FUNAI verraten werden, um sich beliebt zu machen. Hinzu kommen frei umherstreunende Goldsucher. Das sind bitterarme Schlucker, die keinerlei Skrupel kennen werden. Jeder von ihnen kämpft ums nackte Überleben. Die werden Sie wegen eines Hemdes erschießen. Jeder im Wald ist bewaffnet. Aber die größte Gefahr sind die *organisierten* Goldsucher. Jeder Fremde ist für sie ein Spion, den man ausschalten muss. Überall in den Garimpos, den Goldgruben, gibt es Radioverbindungen zu den Zentralen der Mafiabosse. Ein Funkspruch, und sofort kommt die Polícia Federal mit Hubschraubern und holt sie raus. Das System des Völkermordes ist perfekt organisiert. Auch das Militär spielt mit. Alle. Bis rauf zum Staatspräsidenten. Sie dürfen niemandem trauen.«

Nun, so ganz unerfahren im Wald war ich nicht mehr. Ausgedehnte Kanureisen und erste längere Märsche in Venezuela und Brasilien hatte ich bereits hinter mir. Die Komplexität des Regenwaldes schockte mich nicht, sie verlockte mich. Ich liebe die Vielfalt, die Enge, die Schwüle, den Geruch von Moder. Da werden alle Sinne gefordert, sensibilisiert und optimiert. Viel Feind, viel Ehr, denke ich, vertraue meinem Survivalwissen. Den Rest überlasse ich meinem Schutzengel. Kaum noch höre ich Casimiro richtig zu. In Gedanken bin ich bereits bei den Indianern.

»Und die Indianer selbst? Wie werden *die* mich aufnehmen?« Das ist für mich viel wichtiger. Den Goldsuchern werde ich ausweichen.

»Das kommt auf Sie an. Gehen Sie vor allem laut, machen Sie sich bemerkbar. Die Yanomami sagen: ›Wer schleicht, ist ein Feind. Wer laut kommt, ist ein Freund.‹ Und gehen Sie allein! Allein stellen Sie keine Gefahr dar. Da überwiegt bei den Indianern die Neugier und nicht die Furcht. Außerdem bewundern sie Einzelgänger. Sie selbst gehen nie allein. Sie sind immer mindestens zu zweit.«

Mit jedem Satz festigt sich mein Wunsch, das Wagnis einzugehen. Casimiro sieht es mir an. Meine Augen leuchten. Das merke ich, ohne in den Spiegel schauen zu müssen.

»Etwas möchte ich Ihnen noch mitgeben auf den Weg. Die Indianer, die Sie lange aus Verstecken heraus beobachten werden, müssen sofort merken, dass Sie kein Goldsucher sind. Wann immer einer vor ihnen auftaucht oder Sie einen im Dickicht vermuten, rufen Sie sofort diesen Satz: ›Schereka pe ni hai ma hey!‹ Das heißt sinngemäß ›Nicht schießen, ich bin ein Freund.‹«

Sofort schreibe ich ihn mir auf.

Im Banne der Idee

Ab jetzt lebe ich im Banne des Vorhabens. Nie zuvor habe ich Vergleichbares unternommen. Kaum vermag ich zu schlafen. Ich muss schneller sein als die FUNAI-Posten und das Militär. Damit fällt und steht alles. Ich muss meine Frau Maggy von mehreren Monaten des Alleinseins überzeugen, ich muss die Konditorei am Laufen halten … Die Gedanken schlagen Purzelbäume.

Ich rechne mit vier Wochen ohne Kontakt zu Menschen, und dafür bedarf es einiger Ausrüstung. Militär ist ja bekanntlich *über*ausgerüstet. Schneller wäre ich nur, wenn ich selbst auf jegliches Gepäck verzichten könnte. Aber ich kann schließlich nicht nackt wie das Pekari oder der Jaguar laufen.

Wie wäre es, wenn ich nur meinen Überlebensgürtel mitnähme, ein Haumesser, eine leichte Netzhängematte und eine Folie gegen den Regen? Also ein Marsch ohne Trinkwasser, ohne Lebensmittel? Dann käme ich gut voran. Aber wie lange kann ich ohne zu essen und trinken durchhalten? Da vermag ich nur Faustregeln zugrunde zu legen. Und die besagen »drei Tage ohne Wasser, drei Wochen ohne Nahrung«. Und was heißt drei Wochen? Wie verbringe ich die? Ruhig im Bett liegend oder Hochleistung bringend? Wird es kalt oder warm sein? Bin ich dabei ruhig und gelassen oder habe ich Angst? Das alles wird einen gewaltigen Unterschied ausmachen. Kurzum – es mangelt mir ganz einfach an entsprechenden eigenen Erfahrungen.

Wasser, das weiß ich, gibt es im Wald reichlich. Nicht nur in den vielen Flüssen, sondern auch in den armdicken Lianen. Sie sind prall gefüllt wie Wasserschläuche. Man braucht sie nur unten mit dem Haumesser zu kappen und weiter oben kurz anzuhacken. Dann entsteht »Durchzug«, und es strömt wie aus einem Wasserhahn.

Was bleibt, wären die Problempunkte Nahrung und Medikamente …

Da kommt mir die rettende Idee!

Ich werde ein Training in Deutschland absolvieren! So realistisch wie möglich. Ich werde die Zivilisation einfach ignorieren, tausend Kilometer marschieren und von dem leben, was ich ohne unverhältnismäßigen Zeitaufwand sammeln kann. Und im Übrigen werde ich von der eigenen Körpersubstanz zehren. Das heißt, ich werde abmagern, mich nach mir selbst verzehren. Hört sich doch gut an. Fast narzisstisch.

Ich weihe meinen Freund Arved Fuchs ein. »Im warmen Urwald dürfte das viel weniger ein Problem darstellen als bei mir in der Arktis. Das meiste Essen benötige ich, um den Körper auf 37 Grad zu halten. Das fällt im Urwald flach. Da besorgt dir die Außentemperatur deine Körperwärme. Am besten, du triffst dich mal mit Dr. Helmut Scheele in Lübeck. Er ist spezialisiert auf Diäten und Heilfastenkuren. Er hat jahrelang ein Heilfasten-Sanatorium geleitet.«

Scheele gibt mir auch sofort einen Termin. Ich bin gespannt auf ihn und male mir sofort aus, wie preiswert eine Heilfastenkur sein muss, wenn niemand zu essen bekommt. Und ich überschlage, wie reich ein Arzt sein muss, der sich die Kuren womöglich dennoch gut honorieren lässt.

Ich düse nach Lübeck und werde mit unvergesslichem Mokka aus erlesenstem Silbergeschirr empfangen. Allein dafür hätte sich der Weg gelohnt. Und für die vielen Ratschläge sowieso.

»Ihr Vorhaben stellt überhaupt kein Problem dar. Der Mensch hält viel länger ohne Nahrung aus, als er sich gemeinhin zutraut. Den meisten fehlen einfach Erfahrungen mit Entbehrungen aller Art. Es geht uns seit Jahrzehnten gut. Wir leben im Überfluss, und ans Fasten denkt man erst, wenn das Übergewicht gesundheitliche Probleme auslöst.«

Ich hänge an Scheeles Mund wie Süchtige an Nadel, Nikotin und Alkohol. Und wie ich soeben an der filigranen silbernen Mokkatasse. »Es wird Ihnen sogar bestens bekommen. Jeder Mensch sollte sich von Zeit zu Zeit freiwillig einer Fastenkur unterziehen. Sie entschlackt den Körper, stabilisiert die Gesundheit. Spätestens am dritten Tag verschwindet sogar das quälende Hungergefühl. Sie werden sich leicht und beschwingt fühlen. Nur zweierlei müssen Sie sich einprägen: viel trinken und am Ende der Reise *sehr, sehr langsam* wieder mit dem Essen beginnen. Ihr Magen schrumpft in der Fastenzeit und wäre hoffnungslos überfordert, wenn Sie plötzlich wieder voll zuschlagen.«

Wie schon Padre Casimiro gibt auch er mir einen Leitsatz mit auf den Weg. »Fasten kann jeder Narr, aufbauen nur der Weise.«

Ich liebe zweckmäßige Sprüche und schreibe mir den Satz in mein winziges Tagebuch. Darin stehen auch meine Strategie, meine selbst auferlegten Grundsätze.

Zur Strategie zählt der behutsame Umgang mit der vorhandenen Körperwärme. Jedes Grad, das ich verliere, kostet mich Nahrung oder Verlust an Körpergewicht. Denn ob es mir recht ist oder nicht: der Körper will sich konstant auf 37 Grad halten. Vor allem der Kopf, die Regie. Auch dann, wenn der Körper schläft und scheinbar arbeitslos ist. Herz, Atmung, Träume, Verdauung und manch anderer organischer und geistiger bewusster und unbewusster Ablauf brauchen Treibstoff. Die dafür erforderliche Nahrung, den Kalorienquell, beschafft er sich. So oder so. Das heißt, er zwingt mich, über den Hunger zu essen. Oder ich muss es hinnehmen, dass er sich selbst bedient. Er frisst mich von innen auf. Zunächst zehrt er vom Fett. Dann geht es der Muskulatur an den Kragen. Schließlich minimiert er die Organe. Bis nichts mehr zu holen ist. Außer dem Leben. Das holt er sich im Ernstfall auch noch.

So lautet meine unwissenschaftliche Survivor-Mathematik der menschlichen Botanik über das Verhungern.

Das Gros der Nahrung wird, wie gesagt, für die Körperwärme benötigt. Wechselblütler wie Schlangen und Fische kommen mit einem Bruchteil der Warmblütler-Nahrung aus. Ihre Körperwärme tanken sie aus der sie umgebenden Temperatur. Ist es kalt, sind sie ebenfalls kalt. Ist es warm, tauen sie auf und entwickeln Temperament. Der Mensch ist nur bedingt ein solcher Wechselblütler. Ist es warm – wie im Urwald –, braucht er natürlich nicht so viel Nahrung, weil die warme Luft ihn von außen erwärmt.

Solche Gedanken und Rechenexempel gehen mir von morgens bis abends durch den Kopf. Nachts träume ich davon. Also muss ich haushalten mit der bereits vorhandenen Wärme. Dieses kostbare Gut will ich mir erhalten, ich will es einwickeln in ein Unterhemd, einen Overall, eine Unterhose, Socken, Turnschuhe und eine Mütze.

Die Mütze ist bei mir besonders wichtig. Glatzköpfe wie ich verlieren 70 % ihrer Körperwärme über den Kopf.

Besonders wärmende Luxusgarderobe wie Wollpullover oder Fleece verbiete ich mir. Ein bisschen masochistisch soll es schon auch noch werden.

Wegen des Wärmeerhalts muss ich verhindern, nass zu werden und mich dem Wind auszusetzen. Wasser und Wind saugen einem nicht nur jegliches Grad Celsius in Windeseile aus dem Körper, sondern auch noch Réaumur und Fahrenheit. Und je mehr Wind, desto schneller. Das ist der sogenannte Chill-Faktor. Ob man ihn nun kennt oder nicht, ist eigentlich egal. Man spürt die Kälte auch ohne das Wissen um den Faktor. Und man wird sich instinktiv einen Windschutz verschaffen und ein Feuer zaubern. Das nennt man den Nehberg-Faktor.

Gegen die widerlichen Kumpane Regen und Wind nehme ich eine leichte Aluminiumfolie mit, zum Wiedererwärmen meines Kühlfleisches ein Feuerzeug.

Die übrige Ausrüstung ist eher steinzeitlich. Ich beschränke mich auf ein zehn Zentimeter kurzes ausgehöhltes Holunderrohr. Damit will ich flache, stehende Pfützen leer trinken, ohne den Bodenschmutz aufzuwirbeln. Flusswasser will ich unter allen Umständen meiden. Mögen sie auch noch so klar und einladend ihres Weges ziehen – als könnten sie kein Wässerchen trüben –, Flüsse sind voller Kloake, Chemie, Heimtücke. Sobald sie eine einzige Stadt passiert haben, sind sie belastet. Nur zu kleinen Gebirgsbächen werde ich Vertrauen haben, zu Brunnen und zum Regen.

Des Weiteren habe ich eine rasierscharfe Flintsteinklinge mit. Sie ist mein Messer. Eine kräftige angespitzte Astgabel ist mein Grabstock. Mit ihm kann ich mühelos das Erdreich aufreißen. Wie mit einem Pflug. Er schont meine Fingernägel, vermeidet unnötige Beschmutzung und damit unnötiges Waschen und Wärmeverlust. Hygiene soll bei aller Anspruchslosigkeit an mich selbst nicht zu kurz kommen. Sie ist nötig zum Wohlbefinden, sie beugt Krankheiten vor.

Mit dem Grabstock will ich mir meine Schlafgruben scharren und notfalls Gewürm aus der Erde kratzen, wenn die Oberflächen-Insekten und Pflanzen nicht ausreichen. Oder wenn mein Magen nach Abwechslung schreien sollte. Ich hasse knurrende Mägen. Sie stören die nächtliche Ruhe.

Zur Ökonomie dieses Survival-Marsches zählt auch das *ruhige* Gehen. Keine Hektik, keine unnötige Anstrengung, die richtige Dosierung der Pausen, der ausgiebige Schlaf. Lieber einen kleinen Umweg in Kauf nehmen, als die Abkürzung über die Steilwand suchen.

Zur Überlebensstrategie zählt ferner, den zeitlichen Aufwand zwischen Nahrungssuche und kalorienmäßigem Nutzen abzuwägen. Lieber vorankommen, so mein Vorsatz, als für eine Handvoll Heuschrecken einen halben Tag opfern.

Natürlich will ich mich nicht selbst betrügen. Ich nehme kein Geld mit. Ich will nichts kaufen oder Lebensmittel mitnehmen, weder stehlen, mundrauben, wildern, betteln oder Naturschutzgesetze missachten.

Ich will auch nicht tricksen. So könnte ich mich ja unterwegs bei Bäckerkollegen bewerben und mich beim Einstellungsgespräch mit Kaffee und Kuchen verwöhnen lassen, um dann höflich abzusagen und weiterzuziehen. Lumpazivagabundus. Denn all das werde ich später im Urwald auch nicht können. Dafür darf ich dort angeln, und tierisches Eiweiß wird nie ein Problem werden.

Als Ausgleich gestehe ich mir hier in Deutschland den Verzehr überfahrener Tiere zu. Auch solcher, die unter Naturschutz stehen. Zum Beispiel Frösche.

Der verlockenden Angebotsfülle am Wegesrand zu widerstehen, wird ein besonderes Erschwernis dieser Reise werden. Vorbei an überfüllten Geschäften, erntereifen Feldern und duftenden Restaurants. Eine solche Versuchung stellt sich im Regenwald nicht.

Dr. Scheele: »Ihr simulierter Überlebensmarsch ist eigentlich viel strenger als die Praxis später im Urwald. Da werden und dürfen Sie sehr wohl rauben und wildern.«

Sollte ich krank werden, will ich versuchen, damit allein zurechtzukommen, ohne fremde Hilfe in Anspruch zu nehmen. Natürlich ist mir klar, dass ich im Notfall jederzeit Hilfe herbeiholen könnte. Auch dass ich wider alle Regeln jederzeit aufhören kann. Psychologisch sind diese geistigen Notbremsen natürlich starke Rückhalte, die mir im Urwald nicht vergönnt sind. Dort kann ich keine Hilfe herbeitrommeln. Das macht den Regenwald härter. Das wärmere Klima hingegen macht ihn angenehmer.

»Was an echtem Risiko bleibt, an wirklicher Gefahr, das ist der innere Schweinehund. Der Ihnen zuflüstert, aufzugeben. Der Ihnen einredet: ›Was soll der ganze Blödsinn denn? Eine Woche reicht doch auch.‹ Die Tatsache, dass Sie den Wohlstand ignorieren müssen, an allen Herrlichkeiten vorbeipilgern und nichts davon anrühren dürfen, das erfordert Charakterstärke. Deshalb ist Ihr Marsch vor allem eine Charakterfrage.«

Scheele unterbricht sich und gießt Mokka nach. »Sie besitzen in Ihrem Hirn ein Hunger- und ein Sättigungszentrum. Und dazwischen liegen der Charakter, die Disziplin. Und weil Sie ein Besessener sind, werden Sie es schaffen. Da habe ich gar keine Bedenken.«

Ich ein Besessener? Was denken die Leute eigentlich über mich? Aber bitte. Das aus berufenem Mund zu vernehmen, ehrt mich. Hatte ich doch bisher immer gedacht, in meinem Kopf herrsche mehr oder weniger Chaos! Und nun höre ich, dass in Wirklichkeit das Hungerzentrum, die Willensstärke und das Sättigungszentrum in einer geraden Linie liegen! Wahnsinn.

Der ganz andere Start

Über all das mache ich mir inzwischen seit Wochen Gedanken. Ich will es zutiefst verinnerlichen, ohne später noch darüber nachdenken zu müssen. Es ist mein autogenes Training. Es soll zur Automatik werden.

Spätsommer 1981.

Ich will los, bevor es Herbst oder gar Winter wird. Das bringt nur unnötige Härten ins Spiel. Schließlich ist mann ja auch ein Stück Weichei und Warmduscher.

Da platzt Christine Schmidt in mein Leben, Redakteurin beim ZDF im Studio Hamburg.

»Ich habe von Ihren verschiedenen Unternehmungen gehört. Ich habe auch Ihre Bücher gelesen, und dabei ist mir die Idee gekommen, ein Porträt von Ihnen zu gestalten. Was halten Sie davon?«

Nun, wer könnte dagegen sein? Allenfalls solche, denen ein ähnliches Angebot nie zuteil geworden ist. Ich jedenfalls nicht. Ich sage zu.

Christine fällt sofort auf mit ihrem üppigen tizianroten Haar. Eine wandelnde Ampel auf Rotschaltung. Sie ist groß und schlank und vor allem perfekt durchgestylt. Vom Lidschatten über die Fingernägel bis hinab zu den Schuhspitzen – alles ist in Pink gehalten. Heute jedenfalls. Sogar der Zigarettenhalter ist pinky. Alles passt zu allem. Nur ich passe nicht zu ihr. Vom »Styling« her bin ich ihr Gegenteil. Sie ist die Schöne. Ich bin ihr Glöckner von Notre-Dame.

Sie will eine genaue Bilanz meines Lebens. »Vor allem interessiert mich, was es bereits an Filmmaterial in Sendequalität gibt.«

So führe ich ihr die Filme vom Blauen Nil, dem Omo River und dem Danakilmarsch vor. Sie schaut sich die TV-Magazinbeiträge verschiedenster Sender an, die diversen Dokumentationen vom Überlebenstraining.

»Ich finde, da kriegen wir locker 45 Minuten zusammen«, addiert sie schließlich das Gespräch. Sie ordnet ihre Notizen, steckt sie in die Aktenmappe, erhebt sich zum Gehen. In der Tür dreht sie sich noch einmal um.

»Was haben Sie überhaupt als Nächstes vor? Gibt es da bereits neue Pläne?«

Ich mag es kaum sagen. Verglichen mit den Erlebnissen in Äthiopien ist der simple Marsch durch Germanien, wenngleich unter erschwerten Bedingungen, rein gar nichts. Wenn ich ihr davon erzähle, wird sie denken, ich baue bereits ab.

»Nichts Besonderes. Ich möchte einen Marsch ohne Geld, Nahrung und Ausrüstung durch Deutschland machen. Von Hamburg nach Oberstdorf. Tausend Kilometer.«

»Und das sagen Sie erst jetzt? Das ist ja wohl das Verrückteste, das ich seit Langem gehört habe!« Vor Schreck drückt sie ihre noch halblange Zigarette aus. »Als TV-Redakteurin hört man ja wirklich viel Absurdes. Aber das wird die Krönung.«

Kaum kann sie noch still sitzen. Sie ruft die »Reportage«-Redaktion in Mainz an, Dieter Zimmer. Noch am selben Tag erhält sie grünes Licht.

Anderntags erzähle ich auch Horst Schüler davon. Er ist Redakteur beim HAMBURGER ABENDBLATT. Wir sind seit Langem befreundet. Er ist quasi mein »Entdecker«. Er war es, der ausführlich über die Nilreisen geschrieben hat, er ermutigte mich, das von mir aus den USA »importierte« Thema Survival zu meinem »Beruf« zu machen. Auch jetzt verrät ihm sein journalistisches Gespür: »Das ist ein Thema, das jeden Leser interessiert!«

Er berichtet darüber im HAMBURGER ABEND-BLATT. Mir kann's nur recht sein. Es wird auch dem Film dienlich werden. Etwas Publicity ist immer gut. Viel Publicity natürlich noch besser. Außerdem gerate ich mit den Veröffentlichungen unter Zugzwang. Mitunter brauche ich das. Bis zu jenem Zeitpunkt hätte ich noch jederzeit von meinem Vorhaben zurücktreten können – doch nun nicht mehr. Auch dann nicht, wenn meine Konditorei in der Zwischenzeit pleite ginge. Dabei weiß ich längst, dass meine Mitarbeiter ohne mich genauso gut klarkommen. Sie sind ein während meiner diversen Reisen gut eingespieltes Team.

»Lieber Torturen als Torten«, rede ich mir ein. Andernfalls blamiere ich mich bis auf das schon angesprochene Unterhemd und lädiere mein Image als ›Survival-Papst‹. Das gebe ich auch unumwunden zu. Also: ab jetzt Augen zu und durch!

31. August 1981.
Ich stehe vor C&A auf der Mönckebergstraße in Hamburgs Stadtzentrum. Es ist 8:30 Uhr. Um mich herum wütet die tägliche Hektik. Niemand beachtet mich. Wie getarnt stehe ich im Menschenstrom. Mit meinem dunkelgrünen Bundeswehr-Overall, den Turnschuhen und der dunkelblauen Pudelmütze falle ich nicht auf. Nur der

Grabstock, der am Gürtel baumelt, und die Silberfolie auf meinem Rücken manchen Passanten einen kurzen, neugierigen Blick wert. Sie können die Utensilien nicht einordnen. Wie sollten sie auch? Der letzte Grabstock war vor fünftausend Jahren in Mode. Heute degradiert er mich zum Penner. Das verraten die Blicke. Statt Grabstöcken sind Miniröcke gefragt. Aber was auch immer die Passanten denken mögen, es interessiert mich nicht. Es prallt an mir ab. Souverän will ich mich in Gang setzen. Doch das geht nun nicht mehr. Jetzt muss ich Rücksicht nehmen auf das Filmteam.

»Kannst du bitte noch einmal hier am Straßenschild Mönckebergstraße vorbeigehen?«

Natürlich kann ich. Obwohl ich das bereits viermal getan habe. Der Film soll gut werden. Das kostet eben Zeit. So *Christines* Sorge.

Aber Zeit kostet auch Nahrung, und fehlende Nahrung reduziert die Leistung. Zwar nicht im Moment. Aber langfristig wird sich das »Bitte noch einmal!« summieren. So *meine* Sorge. *Ich muss die Leute unbedingt erziehen*, rede ich mit mir selbst. *Sonst komme ich niemals lebend in Oberstdorf an!*

Auf der anderen Seite spornt der Film mich an wie Applaus den Sportler. Er soll tatsächlich gut werden. Ich reiße mich zusammen und übe mich in Geduld. Für mich Hektiker eine echte Leistung.

Das Team besteht aus fünf Personen. Als da sind zunächst einmal Christine Schmidt, die Redakteurin, Regisseurin, Chefin. Der Farbtupfer.

Dann wäre da Jürgen Ahrendt. Er macht die Kamera. Er und Christine sind ein eingespieltes Duo. Sie kennen sich schon lange. Es verbindet sie nicht nur das Filmgeschäft; sie ergänzen sich auch beim Rauchen.

Der dritte Mann im Team heißt Arno Kruse. Er ist nicht nur Tontechniker, sondern auch Hellseher. Er muss jeden

Kameraschwenk erahnen und sich mit dem Mikrofon rechtzeitig aus dem Bild machen. Sonst heißt es vorwurfsvoll: »Arno! Das Mikro war wieder im Bild!«

Duri Mayer ist Schweizer und vierter Mann in der Rangordnung. Quasi das Schlusslicht. Aber von der Vielseitigkeit her der Wichtigste, das Frontlicht. Er macht die Assistenz für alle und alles. Er wechselt die Kassetten, macht die zweite Kamera, drängt neugierige Zuschauer beiseite, fährt den Wagen, kann nie pausieren und vermag sogar einen mehr als schluckbaren Kaffee zu kochen. Zwar ist *mir* solch edler Trunk verwehrt, aber ich höre von allen Seiten nur Lob ob des Gebräus, zufriedenes Schmatzen und glückliches Rülpsen.

Ich beschränke mich zwangsläufig auf das Inhalieren des Duftes, frage mich aber im Stillen schlechten Gewissens, ob ich nicht auch schon damit meine Eigengesetze verletze und ob das bereits der Beginn meines Verfalls ist. *Nein*, entschuldige ich mich. *Es ist vielmehr ein Härtetest. Ich bleibe trotz der duftenden Verlockung standhaft.*

Manchmal geschieht es, dass Christine die Großzügige raushängen lässt: »Einen Kaffee kannst du getrost mittrinken. Der enthält doch keine Kalorien. Das ist nur aromatisiertes Wasser.«

Hat die 'ne Ahnung!

Ich halte das für eine Versuchung, einen Test, eine Falle. Wenn ich dieser Verführung erliege, ist es tatsächlich der Beginn mangelnder Selbstdisziplin und Dekadenz, noch bevor alles richtig begonnen hat.

Und letztlich enthält er doch Kalorien. Denn er ist warm, und das heizt auf.

»Ich bleibe lieber beim Regen als Getränk. Der schmeckt auch gut, aber vor allem überall anders. Duris Kaffee ist ja immer nur gleich gut. Das finde ich langweilig«, versuche ich ein Scherzchen inklusive souveränem Lächeln.

Kaffee hin, Regen her. Ich will endlich los. Ich bin nervös. Eben war ich zum vierten Mal zum Pinkeln auf der
U-Bahn-Toilette. Die Klofrau duzt mich bereits.

»Das hier ist Klaus Lucht«, stellt mir Christine plötzlich
den fünften Mann vor. Auf ihn hatte sie noch gewartet. Er
ist soeben mit der U-Bahn eingetroffen. »Er wird ständig
neben dir hergehen, damit wir sicher sein können, dass du
deine dir auferlegten Prinzipien auch einhältst.«

»Bedingung der Redaktion«, ergänzt Jürgen entschul-
digend zwischen zwei Zigarettenzügen. *Sie* alle würden
mir ja vertrauen, weil ich ein Verrückter sei. Aber die da in
Mainz …

Klaus Lucht ist Mediziner und Langstreckenläufer. Er
hat soeben sein Staatsexamen absolviert. Hager wie ein
Windhund. Wahrscheinlich hat er während des Studiums
nichts zu essen bekommen. Er hat jedenfalls Zeit und Lust,
mich zu begleiten, kriegt dafür sogar noch eine geheim
gehaltene Menge Geld, und seine Hungerperiode könnte
damit ein Ende haben.

Im Gegensatz zu mir hat er einen leichten Rucksack mit
warmen Klamotten, ein Hemd zum Wechseln und – der
helle Wahnsinn! – eine Rolle Toilettenpapier!

Obenauf lacht sogar eine provozierende Tafel Lindt-
Schokolade mit ganzen Nüssen! Denn natürlich darf er
essen. Auch zwei oder drei Tafeln. Von morgens bis abends.

Klaus Lucht darf auch streckenweise mit dem Auto fahren. Und er darf Duri Mayers Kaffee trinken. Kurzum: Ich
beneide ihn. Aber das lasse ich niemanden merken. Nicht
mal mich selbst.

Außerdem ist Klaus ein wandelndes Lexikon. Er besitzt
einen unglaublichen Wissensfundus. Das lerne ich sehr
bald schätzen. Mit Klaus wird es nie langweilig. Mit Klaus
rauschen die Kilometer nur so vorbei.

Klaus hat sich vertraglich verpflichtet, mich zu beschat-
ten. Tag und Nacht. Vor allem nachts, wenn das Team in

gemütlichen Gaststätten kampiert. Er findet den Trip toll. Das spüre ich sofort. Als Sportler hält er zu mir. Aber als Vertragspartner des ZDF muss er die gebotene Distanz zu mir wahren, darf mich nicht in seine Schokolade beißen lassen. Sogar das Toilettenpapier ist tabu. Mir genügt das Wasser.

»Klaus ist für den Film wichtig. Er verschafft ihm Glaubwürdigkeit. Du könntest ja nachts beim Bauern Hühner klauen gehen«, scherzt Christine.

»Oder Kühe leer trinken«, sekundiert ihr Jürgen.

Wirklich ein hervorragendes Team! *Will Jürgen damit ein Witzchen machen, oder will er sich bei seiner Chefin anschmusen,* frage ich mich skeptisch. Nie und nirgends darf ich der Fünferbande auf den Leim gehen. Letztlich sind sie Fernsehleute. Sie halten nicht zu mir, sondern zum Sender. Noch kenne ich niemanden näher und halte mich zurück.

Kaffee ist also tabu. Aber ich darf zugeben, in den letzten Tagen vorm Start ein wenig gesündigt zu haben. Ich habe mir vorsorglich einigen Luxus, einige Henkersmahlzeiten gegönnt. Ich habe Eis und Weingummi genascht und mir ein dezentes Übergewicht angefressen. Vielleicht zwei Kilo. Ich wiege jetzt 76 Kilo, bei 1,76 Körpergröße.

»Vermeiden Sie auf jeden Fall unnötiges Übergewicht!«, hatte Dr. Reinhold mich noch gewarnt. »Sonst entwickelt der Körper eine störende Gier nach Nahrung. Sie beeinträchtigt ihren anfänglichen Kampf gegen den Hunger.«

Zwei Kilo Übergewicht. Das sind 2000 Gramm Fett. Jedes Gramm hat 8 Kalorien. Macht zusammen 16000 Kalorien. Wenn ich täglich 3000 benötige, bringt mich das Weingummi mindestens 5,3 Tage voran. Wo ist da die Sünde?

»Diese Rechnung geht nicht ganz auf«, belehrt mich Klaus Lucht irgendwann. »Denn zur Umwandlung des

Fettes in Leistung benötigt der Körper Zucker. Den klaut es sich im Gehirn, und er geht dir als Vorrat verloren.«

Mein Gott, ist Klaus schlau! Klaus weiß alles. Sogar über Körperabläufe, die kein Mensch je zu Gesicht bekommt. Aber gerade deshalb kann er ja *viel* über mein Innenleben behaupten. Wer will ihm das Gegenteil beweisen?

»Hunger ist sowieso nur eine Hysterie des Körpers. Ignorier ihn!« Aha.

Natürlich wird das Team nicht mit mir laufen. Allenfalls hundertmeterweise. Es hat einen auffallenden blauen Geländewagen und genießt meinen Weg durch Deutschland aus der höheren Perspektive, aus der des Autofahrers. Der Wagen ist die Leihgabe einer Autofirma. Sie hat ihren Namen groß auf den Türen platziert. Irgendwie muss sie dafür einige Male ins Bild gerückt werden. Unauffällig, versteht sich. Schleichwerbemäßig.

»Wir werden nach jedem Dreh ein wenig vorfahren und nach geeigneten Drehorten Ausschau halten«, erklärt mir Christine weitere Spielregeln.

Mir ist das recht. Denn wenn sie bei mir bleiben, bedeutet das nur: »Einen Moment noch«, »Kannst du noch mal zurückgehen?«, »Wiederholung!« Davon ist dreimal pro Dreh das Minimum. Bis Jürgen irgendwann ruft »Premiere!!!«. Dann ist die definitive Version im Kasten und Entwarnung. Oder es ist eine Zigarettenpause angesagt, und ich kann weiterlaufen.

Um 10 Uhr ist der Start an der Mönckebergstraße abgedreht. Anderthalb Stunden also. Allein wäre ich längst sieben Kilometer weiter. Raus aus Hamburg. Rein nach Niedersachsen.

Doch nun hält mich nichts mehr. Es geht über eine der Elbbrücken, dann weiter, parallel zur Autobahn 7. Zunächst noch über Felder und Zäune. Doch langfristig wird das Ärger geben mit den Eigentümern. Außerdem kann der Wagen dort nicht folgen. Wir kommen überein, nicht die Direttissima zu nehmen, sondern Eigentum zu achten und Wege zu wählen. Brücken nehme ich nur, wenn sie nah sind. Bei entfernten Brücken könnte das Durchschwimmen der Flüsse von Vorteil sein. Dann ziehe ich mich aus, packe die Klamotten in die Silberfolie. So bleiben sie trocken, und ich habe eine Schwimmhilfe wie einen Rettungsring und kann nicht untergehen.

Die Route steht fest. Sie entstand am Schreibtisch mit dem Lineal. Exakt von Hamburg nach Süden. Das bedeutet, ich ende irgendwann in Oberstdorf an der österreichischen Grenze. Auf dem Lineal, per Luftlinie, sind es über 800 Kilometer. Auf gewundenen Pfaden werden es vielleicht 1000 werden. Never mind, denke ich, Wege sind schneller als Wiesen. Auf 100 Kilometer mehr oder weniger kommt es eh nicht an. In der Not kann der Mensch sicher noch viel mehr leisten als schlappe 1000 Kilometer. Jedenfalls bin ich aufgeregt und gespannt. Die Aktion hat für mich Premieren-Status. Werde ich es schaffen? Muss ich aufgeben?

Schritt für Schritt komme ich voran.

»Wenn du etwas Filmenswertes findest, warte bitte auf uns.«

Wieder eine dieser Regeln, einer dieser Zeitverluste. Handys sind noch unbekannt. Das heißt, ich muss warten. Und schon gleich hier in Egestorf, 40 Kilometer von Hamburg entfernt, tritt der Fall ein. Da liegen zwei frisch überfahrene junge Spatzen neben der Straße, unmittelbar vor meinen Füßen! Vorsichtshalber stecke ich sie in die Hosentasche. Sonst kommt noch jemand und fährt sie völlig flach. Dann warte ich gehorsam. Ich kann sie später ja wieder auf den Asphalt legen.

Nach den selbst gestellten Regeln zählen Vögel zum Freiwild. Sie darf ich essen. Und ich spüre schon gleich beim Aufsammeln, dass sie mindestens so gehaltvoll sind wie zwei dicke Hühnereier der S-Klasse. Hunderte von Insekten, die ihre Eltern ihnen ins Nest gebracht haben, sind von den gierigen Kleinen in recht starke und leckere Brüstchen umgewandelt worden. Und das alles nur für Rüdiger! Brave Tierchen.

Wahrscheinlich sind es Jungspatzen, die unmittelbar beim ersten Ausflug vor irgendeine Frontscheibe geknallt sind. Ihre Spatzenmama hat sie nach internationaler Mutterart völlig überfüttert. Die Kleinen sollen es mal besser haben, wird sie gedacht haben. Und so wurden es keine Normalspatzen, sondern kleine gefiederte Fettmöpse. Ihr Körpergewicht steht überhaupt nicht im Einklang mit der Spannweite, beziehungsweise der Spann*kürze* ihrer Flügel. Das hat die Mama nicht bedacht, als sie ihre Lieben zu früh aus dem Nest geschubst hat. Aber Mamas Wunsch, dass die Kleinen es mal besser haben sollen, hat sich erfüllt. Ihnen bleibt der harte Lebenskampf erspart. Und mir der Hunger. Es lebe der mütterliche Drang, ihren Kiddys eine bessere Zukunft bescheren zu wollen. Ich taufe die kleinen Fettlinge *Pummelchen* und *Stummelchen*.

Den Fund werte ich als gutes Omen. Heute Abend werde ich die Spatzen grillen. Ihre Federn packe ich in die Wollmütze. Als zusätzlichen Isolator.

Kardinalfehler

Ich bin kein Kardinal. Und doch begehe ich einen Kardinalfehler.

Es ist 17 Uhr, Zeit fürs Nachtlager. Wegen der vielen kleinen Drehs habe ich auf die Pausen verzichtet und jede drehfreie Minute genutzt, voranzukommen. Jetzt rächt sich das. Ich bin tierisch müde. Ich könnte auf der Stelle einschlafen. Obwohl es heute nicht mehr als schlappe 25 Kilometer waren.

Ich reiße mich zusammen, sammle ausreichend viel Holz und mache mir ein Feuerchen an einem abgelegenen Feldweg. Dann grille ich die Spatzen – meine einzige Nahrung heute. Dennoch verspüre ich keinen Hunger. Zu Hause, in Reichweite des gefüllten Kühlschranks, wäre das bestimmt anders. Da würde mir sofort das Wasser im Munde zusammenlaufen.

Ich wickle mich in die Silberfolie und kuschle mich neben das Feuer. Klaus holt seinen Schlafsack und legt sich neben mich. Wir klönen noch eine kurze Weile. Dann entschlummere ich. Aber nicht lange. Ich habe zwei Kardinalfehler begangen. Die rächen sich nun. Offenbar war die Müdigkeit stärker als der Verstand. Das darf mir nicht noch einmal passieren.

Fehler Nummer eins: Ich habe missachtet, dass auf Wiesen sofort nach dem Dunkelwerden Tau fällt. Und das nicht zu knapp. Das Feuer nutzt da wenig. Es kann die herabfallende Feuchtigkeit nicht ausgleichen. Der Tau kondensiert auf meiner Folie. Irgendwo läuft das Wasser zu mir in die Klamotten. Ich bin pitschnass und friere.

»Tut mir leid, Klaus. Mich friert. Ich muss in den Wald gehen, mir ein Loch scharren und das gut auspolstern.«

Im Wald fällt kein Tau. Das weiß ich. Aber dass ich daran nicht vorher gedacht habe, ärgert mich. Der warme Sonnentag hat mich leichtsinnig gemacht. Doch durch Schaden wird man klug. Es wird mir nicht noch einmal passieren. Ab morgen werde ich spätestens um fünf Uhr das Lager machen.

Dass ich auf die Schlafmulde verzichtet habe, ist Fehler Nummer zwei. Die meiste Körperwärme saugt einem das kalte Erdreich aus dem Körper. Man braucht eine Isolation zwischen Körper und Boden. Und die verschafft man

sich mit einer tiefen Mulde, die mit Gras, Laub oder Humus gefüllt wird. Als zusätzliche Decke nimmt man viele Schichten belaubter Äste. Das jetzt in der Dunkelheit zu finden ist schwierig. Aber mit Klaus' Hilfe kann ich einiges zusammentragen. Dennoch bleibt das Lager ein Provisorium.

Durch das Scharren mit dem Grabstock und das Sammeln des Isolationsmaterials ist es mir wieder warm geworden. Sogar die Garderobe ist dabei getrocknet. Schließlich verkrieche ich mich im Laub, Klaus Lucht in seinen Schlafsack.

»Wenn ich weiterhin so friere, stehe ich auf und marschiere weiter. Nicht, dass du morgen früh einen Schrecken bekommst. Ich hole den Schlaf dann in der Sonne nach.« Ich erkläre ihm noch den Weg, da ist er längst eingeschlafen.

Zunächst ist alles spürbar besser. Zumindest bleibe ich trocken. Ich schlafe ein und träume, mit Arved Fuchs am Nordpol spazieren zu gehen. Scheißkalt da oben am Ende der Welt! Die geträumte Kälte überträgt sich auf meinen Körper. Ich werde wach, entschlummere und werde erneut wach. In immer kürzeren Intervallen.

Schließlich halte ich es nicht mehr aus. Um vier Uhr krieche ich aus dem Loch. Ich schwöre, die Lüneburger Heide ist kälter als der Nordpol. Ich versuche ein paar Liegestütze, schlage mir die Arme um den Körper, um das restliche, wahrscheinlich auf 25 Grad abgekühlte Extremitätenblut mit dem warmen Innenblut zu mischen und wieder Leben zu spüren. Dann schlinge ich die Silberfolie um den Körper, verlasse das Lager, tapse aus dem Wald hinaus, suche die Straße. Überall glitzert es. Raureif. Auf den Pfützen eine dünne Eisschicht. Und das im September!

Fehlte nur, dass es morgen regnet und ich auch da nicht zum Schlafen komme! Wenn es heute, am 1. September, schon so kalt ist, wie wird das dann zum Ende der Reise werden? Mir graut ein wenig. Und ich wälze das Problem, warum Arved unbedingt freiwillig zum Nordpol gehen will.

Während das Team sich in warme Daunenbetten kuschelt, torkle ich dem Morgen entgegen. Von meinem Fiasko darf ich den Fernsehleuten gar nicht erzählen. Dann bin ich blamiert bis auf die durchgefrorenen Kno-

chen. Ich werde ihnen meinen Frühmarsch begründen mit
»Vorankommen wollen«, mit innerer Unruhe, mit »ver-
lorene Drehpausenzeit aufholen«. Oder – um ihnen ihren
pausenbetonten Drehjob nicht allzu sehr zu verleiden –
mit »mehr Zeit für Euch haben«. Ja, das klingt erheblich
besser. Und schließlich kann ich noch unschlagbar argu-
mentieren, dass Bäcker Frühaufsteher sind. Ja, genau das
werde ich ihnen sagen.

Auf jeden Fall werde ich in der nächsten Nacht alles besser machen. Ich werde mir Riesenmengen an dickem
Brennholz besorgen, einen Hitzereflektor bauen aus einem Laubschrägdach. Dann werde ich zwischen Reflektor
und Feuer eine tiefe Grube kratzen, sie dick mit Gras füllen und mich hineinkuscheln. Obwohl ich dann sicherlich
schwitzen werde wie in einer Sauna, werde ich auch meinen Overall dick mit Gras füllen und ihn zum Isolations-
anzug aufwerten. Der Kälte werde ich's zeigen. Und dem
Körper auch. Soll er doch einen Hitzschlag kriegen.

Phantasien eines Erfrierenden.

Kaum merke ich, wie es allmählich hell wird. Der Himmel ist klar. Es wird ein schöner Tag werden. Ich werde
mich in der Sonne herumflegeln, dass das Team vor Neid
erblasst.

Um 9 Uhr gönne ich mir eine erste Pause. Da taucht der
blaue ZDF-Wagen auf. Von Weitem winkt Christine mit
einigen Blättern Papier aus dem heruntergekurbelten Fenster. Das Papier ist Teil ihres Drehbuchs, Teil ihrer Person,
täglich aktualisiert, unumstößlich wie ihr Make-up.

»Ja sag mal, bist du *gelaufen*? Wann bist du denn aufgestanden?«

»Bäcker stehen früh auf. Ich habe es nicht mehr ausge-
halten. Ich muss ja irgendwie vorankommen.«

Klaus schmunzelt. Ihn haben sie schon vor mir aufge-
griffen. Er steigt aus und gesellt sich wieder zu mir. Von
dem nächtlichen Drama hat er nichts verraten.

»Ich möchte heute mal ein paar Kilometer mit dir zusammen laufen, um das nötige Gefühl für deine Anstrengungen zu bekommen.«

Schon steigt sie aus dem Wagen. Und wieder perfekt durchgestylt. Was gestern Pink war, ist heute Purpur. Ich blicke neugierig und irritiert an ihr rauf und runter, um das Kunstwerk fassungslos zu erfassen.

»Ja und wann bist *du* denn aufgestanden? Für diese prachtvolle Verpackung braucht man doch mindestens zwei Stunden.«

»Das gehört zum Frausein dazu«, höre ich und bin froh, ein uneitler Mann zu sein. Was spart man da an Zeit!

Nach zwanzig Minuten auf ihren Stöckelschuhen hat sie das nötige »Gefühl für deine Anstrengungen« bekommen. Sie steigt zurück in den Wagen. Erschöpft.

In der Not frisst der Teufel Fliegen

»Heute wollen wir unter anderem ein *Statement* mit dir drehen. Wie du dich fühlst, was du vom Marsch erwartest, warum du ihn überhaupt machst und so weiter. Übrigens haben wir gestern Abend im Hotel viel an dich gedacht. ›Jetzt isst er seine beiden Spatzen‹, hat Arno gesagt, als er sich das Hirschlamm zu Gemüte führte. Übrigens das Hotel war wirklich ein Glücksgriff! Spezialitäten Wild und Wein. Wirklich vom Allerfeinsten. Zum Abschluss haben wir uns ein Mövenpick-Eis gegönnt und einen Espresso …«

»Christine! Wir wollten Rüdiger doch nichts vom Essen erzählen! Der dreht sonst durch! Obwohl – das Hotel war wirklich vom Feinsten. Auch vorhin das Frühstück. Selten hat man eine solch große Auswahl.«

Jürgen, der Schatz, hat Mitleid mit mir. Er will nicht vom Essen reden.

Überrascht stelle ich in diesem Moment fest, dass mich der Speisezettel überhaupt nicht angemacht hat. Das Eis, der Espresso – sie sind mir in ein Ohr reingelaufen, am anderen wieder raus. Ohne eine Spur zu hinterlassen. Irgendwann in Oberstdorf – da werde ich das nachholen. Dann werde ich abgemagert sein und kann so viel Eis essen wie schon seit meiner Kindheit nicht mehr. Dann werde ich voll zuschlagen, schmatzen, rülpsen und schwärmen und Nachschlag verlangen. Ohne Rücksicht auf so was wie Figur. Und Christine & Co werden vor Neid erblassen. Sofern ihre Figur ihnen etwas bedeutet. Das wird meine Rache werden.

Wir drehen das Statement, wir drehen Marschszenen, wir drehen vorbeirasende Autos. Ich gehe links, um die entgegenkommenden Wagen im Blick zu haben und ihnen notfalls ausweichen zu können. Ich verspüre keinen Hunger, fühle mich leicht und beschwingt und mache meine Kilometer. Schritt für Schritt. Heute sind es 40. Nicht berauschend. Eigentlich hatte ich mehr Tagesleistung veranschlagt. Doch die Filmarbeiten fordern ihren Tribut.

Ich finde eine Blindschleiche und fünf Haselnüsse. Die Schleiche esse ich mit Haut und Gedärm. Wie ein Würstchen. Wenn ich sie gehäutet hätte, wäre nicht mehr viel übrig geblieben.

Woanders locken dunkelblaue Holunderbeeren. Dann sind es ein paar Champignons, die mir weiterhelfen. Sauerampfer, zusammengerollte Brennnesselblätter, wilde Möhre, Bucheckern, Königskerzenwurzeln, Quecken, Entengrütze, Fadenalgen, Baumflechten verschaffen mir Vitamine und Ballaststoffe und dem Magen die Illusion, sinnvolle Arbeit zu leisten. Dabei weiß ich, dass sie dem Körper weder Kraft noch Wärme bringen werden. Die bezieht er von einigen Heuschrecken, Würmern und hauptsächlich vom sichtbar abgebauten Körperfett. Ich muss dem Körper im Laufe der nächsten Tage und Wochen immer längere Pausen gönnen, um diese Reserven abzubauen und in Wärme und Kraft zu verwandeln.

Nur selten gibt es ein opulentes Mahl. Zwar liegt einiges an totem Getier auf den Straßen. Aber das meiste ist längst in Verwesung übergegangen, stinkt widerlich und wäre Gift für den Körper.

Umso mehr freue ich mich über einen Igel. Er ist unfallfrisch. Ich komme gerade noch zur rechten Zeit. Denn eben haben sich vier Krähen an ihm niedergelassen. Eine halbe Stunde später, und sie hätten mir alles weggeschnappt.

Zunächst kann ich ihn nicht einmal genau identifizieren. Im ersten Moment erinnert er an eine Riesenschlange. Er ist fast zwei Meter lang und entsprechend flach. Mindestens drei Autos müssen über ihn hinweggefahren sein. Erst das Stachelkleid lässt auf den Igel schließen. Es liegt sauber abgestreift daneben. Ich rolle mir die lange Fleischoblate auf. Wie eine Roulade. Das Gedärm überlasse ich den Krähen. Das Stachelkleid ebenfalls.

Mittags bereite ich mir das Mahl am Feuer. Wegen der Trichinengefahr – wie bei allen Fleischfressern – brate ich mir das Fleisch gut durch. Igel *well done.*

Woanders ein Iltis. Er muss ebenfalls gerade eben plattgemacht worden sein, ist noch warm. Aber sein Fleisch stinkt dermaßen penetrant, dass ich es mit Verachtung strafe und verschmähe.

Uneingeschränkt lecker ist das Eichhörnchen. Zart wie Huhn. Ich finde es eines Morgens. Da will ich nicht rasten und es mir zubereiten. Das hat Zeit bis mittags. Ich hänge es an den Gürtel. Dort pendelt es neben meinem Grabstock hin und her. So als wollte es noch einmal von Ast zu Ast springen.

Als ich damit durch die nächste Ortschaft gehe, bleibt ein junges Mädchen stehen. Irritiert schaut es dem Eichhörnchen nach. Die Mutter zerrt es schnell beiseite. »Guck da nicht hin. Das ist ein Spinner.« Die Frau hat Menschenkenntnis.

Das Eichhörnchen gibt mir nicht nur Kalorien, sondern auch ein schönes Fell, einen buschigen Schwanz. Ich packe sie unter mein Hemd. Sie wärmen mein Herz.

Einwandfrei auch die Frösche. Sechs werden es im Verlauf der Tour de Force. Einer ist ähnlich flach und lang wie der ausgewalzte Igel. Ich taufe ihn *Rana asphalta Nehbergii*, den Asphaltfrosch. Sorgfältig rolle ich ihn auf. Wie eine zu viel abgewickelte Rolle Toilettenpapier.

Fachmännisch wiege ich ihn in der Hand. Er entspricht einem Hühnerei. Ich ertappe mich oft dabei, dass ich als typischer Konditor denke und alles in Eier umrechne. Wie ein deutscher Tourist, der im fernen Ausland alles auf Dollar oder Euro umrechnet. Erst dann hat er einen Wertbegriff, mit dem er etwas anfangen kann. Genauso geht es mir: ein Frosch – ein Ei. Ein Eichhörnchen – sechs Eier.

Bei Göttingen dann eine Katze. Frisch, unvermatscht und fett. Verhätscheltes Haustier. Gott der Tramper, die wiegt mindestens drei Kilo! Nahrung für vier Tage. Das wird ein Festmahl! Aus wie vielen Dosen Kitekat das wohl alles entstanden sein mag!? Kaum kann ich den Abend abwarten. Davon werde ich mir zunächst eine heiße Kraftbrühe machen. Dafür benötige ich einen Topf. Der ist in Form einer Dose im Straßengraben schnell gefunden. Ich glühe sie aus, um die giftige Lackschicht zu zerstören, mache mir einen Henkel aus Draht.

Dann ziehe ich der Mieze das Fell ab. Zum Vorschein kommt eine Unmenge Fett. Schieres weißlich gelbes und vor allem talgartig festes Fett. Zu meiner Enttäuschung löst es sich nicht einmal beim Kochen auf! Es schwimmt putzmunter in runden Bällchen an der Oberfläche. Mir vergeht der Appetit. Aus der Traum von der Brühe. Selbst wenn ich das Fett tablettenweise schlucken würde – es käme garantiert unverdaut wieder zum Vorschein, zusam-

men mit den soeben verkosteten leckeren Sauerampferblättern, zusammen mit kuscheliger Magenwärme. Um beide wäre es jammerschade.

»Was sich bei 100 Grad nicht auflöst, wird sich bei 37 Grad erst recht als resistent erweisen«, erkläre ich Klaus. »Warum dann die Kitekatze überhaupt erst essen?«

Klaus, der Mediziner, sieht das an den Haaren herbeigezogene Rechenexempel anders. »Was die Temperatur nicht schafft, erledigt deine Magensäure. Sie wird die Kugeln auflösen. Allenfalls kriegst du Dünnschiss.«

Doch der Ekel ist stärker als jedes noch so bio-logische Argument. Bis auf die Leber und die Filets überlasse ich die Katze den Geiern. Immerhin beschert sie mir ein weiteres Fell. Es wird ein molliger Strumpf.

Da hat Klaus wieder einmal eine Idee.

»Von dem Talg kannst du dir eine Salbe machen für deine Füße. Du zermatschst Spitzwegerichblätter und knetest den Brei unter das Fett.«

Genau das tue ich. Denn inzwischen habe ich schlimme Blasen an den Füßen. Die Salbe, aber auch vorher schon das reine Spitzwegerichmus, lindern und heilen spürbar.

Dann jene Kleinstadt Spielbach. Sie graviert sich tief in meine zu dem Zeitpunkt stark reduzierte Hirnmasse ein. Mitten im Ort der obligatorische Dorfbrunnen. Brunnen – meine liebsten Wasserquellen. Dazu ein Schild: »Oh, Wanderer, labe dich von diesem Brunnen!«

Das lasse ich mir nicht zweimal sagen, denn reines Quellwasser ist selten. Oft genug muss ich mich mit Pfützen begnügen.

Ich beuge mich über den Rand, um zu trinken. Bevor ich mit dem Mund ins Wasser eintauche, versuche ich, mein Spiegelbild zu betrachten. Erschrocken fahre ich zurück. Da glotzt mich tatsächlich eine uralte Fratze an. Ein Waldschrat. Wahrscheinlich der Brunnengeist, der über das Wasser wacht. Auf jeden Fall nie und nimmer mein persönliches Spiegelbild.

»Sehe ich wirklich so abgemagert, so eingefallen, so alt aus?«, will ich von Klaus wissen. »Dann wird es höchste Zeit, Oberstdorf zu erreichen. So gebe ich mir nur noch wenige Tage.«

Er will mich entweder trösten oder er hat den objektiven Blick für die richtige Einschätzung verloren, weil er ständig neben mir hertrippelt und selbst abgenommen hat.

»Natürlich bis du dünner geworden. Aber ich finde, du siehst ganz okay aus.«

Ich fühle mich seelisch aufgerichtet. Da erschrecke ich erneut. Gerade berührt mein Mund die Wasserfläche, als zwei Forellen unmittelbar vor mir durch das Blickfeld sausen! Waren die echt oder habe ich Halluzinationen? Ich traue meinen Augen nicht mehr. Zwei Forellen Blau! Ich zucke zurück und vergewissere mich. Tatsächlich! Im Dorfbrunnen von Spielbach spielen zwei Forellen. Nomen est omen. Gehören die nun jemandem im Dorf, sind sie die Maskottchen von Spielbach, oder werden sie gleich mir gehören? Blöde Frage, denke ich. Aber man hat ja Zeit für Fragen aller Art. Schließlich überzeugt mich das Schild »Oh, Wanderer, labe dich von diesem Brunnen!« Das werde ich tun, denn die Aufforderung ist ja nicht auf das Wasser beschränkt.

Ich blicke mich scheinbar gelangweilt um.

Auf der anderen Straßenseite diskutieren zwei Frauen den Dorfklatsch. Hin und her, her und hin fliegen ihre Sätze. Tratsch-Tennis. Er muss sensationell sein. Denn sie würdigen die Fremden keines Blickes, geschweige eines Grußes. Nicht einmal eines »Hallo!«.

Ich studiere den Brunnen. Die Fische mit der Hand zu fangen scheidet aus, solange ich es heimlich tun muss. Sie sind zu schnell, und das Fangen würde Hektik und Lärm verursachen. Bleibt die Frage: Wie kriege ich das Wasser aus dem Brunnen? Mit meiner Dose scheint das hoffnungslos, denn es läuft ständig nach und verschwindet durch einen Schlitz an der Oberkante des Brunnens.

Da entdecken wir den Stöpsel in einer Ecke! Gesehen, gedacht, gehandelt. Ich ziehe ihn raus. Gierig verlässt das

Wasser den Brunnen. Im gleichen Maße läuft es mir im Mund zusammen.

Noch ist der Wasserstand etwa 20 Zentimeter hoch. Die Forellen ahnen etwas und jagen kreuz und quer durch das Bassin. Da bildet sich über dem Auslauf ein Strudel, ein Sog. Das Wasser rotiert. Mit jedem Zentimeter sinkenden Wasserstandes wird er kräftiger. Ein Sauggeräusch entsteht. Es wird zunehmend lauter. Es lutscht, schlürft, lärmt.

Die Frauen unterbrechen ihre Blickrichtung, nicht jedoch das Gespräch. Ich mime den Trinkenden, den sich Waschenden. Das beruhigt sie. Sie drehen ihre Köpfe zurück in die Ausgangsposition, zurück zum süßen Tratsch.

»Hoffentlich verschwinden die Fische nicht mit dem Wasser in die Kanalisation!«, fürchte ich plötzlich. Man kann nicht sehen, ob der Auslauf mit einem Sieb gesichert ist. Klaus setzt sich so, dass ich unbeobachtet meine Hände über den Auslauf bringen kann. Das reduziert zum Glück auch das Geräusch.

Die Fische sehen mich und verharren in der anderen Ecke des Brunnens. Schließlich ist er leer. Die Forellen zappeln im Trockenen.

Ein Griff, und sie sind nicht nur gefangen, sondern auch bereits tot. Schwupp – verschwinden sie in der »Fleischtasche« des Overalls. Ich möchte vor Freude einen Luftsprung machen. Aber das kostet nur unnötige Kalorien. Außerdem bin ich längst zu schwach.

Zwei Forellen! Das wird endlich mal ein sehr *genussvolles* Essen! Ich werde sie räuchern. Zum einen schmeckt das total lecker, zum andern vermisse ich dann nicht das fehlende Salz.

Ich habe das Dorf noch nicht verlassen, als mir aus dem Straßengraben ein großes Stück Aluminiumfolie entgegenblinkt. Wer jetzt nicht an Fügung glaubt, dem ist nicht zu helfen. Da liegt ein Riesenstück Folie, damit ich meine Fische ordentlich im Feuer zubereiten kann. Aber dabei wollte ich sie doch räuchern. Ich finde einen Kompromiss. Den einen dünste ich und esse ihn sofort. Den anderen räuchere ich und hebe ihn auf für die Nacht. Kultivierte Disziplin.

In der linken Tasche habe ich noch drei mickrige Kartoffeln und zwei Hände voll Haferkörner. Die Kartoffeln wuchsen auf einer Müllhalde. Also im Niemandsland. Und die Körner lagen vor einer Mühle. Beim Abladen waren sie aus einem Sack geströmt. Eine lärmende Spatzenbande hatte mich darauf aufmerksam gemacht.

Es ist erst halb vier. Ich beschließe, für heute Schluss zu machen. Sonst schaffe ich meine umfangreiche Küchenarbeit nicht vor Mitternacht.

Mit dem Steinmesser schnitze ich mir einen geraden Grabstock. Den anderen, den 1-förmigen Pflug, habe ich schon vor vielen Tagen fortgeworfen. Er war mehr lästig als nötig. Wenn ich wirklich einen brauchte, war er schnell neu gemacht. Wie heute. Ich scharre die Schlafmulde und ein tiefes Loch zum Räuchern, entzünde darin ein Feuer, erzeuge viel Glut. Dann werfe ich feuchtes Gras darüber. Das qualmt zum Ersticken. Darauf platziere ich vier frische, gerade Äste. Sie sind mein glutresistenter Rost, auf dem der Fisch seine vorletzte Ruhestätte findet. Ich decke die Grube zu mit einem Stapel dicht belaubter Zweige. Sie sorgen dafür, dass Rauch und Hitze im Loch verharren und ihre Pflicht erfüllen.

Nach nur 45 Minuten ist der Fisch fertig und findet seine endgültige Ruhestatt in meinem Magen.

Als wäre das nicht schon Luxus pur, gibt es dazu die drei Müll-Kartoffeln in Folie direkt aus der Glut. Und schließlich die Krönung: der Kaffee aus Getreidekörnern!!!

Ich warte damit extra, bis die Fernsehfuzzies, wie üblich, ihren eigenen Kaffee an meinem Feuer bereiten wollen. Lässig, als täte ich das jeden Abend, spanne ich ein

264

Stück Alufolie über eine kleine Astgabel. Dann hocke ich mich hin und röste in dieser Pfanne meine Körner. Genüsslich verdrehe ich die Augen. Ein Wahnsinnsduft. Dabei ist es null Koffein. Es sind lediglich die Röststoffe, die das Abendlager in eine Cafeteria verwandeln. Survivor-Glück.

Als sie dunkelbraun sind, nehme ich sie vom Feuer, pulverisiere sie zwischen zwei Steinen und brühe mir den Kaffee.

Einen ganz besonderen Fund mache ich in Fulda auf einem Parkplatz. Unter einem Auto sitzt ein Wildkaninchen. Es rührt sich nicht von der Stelle. Augen, Nase und Mund sind dick zugeeitert. Es kann weder sehen noch riechen. Nur hören. Aber meine Annäherung wird übertönt vom Straßenlärm.

Der Nager ist klapperdürr, kurz vorm Verhungern. Ich kenne die Krankheit. Sie heißt Myxomatose, grassiert alle paar Jahre und rafft die Kaninchen dahin wie Pest die Menschen. In Australien hat man die Seuche sogar bewusst importiert, um der Kaninchenplage Herr zu werden.

Ich weiß aber auch, dass die Krankheit sich nicht auf den Menschen überträgt. Erinnerungen an meinen Jägerkursus. Der Eiter besteht – sachlich gesehen – aus weißen Blutkörperchen. Und Blut ist Protein. Also wieder ein Fall unbegründeten Ekels. Das Kaninchen ist essbar. Der üble Eitergeruch verliert sich zuverlässig beim Braten.

In echten Notzeiten wäre der Eiter ungebraten sogar noch wertvoller. Dann wäre er eine optimale Duftfalle. Man könnte mit ihm Tausende von Fliegen anlocken und die zu einem Menü aufbereiten. Aber solche Not verspüre ich im Moment nicht. Heute bevorzuge ich das Kaninchen und überlasse die Fliegen dem Teufel.

Mühelos lässt sich das Tier einfangen. Es ist völlig apathisch. Ich erlöse es von seinen Qualen. Es leistet keinerlei Widerstand.

Ich musste sofort handeln, kann nicht auf Christine warten. Aber so geschieht es, dass das Fernsehteam beim Fang nicht zugegen ist. Christine ist traurig ob der entgangenen Szene und schlägt vor, es als »Straßenopfer« neben die Landstraße zu legen. Das machen wir. Keiner von uns ahnt, dass mir diese Szene noch eine Anzeige wegen Wilderns einbringen wird.

Das Fell wird später mein zweiter Strumpf. Damit er nicht verfault, räuchere ich ihn am Feuer. Jeden Abend wieder. Wie die anderen Felle. Zum Gerben fehlt es an Zeit.

Klaus hockt neben mir. Im Schein der Glut schaut er mich eigenartig an.

»Kennst du eigentlich gar keine Ekelgrenze?«

Gelangweilt kaut er ein Stück Schokolade. Diesmal Lindt-Krokant. *Mit vollem Mund lässt sich gut reden und den Ekelkultivierten mimen,* denke ich.

»Na klar kenne ich die. Ich habe sie lediglich in sinnvolle Bahnen verlagert.«

»Glaub ich nicht. Oder erzähl mir ein Beispiel!«

»Eins nur? Okay.« Längst schulde ich ihm ein paar neue Geschichten für all das Wissen, das ich von *ihm* absahne.

Ich überlege einen Moment, blättere in meinem geistigen Repertoire.

»Hab ich dir die Story von dem Bandwurm schon erzählt?«

Ich muss das fragen, denn manchmal weiß ich nicht mehr, was ich wem berichtet habe.

»Nicht, dass ich wüsste.«

»Damals in Äthiopien. Ich saß in einem kleinen Schmuddellokal. Eigentlich mochte man dort nichts mit Genuss essen. Doch der Magen forderte sein Recht. Er knurrte missgelaunt. Also ließ ich mich breitschlagen und beruhigte ihn mit einem Omelette. Das einzig Sichere in diesem Lokal, weil darin garantiert sämtliche Schmuddelbakterien zu Tode gebraten waren.«

Der Rauch nimmt mir die Sicht auf Klaus. Doch die brauche ich. Ich will seine Reaktion genießen. Ich setze mich um. Dann fahre ich fort.

»Den ersten Bissen habe ich geschluckt. Er mundet überraschend gut. Allenfalls fehlt ein bisschen Salz. Okay – das steht in einem versifften Glas vor mir. Ich würze nach. Da sehe ich ein Kind. Es mag zwei Jahre alt sein und hockt unmittelbar vor mir auf dem Lehmboden. Es verrichtet seine Notdurft. Eigentlich kein ungewöhnlicher Anblick an so einem Ort. Doch diesmal schon. Denn aus dem Darm des Kindes baumelt ein langes Stück Bandwurm und schnuppert Frischluft. Das Kind drückt und drückt. Doch der Wurm ist anhänglich. Wie Haustiere das manchmal so sind. Er hat sich noch nicht endgültig für die Freiheit entschieden.«

Ich lasse die Worte wirken. Klaus kriegt große Augen und drängelt. »Erzähl weiter!«

»Nicht nur *ich* sehe den Wurm pendeln. Auch zwei Hühner haben das Drama beobachtet. Mehrere davon liefen im Lokal frei umher. Wie auf Kommando stürzen sie sich plötzlich auf den Wurm, entreißen ihn dem Kind, zanken sich um die Beute. Schwuppdiwupp ist er vertilgt. Ich bekomme vor Überraschung meinen Mund nicht mehr zu und male mir unwillkürlich aus, wie dieser üppige Happen vom fleißigen Federvieh in Eier verwandelt wird und die Eier vom eifrigen Koch in Omelettes! Ich lasse alles stehen, zahle und gehe. Das zum Thema Ekelgrenze.«

Wortlos verschließt Klaus seine Schokoladenpackung und begibt sich zur Ruhe. Nicht mal ein Dankeschön ist ihm meine schöne Geschichte wert. Aber sein Blick und die Gänsehaut sind mir Dank genug. Man kann ja nicht alles haben.

Wehwehchen

Da ist zunächst und immer wieder die Kälte. Doch sie ist erträglich. Ich muss mich mit ihr arrangieren. Gewohnheit als Abhärtung. Die Folie wärmt nur bedingt. Ich müsste mich ganztägig und rundum darin einwickeln. Aber das geht nicht, und so entweicht die Wärme ständig irgendwo. Aber wenigstens ist sie ein guter Regenschutz.

Dritter Tag. Am rechten Fuß bildet sich die erste Blase. Ich fluche. Ich kenne das von vielen anderen Reisen und weiß, nun wird es schwierig werden und schmerzhaft. Sie wird nicht die einzige bleiben. Automatisch nehme ich eine Schonhaltung ein, entlaste den Fuß, verlagere das Gewicht, humple ein wenig. Das überlastet neue Fußzonen, und die rächen sich mit weiteren Blasen.

Ob Turnschuh oder hohes, festes Schuhwerk – Blasen sind mein Hobby. Dabei weiß ich, wie sie entstehen und wie man sie vermeidet. Sie bilden sich infolge Wärme, Feuchtigkeit und anhaltendem Druck. Die Wärme, umschmeichelt von Fußschweiß, macht die Haut weich und empfänglich für diese Reaktion.

Damit sich das Blasenwasser durch den andauernden Druck nicht ausbreitet, steche ich die Blase auf, packe die selbst gemachte Spitzwegerichsalbe darauf und sichere sie mit meinem Schmuddelstrumpf. Pflaster hatte ich nicht mitgenommen.

»Durch den Dreckstrumpf wird es nur noch schlimmer«, warnt Klaus Lucht.

Er holt ein Pflaster aus seinem Gepäck und verklebt meinen Fuß. Ich genieße die Fürsorge und ahne, dass sich diese Prozedur noch oft wiederholen wird. Ich soll recht behalten. Die Blasen werden zum Hauptproblem.

Gleichzeitig beuge ich vor. Um die Wärmebildung zu verringern, schneide ich Löcher in die Turnschuhe, funktioniere sie zu Sandalen um. Das erzeugt Durchzug, kühlt den Fuß, lindert. Der Nachteil: Bei Regen sind die Füße im Handumdrehen nass und kalt. Das ahnend, hatte ich auf Sandalen verzichtet und die »molligen« Turnschuhe vorgezogen.

Trotz der Durchlüftung werden es immer mehr Blasen. Als hätte ich Pocken. Das endlose Gehen, das Hämmern des Fleisches auf dem Asphalt, lässt sich der Körper nicht gefallen. Dagegen kommt auch der Spitzwegerich nicht an. Zum Glück hat Klaus genügend Pflaster mit.

Schließlich sind es sechs monströse Blasen auf jeder Sohle. »Du hast ja mehr rohes als gesundes Fleisch«, schätzt Christine die Situation ein und kneift die Augen halb zu, eine liebe Geste des Mitleids und der Erschütterung. Aber davon werden es auch nicht weniger Blasen.

»Und alles in herrlichstem Rosé«, beurteilt Jürgen das mit den Augen des Kameramannes und bläst kunstvoll rosenblättrige Rauchkringel in die Luft. Christine schaut ihn vorwurfsvoll an, will etwas sagen, verschluckt es wieder. Ich bin mir sicher, dass mein Fuß sie soeben für das morgige Styling inspiriert hat: rosé, Partnerlook.

Der Schmerz wird zum ständigen Begleiter. Konnte ich in den ersten Tagen die Pausen vor allem für einen Kurzschlaf nutzen, muss ich jetzt kühlende Bäche finden und die Füße zur »Vereisung« hineinhängen. Das tut merklich gut. Es lindert.

Doch sobald es dann weitergehen soll, komme ich kaum mehr richtig auf die Beine. Langsam ziehe ich mich am neben mir stehenden Baum hoch und bemühe mich, es niemanden merken zu lassen. Stehe ich dann endlich, teste ich vorsichtig, welchen Fuß ich nun *ent*lasten und welchen ich *be*lasten muss. Das heißt, ich humple mal links- und mal rechtslastig. Mindestens eine Viertelstunde benötige ich, ehe ich mich eingelaufen habe. Kaum noch mag ich Pausen einlegen, weil dann alles von Neuem beginnt. Die Sohlen sind rohes Fleisch.

Dabei kenne ich das. In der Danakilwüste (1977, viereinhalb Monate Marsch) war es nicht besser. Infolge des glühend heißen Sandes hatte ich dort bereits nach 30 Minuten die ersten heftigen Probleme. Trotz besten Schuhwerks. Nach einer Stunde warf ich die Schuhe weg und stieg um auf Sandalen. Wie die einheimischen Nomaden.

Sofort war das Problem gelöst. Es bildeten sich keine neuen Blasen, und die alte vertrocknete schnell.

Ich hätte auch diesmal lieber Sandalen mitnehmen sollen oder die Turnschuhe mindestens eine Nummer größer wählen. Dazu dicke, polsternde Socken. Nun ist es zu spät. Ich habe mich für passende Turnschuhe entschieden, weil ich damit wieselflink zu sein hoffte. Jetzt bin ich langsamer als ein Mensch auf Krücken.

Obwohl beide Füße gleich schlimm in Mitleidenschaft gezogen sind, verlagert sich der Schmerz immer wieder von einem zum anderen Fuß. Abwechselnd belaste ich mehr das rechte und das linke Bein und komme irgendwie voran. Nach einer Stunde sturen Durchhaltens kann ich sogar fast normal marschieren. Bis die nächste Pause fällig ist. Dann beginnt das Prozedere von vorn.

Erst eine Woche vorm Ende meines Marsches werden sich die Füße mit dem Asphalt arrangieren. Die Turnschuhbelüftung und der Spitzwegerich werden siegen.

Parallel merke ich den Kräfteschwund. In den ersten Tagen wirkt sich die fehlende Nahrung nur positiv aus. Der Körper entschlackt. Er fühlt sich befreit von unnötigem Ballast. Ich spüre keinen Hunger, fühle mich sauwohl, elastisch und dynamisch.

Einmal habe ich Durchfall. *Wie kann man von Nichtsessen Durchfall bekommen?*, frage ich mich. *Was verdünnt sich denn da noch? Ist das ein Protest des Körpers? Ist mir etwas auf den Magen geschlagen?*

Nach zwei Stunden des Diskutierens mit mir selbst beende ich das Gespräch. Ich schlucke abends ein Stück verkohltes Holz aus dem Feuer, und der Stuhlgang ist sofort wieder normal.

Dann merke ich die erste Schwächung. Der Körper verlangt nach längeren Pausen, um sich neue Kraft zu beschaffen. Er baut das Körperfett ab, verwandelt es in Wärme und Kraft. Als es nach zehn Tagen verzehrt ist, knabbert er die Muskeln an. Ich werde unmerklich dünner. Mich friert leichter. Der Kreislauf wird instabil.

Das merke ich besonders deutlich, wenn ich mich hingesetzt oder gelegen habe und dann aufstehen möchte. Muss ich es wegen der Blasen schon langsam tun, so muss ich jetzt noch behutsamer werden. Sonst wird mir schwindelig, die Welt um mich herum dreht sich. Ich kippe um und quäle mich erneut hoch.

Das Schlimmste ist, dass meine Reaktionsschnelle nachlässt. Sie hat nachgelassen wie mein Marschtempo, das nur noch maximal 4 km/h beträgt. Schneckenschleichschritt.

Völlig erstorben ist meine Freude an einem Witzchen. Der Körper hat meinen Humor aufgezehrt. Ich fühle mich zunehmend genervt und ärgere mich über die mangelnde Selbstdisziplin. Ich trotte still meines Weges, zähle Schritte, errechne den Ankunftstag in Oberstdorf. Oder ich lausche still Klaus.

Christine merkt das. Gestern bei »einem phantastischen speckgespickten Hasenrücken mit Rotkohl und Apfelkompott« hat das Team darüber gesprochen. Heute, am 17. Tag, muss sie mir das sagen.

»Rüdiger! Wir haben deinetwegen inzwischen alle ein schlechtes Gewissen. Du siehst sehr dünn aus, wirkst manchmal apathisch und schwach. Dazu Deine Füße …«

Diesmal reagiere ich doch noch. »Die sind so gut wie vollkommen verheilt!«

Ich will sie ihr mit sportlicher Geste, auf einem Bein stehend, zeigen und – stürze der Länge nach hin! Das hat mir gerade noch gefehlt! Peinlich, peinlich.

Das Team hilft mir hoch. Ich habe das Glück, dass im Moment mal niemand raucht und alle die Hände frei haben. Da stehe ich nun und muss doch lachen.

»Schade! Jetzt hätte die Kamera laufen müssen.« Wer sagt das wohl? Jürgen natürlich.

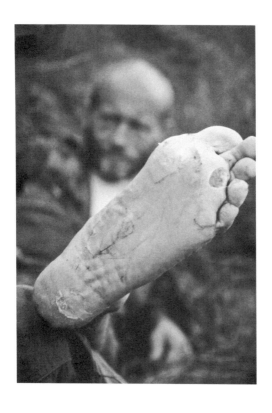

Christine überhört es. »Mag sein. Aus deiner Sicht sind die Füße verheilt. Ich wäre damit jedenfalls komplett arbeitsunfähig. Aber was ich sagen will, ist, dass du auf keinen Fall unseretwegen durchhalten und dich weiterquälen musst. Das solltest du wissen. Wir können das nicht mehr verantworten. Die Entscheidung, weiterzumachen, liegt nun ausschließlich bei dir. Für uns ist die Geschichte so und so berichtenswert. Auch wenn du aufgibst. Es ist auch bis hier eine tolle Leistung, die niemand von uns geschafft hätte. Habe ich recht, Jürgen?«

Was soll Jürgen schon anderes sagen? Klar, fürs Team ist die Länge der Strecke egal. Vielleicht sogar ein Gag, wenn ich aufgebe. Für mich wäre die vorzeitige Aufgabe blamabel. Gar nicht mal so sehr vor irgendwelchen Zuschauern, sondern vor mir selbst.

Ich schaue an mir hinab und befinde, dass ich noch allerhand an verwendbarer Körpersubstanz übrig habe. Damit müssten die letzten Tage durchzuhalten sein. Und eigentlich ist es nur gut, dass ich so dünn bin. Je weniger Körper ich besitze, desto weniger Nahrung benötigt der Rest, um sich am Leben zu halten. Ist doch logisch, oder?

Ich erneuere das Bündel frischer Pfefferminze an meinem Overall – meinen Geruchsneutralisierer –, und auf geht's. Pfefferminz und Kamille sind mein Parfüm. Sie sollen den heftigen Körpergeruch überdecken. Abends wird das Parfum in einen Tee verwandelt.

Zwei Episoden

Mein Marsch rauscht durch den deutschen Blätterwald. Nachdem BILD eine ganze Seite darüber geschrieben hat, sind nun auch andere Journalisten hinter mir her. Unter anderem DER SPIEGEL. Christine gerät in Panik. »Wenn es erst im SPIEGEL gestanden hat, brauchen wir den Film gar nicht mehr weiterzudrehen. Dann kennt jeder die Geschichte, und kein Schwein guckt sich noch den Film an.«

»Meinst du nicht, dass er dann umso interessanter wird?«, frage ich.

»Das würde ich auch so sehen«, hilft mir Jürgen. »Das schafft Publicity.«

»Das glaube ich ganz und gar nicht. Zumal dann auch jeder schon die Bilder kennt.«

Christine ist untröstlich, nicht zu überzeugen.

»Du musst dich unbedingt verstecken, wenn unerwartet ein Reporter auftaucht. Bloß keine Motive bieten. Null

Action. Einfach hinsetzen. Noch besser: Du läufst ihnen weg, versteckst dich im Wald.«

Mein Marsch kippt zum Drama. Christine ist ein Nervenbündel. Duri Mayer hat erfahren, dass der SPIEGEL-Mann alle Nord-Südstraßen abdüst, um uns aufzuspüren.

»Gestern hat er im Nachbarhotel geschlafen. Zum Glück hat er das ZDF-Auto nicht gesehen.«

Und dann steht er vor uns! Der SPIEGEL-Mann. Christine will geistesgegenwärtig einen Nervenzusammenbruch vorführen. Da klingelt das Autotelefon. Ein Anruf aus Mainz, Dieter Zimmer.

»Christine? Ja, der SPIEGEL hat bei mir angerufen und möchte eine Seite über den Marsch bringen. Macht das unbedingt! Etwas Besseres kann uns gar nicht passieren.«

Christine vergisst augenblicklich ihren Zusammenbruch, Duri muss sofort einen seiner berühmten Kaffees brühen, ich brauche mich nicht mehr zu verstecken.

»Mein Gott, Rüdiger! Gestern Abend fiel uns siedend heiß ein, dass wir die Heuschrecken-Arie ja immer noch nicht gedreht haben.«

Christines morgendliche Begrüßung. In der Hand die obligatorischen flatternden Zettel, ihr aktualisierter Tagesdreh. Tagesmode: Blutrot.

Einziger Unterschied zu sonst: Das Abendessen wird mir verschwiegen, die sonst übliche ausführliche Speisekarte auf eine Kurzfassung zusammengestrichen.

Dann muss es ihr wirklich Ernst sein.

Ja, dann also heute die Heuschrecken. Sie zählen zu meinen zuverlässigsten Wegbegleitern. Sobald die Sonne sich blicken lässt, erscheinen auch sie. Mit schnellem Griff lassen sie sich fangen. Fast im Vorübergehen. Eine schnelle Kost. Ich verzehre sie sofort, Nouvelle Cuisine, roh, ohne den lästigen Umweg über meine Fleischtasche im Overall und die Bratpfanne.

»Wenn du an einer Wiese vorbeikommst, wo es welche gibt, warte bitte auf uns.«

Das tue ich. Während ich ausschwärme zum Fangen, nimmt Klaus Platz auf einer Bank am Rande dieser Wiese. Ein älteres Ehepaar gesellt sich zu ihm.

»Ach, guck mal, ein Angler«, kommentiert die Oma ihre Beobachtungen.

»Ja, der fängt Heuschrecken«, käut Opa wieder.

Plötzlich erkennt sie, dass ich den armen Fischen die Beute streitig mache und sie selbst verspeise.

»Hast du das gesehen? Der isst die Heuschrecken selber. Das ist ein Verrückter. Komm, lass uns lieber gehen. Man weiß ja nie.«

Klaus mimt den Schlafenden und genießt das Gespräch.

Gerade wollen sie sich erheben, da bremst der ZDF-Wagen. Christine von Weitem: »Hast du da Heuschrecken?«

Ich bejahe.

Das Ehepaar ist völlig verwirrt. Seine Blicke pendeln irritiert vom Wagen zu mir und zurück. Sie verstehen die Welt nicht mehr. Jürgen holt die Kamera aus dem Wagen, Duri schleppt das Stativ, Arno entwirrt die Strippen.

Da hat Oma die Situation erfasst. Kristallklar.

»Du, wir können sitzen bleiben. Das ist nur ein Verrückter vom Film.«

Klaus kommentiert schmunzelnd: »ZDF. Hier sitzen Sie in der ersten Reihe!«

Ankunft

Eines haben alle Urvölker dieser Erde gemeinsam. Das ist die traditionelle heilige Gastfreundschaft. Ob Beduine oder Indianer, ob Innuit oder Bayer. Was wäre die Welt ohne sie!? (Ich meine die Gastfreundschaft.)

Nach 25 Tagen, am 24. September 1981, treffe ich um 10 Uhr bei strömendem Regen in Oberstdorf ein und werde überwältigend herzlich empfangen. Am Ortseingang eine riesige Holztafel:

»Grüß Gott, Rüdiger Nehberg, in Oberstdorf!«

Daneben Alphornbläser, Fotografen und ein Reigen schönster Mädchen im Dirndl und mit Blumen in der Hand. Wie aufgereiht für ein CSU-Foto. Vielleicht erscheinen sie mir auch nur so schön. Es wäre verständlich nach 25 Tagen der Abstinenz.

Wahrscheinlich findet hier gleich auch noch die Miss-Bayern-Wahl statt, ist mein erster Gedanke. Dass die Frauen mit mir zu tun haben könnten, kommt mir zunächst nicht in den Sinn.

Ich kann das Welcome noch gar nicht fassen. Das haben Christine und meine Freunde sich gut ausgedacht und heimtückisch organisiert. Ich strahle wie schon lange nicht mehr. Ich habe es geschafft, es ist überstanden. Und mir ist klar, dass der Urwaldmarsch nach dieser Erfahrung überhaupt kein Problem mehr darstellen kann. Dort, in Brasilien, ist es nicht annähernd so kalt. Dort herrschen beständige 20 bis 35 Grad und hohe Luftfeuchtigkeit, und ich benötige demzufolge viel weniger Nahrung.

Während des Marsches durch die Republik haben Mädchen ja eher einen großen Bogen um mich gemacht. Diese hier aber bleiben tatsächlich stehen. Sie gehören zu mir. Sie wurden dazu verdonnert, ob sie es wollten oder nicht. Sie lächeln sogar, knicksen, schütteln mir die Hand und schenken mir einen herrlichen Feldblumenstrauß. Zwei Rotkleeblüten, die neugierig ihre Köpfchen aus dem Strauß recken, esse ich sofort auf. Routine. Sie sind frisch und schmecken süßlich.

Bürgermeister Geyer und Kurdirektor Besler stehen ebenfalls dort. Höflich haben sie den Mädels den Vorrang gelassen. Bodyguards sichern sie mit Schirmen gegen den Regen. *Weicheier, Warmduscher*, denke ich. So aber können sie mir mit einer Hand gratulieren und mit der anderen eine Riesenbrezel und eine Flasche Milch überreichen.

Die Fastenzeit hat ein Ende. Nun kann das maßvolle Essen beginnen.

Dann ein Tusch der Bläser! Aller Blicke wenden sich einem aufgespannten Schirm zu. Er wird gelüftet – und wer steht da vor mir??? Meine Mutter!!! Meine leibeigene Mutti Lieselotte Nehberg, geborene Krause.

Man hat keine Kosten und Mühen gescheut und sie extra aus Grainau, ihrem Alterssitz, herkutschiert. Und ich stehe ihr gegenüber: klatschnass, ein Häufchen Haut und Knochen, schlotternd, freudig erregt, ein bisschen stolz.

»Du kannst es nicht lassen!« Lächelnd drückt sie mich an sich. Zittert sie etwa auch? Oder überträgt sich meine Vibration auf sie? Es ist aber auch wirklich arschkalt. Es regnet immer heftiger. Ich mime den harten Mac und ignoriere den Regen. Jetzt am Ziel ist's eh egal. Nasser geht es sowieso nicht. Gleich gönne ich mir ein heißes Bad.

Und an die Journalisten gewandt erklärt meine Mutter: »Als er vier Jahre alt war, ist er schon das erste Mal auf Wanderschaft gegangen. Einfach ausgebüxt, quer durch Bielefeld, um seine Großmutter zu besuchen.«

Ich erinnere mich, denn die Story habe ich nun wirklich oft genug zu hören bekommen. Ich hatte mich damals offenbar verlaufen. Oder andere Ziele wurden unerwartet interessanter. Jedenfalls tauchte ich weder bei meiner Oma noch daheim auf. Erst eine Suchauktion der Polizei förderte mich wieder zutage. Ich schlief in den Wallanlagen Bielefelds unter einem Rhododendronbusch und einer Zeitung. Sicher und mollig. Erste Survivalerfahrung.

Und dann höre ich die mittlerweile 46 Jahre alte Standardfrage: »Wann wirst du eigentlich endlich vernünftig?« Hoffentlich nie, Mutti.

Da meldet sich Bürgermeister Geyer noch einmal zu Wort. »Sie Nordlicht, wie kann man nur in solchen Turnschuhen loslaufen?« Gönnerhaft überreicht er mir ein paar Wanderstiefel. Dankbar knutsche ich sie ab.

Der Film

Im Hotelzimmer stelle ich mich auf die Waage. 25 Pfund Lebendgewicht hat mich der Trip gekostet. Aber keinen Pfennig Geld. Ich knabbere behutsam an der Brezel, trinke die Milch, nehme das warme Bad. Mein Gott, kann das Leben angenehm sein! Ich mag gar nicht mehr aus der Wanne krabbeln. Dabei sind draußen noch so viele Fragen zu beantworten.

Immer wieder muss ich in den Spiegel schauen. Ich kann es kaum glauben, dass ich das sein soll. Ich ziehe Fratzen. Als die Spiegelbilder synchron reagieren, lasse ich mich überzeugen: Das bin ich. Ich bin 46 und sehe aus wie 246. Ein Schrat.

Christine klopft an die Tür. »Wir müssen unbedingt noch ein finales Statement von dir haben« Ach ja, das Statement.

Ich hocke mich draußen neben einen Felsen. Kamera klar, Ton klar. Kälte und Regen klar. Nur *ich* bin noch ein wenig unklar. Die Erschöpfung wirkt nach. Was soll ich denn sagen? Christine hat aus dem Handgelenk viele Vorschläge. Sie sprudelt sie auch verdammt flüssig heraus. Aber als satte Bürgerin lässt sich gut sprudeln.

»Zum Beispiel, was hat dir das gebracht, was hat dich überrascht, was würdest du beim nächsten Mal anders machen.«

Ich fange an und stottere.

»Macht nichts, Rüdiger. Wir versuchen's einfach noch mal. Es soll sich ja auch nicht so dilettantisch anhören.«

Versuch Nummer zwei. Fehlanzeige.

»Rüdiger, das ist keine Schande. Wir haben Zeit.« Sie zündet sich eine Zigarette an.

Ich aber möchte Unterbrechungen vermeiden und will gleich weitersprechen, bevor ich wieder einen Blackout habe.

»Ja, sofort. Lass Jürgen eben seine Zigarette rauchen.«
Ihr Vorwand, um die ihre in Ruhe zu Ende schmöken zu
können.

Das dauert drei Minuten. Bis endlich alles startklar ist,
habe ich die Reihenfolge längst wieder vergessen. Ich schäme mich. Dabei weiß ich doch genau, was ich sagen will.
Aber nicht, wenn die Kamera läuft. Ich bin völlig ausge-
zehrt. Mein Hirn funktioniert nicht mehr.

Also Kaffeepause. Inzwischen darf ich ja am sagenum-
witterten Duri-Mayer-Trunk teilhaben, denn der Marsch
ist zu Ende. Alle Tabus sind endlich hinfällig. Hinfällig wie
ich selbst. Nur der Kaffee ist stark und göttlich.

»Rüdiger, Statement, die zwölfte!«, höre ich irgendwann jemanden sagen und schäme mich zu Tode. Elf Plei-
ten habe ich also hingelegt. Schande.

»Vielleicht tröstet es dich, Rüdiger.« Christine macht
mir Mut. »Ich musste einmal einen Text fehlerfrei runter-
beten, der war viel kürzer als deiner. Gott sei Dank auch
eine Aufzeichnung. Ich habe sage und schreibe 21-mal ge-
braucht, bis wir ihn im Kasten hatten.«

Das baut auf. Die intellektuelle Christine, und 21-mal!
Da staunen ja die Hühner! Da kann ich, der Nichtintellek-
tuelle, gern noch ein Dutzend weitere Male patzen.

»Kann ich mir die ganzen Stichpunkte nicht groß auf-
schreiben und die Tafel unter die Kamera stellen? Die ver-
bindenden Sätze, die finde ich dann schon.«

Das könnte mich retten. Ich spüre, dass mein Grips peu
à peu zurückkehrt. Wahrscheinlich machte das der Löffel
Zucker in Duris Kaffee.

Christine ist einverstanden. Und dann endlich klappt es.

»Es war kein Abenteuer im klassischen Sinne, sondern
eins ganz anderer Art. Denn hier war ich nie wirklich in Gefahr. Ich wusste, dass ich mir notfalls jederzeit Hilfe hätte
herbeiholen können. Dadurch fielen Urängste flach, die
mich irgendwo in *wirklicher* Einsamkeit Tag und Nacht be-

gleiten würden. Dort würde mir niemand helfen, weil niemand da ist. Jetzt waren es einfach Risiken anderer Art. Zum Beispiel die andere Form der Ernährung. Ich bin stolz, den inneren Schweinehund überwunden zu haben und nicht auf einen Acker gelaufen zu sein, um mir irgendetwas Leckeres auszugraben. Besonders beglückt hat mich die Erfahrung, dass ich mühelos mit dem Hungergefühl fertig geworden bin.

Der Marsch war vor allem ein persönliches Erlebnis. Es hat mich glücklich gemacht, dass ich ausscheren konnte aus dem monotonen Alltag, dass ich mit Phantasie die kalten Nächte durchgestanden habe und – unter Ausschaltung der Phantasie – Ekel überwunden und das gegessen habe, was bei uns völlig unüblich ist. Es hat mich die Feststellung berauscht, dass ich noch genügend gesunde Instinkte und Kraft besitze, um in der Natur völlig autark klarzukommen und auch größere Entfernungen bewältigen zu können.«

Christine rechnet nach, dass das Team 700 Liter Sprit verknallt und pro Person 1500 Mark für die Ernährung ausgegeben hat. »Rüdiger hat der Weg keinen Pfennig gekostet.« Womit die Frage offen blieb, ob ich nur sparsam oder geizig wäre. Aber schließlich kann man in 45 Minuten nicht alle offenen Fragen beantworten.

Drei Monate später ...

»Rüdiger, stell dir vor: Dein Film* hatte 29 % Sehbeteiligung! Neunundzwanzig! Da kann sich sogar die Tagesschau etwas abgucken!«

---

* S. meine DVD »Überleben«.

Christine jubelt durchs Telefon. Selten habe ich Lachen besser durch den Fernsprecher »sehen« können als heute, am 7. Januar 1982.

Sie sagt bescheiden »dein« Film, dabei ist es einzig ihr und ihres Teams Werk. Mit Einfühlungsvermögen und viel Sorgfalt hatte sie ihn fertiggestellt; gestern Abend wurde er im ZDF in der Reihe »Reportage« ausgestrahlt. Zur besten Sendezeit, kurz nach zwanzig Uhr.

»Wie gut, dass ich nicht aufgegeben, dass ich durchgehalten habe!«, klopfe ich mir auf die Schulter. »Sonst könnte ich den Erfolg jetzt nur halb genießen.«

»Das sind elf Millionen Menschen!«, schiebt sie noch hinterher.

»So viel hat nicht mal der Kanzler, wenn er seine Wahlrede hält. Der kommt in der Regel auf 25 %. Stell dir das mal vor!« Ich stelle mir das vor. Vielleicht sollte ich Bundeskanzler werden.

Dieter Zimmer, Chefredakteur der Sendung, hatte also recht behalten. Die ganze Vorabreklame – BILD, SPIEGEL, fast alle Illustrierten, die vielen Rundfunksendungen – haben dem Film nicht geschadet. Im Gegenteil: Er wird Christine Schmidts und mein größter Sehbeteiligungserfolg. Wir sind glücklich.

»Dieser Sonderling aus Hamburg, der ums Verrecken überleben will«, ist nun ganz plötzlich bekannt wie ein bunter Hund.

Es hagelt Zuschauerbriefe. Sie reichen von höchstem Lob bis hin zu tiefst empfundenem Ekel.

»… Lehrbeispiel für die Bundeswehr.« *Na, ja.*

»… zumutet, einen solch ekelhaften Film zu sehen.« *Zapp dich doch weg, Pfeife!* »… verursachte mir eine Magenverstimmung mit allen dazugehörigen Folgen.« *Nie gehungert, was?*

»Dem Abenteurer Ihres Films möchte ich den Titel ›Mensch‹ aberkennen.« *Iss nur weiter deinen Kaviar.*

»Seit mein Sohn den Film sah, isst er endlich alle Speisereste und übt damit Ekelüberwindung.« *Danke für die Idee! Nehme ich in mein Programm auf.*

»Ihr Protagonist hat seine selbst gestellten Regeln gebrochen. Er hat drei Kartoffeln gegessen, die ›wild auf einer Müllhalde wuchsen‹. Es gibt keine wild wachsenden Kartoffeln.« *Botanikehrendoktorverdächtig.*

»Ganz interessant, Ihre Darbietungen. Mir jedoch alles zu lasch. Erarbeiten Sie mir bitte ein persönliches Überlebenstraining von absoluter Härte.« *Wenn du das nicht mal selbst kannst, bleib gleich zu Hause, Hardy.*

»Nach dem Film hat eine Umfrage in meiner Klasse ergeben: Von 25 sagten 22 Schüler, der Mann ist nicht ganz richtig im Kopf. Aber drei sagten: Das war ganz toll! Der Mann macht was aus seinem Leben. Diese drei waren Detlef, Peter und ich.« *Die 22 haben recht, aber euch drei lade ich ein zu Kaffee und Kuchen.*

Doch Zuschauerbriefe sind nicht die einzigen Reaktionen.

Da flattert mir eine Anzeige wegen Wilderns ins Haus. Ein Jäger will sich ins Gespräch bringen. »Wer tote Kaninchen von der Straße sammelt, wildert.«

Im Prinzip ist das richtig. Schließlich habe ich den Jagdschein. Aber dieses Tier lag ja in Wirklichkeit nicht an der Straße, sondern saß inmitten der Stadt auf einem Parkplatz. »Es hatte Myxomatose, und niemand außer Nehberg hätte das Tier gegessen«, so der Staatsanwalt. Die Anzeige wird zurückgewiesen.

Neue Kunden stürmen meine Konditorei. Kaum kann ich den Ansturm bewältigen.

Aber es gibt auch Kunden, die mich ab jetzt voller Abscheu meiden. Ein Mitbewerber erzählt mir stolz, dass ich ihm einige in die Arme getrieben habe. »Das Schwein frisst Würmer. Da kaufe ich keinen Kuchen«, sollen sie gesagt haben.

Wer lässt sich schon gern Kunden abjagen? Das spornt mich an, einen alten Plan in die Tat umzusetzen. Ich mache meine Arbeitsräume zur *gläsernen Backstube*. Ich breche Mauern weg, setze riesige Fenster ein, schaffe durchsichtige Räume mit Kacheln bis an die Decke. Jeder soll sehen, dass die Welt der Hygiene und die des Survival verschiedene, fast gegensätzliche Wirkungsbereiche sind.

Eine Zeitung witzelt, dass »ein Konditor, der jeden er-
tappten Mehlwurm persönlich vernascht, logischerweise
die sauberste Backstube Hamburgs« haben muss. Stimmt.
Die Kunden kommen zurück. Der Mitbewerber stöhnt.
Ich avanciere zum umweltverträglichsten Insektenvertilgungsmittel.

Schüler spielen Nehberg, wagen Mutproben, essen ihre
ersten Würmer. Ich fürchte, eine Katastrophe ausgelöst zu
haben: die Ausrottung wichtiger Kleinstlebewesen, den
Zusammenbruch des Weltnaturgleichgewichts.

Zur Krönung aller Reaktionen aber gerät der Brief eines
zwölfjährigen Schülers. Ein zeitloser Klassiker. Er nimmt
Bezug auf eine Trainingsszene im Film, wo ich einer Ringelnatter die Beute aus dem Magen massiere. Einen Frosch.
Ich lasse ihn mir schmecken. Die Ringelnatter hätte sicherlich auch gut geschmeckt. Aber sie scheidet als Nahrung
aus. Sie steht unter Naturschutz.

»Lieber Rüdiger! Dein Film lief genau an meinem Geburtstag. Das Tollste war, als Du der Schlange den Frosch
geklaut hast. Da rutschte meine Mutter ganz langsam vom
Stuhl und wurde ohnmächtig. Das war mein schönstes
Geburtstagsgeschenk. Danke! Dein David.«

Mitmachen als TARGET-Förderer?

> Erfolg steigt erst dann zu Kopfe,
> wenn der nötige Hohlraum vorhanden ist.
> *Karl Kraus*

Wer unsere Arbeitsweise im Kampf gegen das Verbrechen der Weiblichen Genitalverstümmelung mit dem Islam als Partner und dem Koran als »Waffe« unterstützenswert findet, ist herzlich eingeladen mitzumachen.

Insbesondere ist uns unser Förder-Kreis wichtig. Der Mindestbeitrag ist mit 15 Euro im Jahr gering gehalten. Damit auch schon junge Menschen sich engagieren können.

Wer möchte und kann, mag gern mehr geben.

Aber natürlich ist jede Spende immer willkommen.

Alle Informationen, Spendenmöglichkeiten und Formulare finden Sie auf unserer *Homepage*

www.target-human-rights.com

Sie können uns auch mit Ihrem Fachwissen unterstützen.
Oder mit besonderen Spender-Aktionen.
Beispiele dafür finden Sie auf unserer Homepage.

Kontakt:

TARGET e.V.
Poststr. 11
22946 Trittau
Tel. 0049-(0)4154-794 889 (nur vormittags)
Fax 0049-(0)4154-794 888

Oder in Rausdorf
Tel. 0049-(0)4154-99 99 40
E-Mail: contact@target-human-rights.de
Homepage: www.target-human-rights.com

Konto Deutschland:
Sparkasse Holstein, Empfänger TARGET,
Kto.-Nr. 50.500, BLZ 213 522 40

Konto Schweiz:
Postfinance, Empfänger TARGET, 40-622117-1

Achtung: Wenn Sie eine Spendenbescheinigung wünschen,
denken Sie bitte daran, uns Ihre Anschrift mitzuteilen.

Danke für jede Spende!